MINERVA スタートアップ経済学 ⑪

統計学

溝渕健一・谷崎久志 著

ミネルヴァ書房

はしがき

本書は，以下のような方におすすめする。

統計学を初めから学んでみたい。
授業で習ったけど，もう一度学んでみたい。
推測統計の２大看板である「仮説検定」と「区間推定」の基本をしっかりと理解したい。
統計学を学んで，実際に調査や実験などで使ってみたい。
何度勉強しても，統計学のアイデアがどうも理解できない。
独学しようとしたが，数式が多くて挫折してしまった。

本書は，統計学の入門書である。そのため，**標準的な統計学のテキストで扱う範囲をギュッとしぼり，あえて推測統計の基本である「仮説検定」と「区間推定」の２つの方法論の考え方・使い方をマスターする**，ということを本書の学習のゴールとして設定した。だから，ノンパラメトリック法，実験計画法，回帰分析，主成分分析・因子分析，クラスター分析，分散分析など，多くの統計学のテキストに出てくる内容は一切扱わず，そのぶん「仮説検定」と「区間推定」により多くのページを充てた。

このように，２つの方法論の習得だけにこだわったのは，**統計学（特に推測統計）を初めて学ぶ方の最初の難関が，この「仮説検定」と「区間推定」である**，と筆者らが長年，大学の統計学（入門を含む）の講義を通して感じてきたからだ。そして，上に挙げた本書で扱わない内容にも，この２つの方法論を前提としているものが多いため，この部分をボヤッとした理解のまま進んでしまうと，その先の学習の理解に大きな妨げになってしまう。そのため，あえて

「仮説検定」と「区間推定」の習得にこだわるというスタイルをとり，これから統計学を学んでいこうとする（学び直そうとする）方に，この２つの方法論を，つまずくことなくしっかりと身につけていただき，その後の統計学の学習にスムーズに進んでいただけるようにした。また，もちろん「仮説検定」と「区間推定」を習得できれば，たいていの統計分析は自分でできるようになるので，本書の内容をマスターすることで，アンケート調査データや実験データをもとに，統計処理を行ったり，結果の解釈もできるようになる（統計学でできることについては，序章をご覧いただきたい）。本書の特徴は以下の通りである。

⑴３部構成：　統計学は主に「記述統計」と「推測統計」の２つに分かれる。本書の最終目標は，推測統計（統計的推論ともいう）における「仮説検定」と「区間推定」の基礎をマスターすることだ。この２つを順序よく学習していけるように，３部構成とした。第Ｉ部の「記述統計」は，収集したデータからどのようなことが読み取れるかを，グラフや代表値を用いて分かりやすく示す方法論である。「推測統計」は，限られたデータから全体の特性を推測する方法論で，「検定」と「区間推定」は，そのメインテーマだ。ただし，観測できるデータの多さによって方法が若干異なるため，推測統計は第Ⅱ部と第Ⅲ部の２つに分けた。

⑵確率を扱わず，「平均」と「標準偏差」で最後まで：　一度は統計学を学んだ（学ぼうとした）読者なら分かるかもしれないが，記述統計で出てきた平均値は，推測統計では期待値という言葉で再登場する。これは，**記述統計の目的が，観測されたデータの特徴を把握する**，というのに対して，**推測統計の目的は，観測されたデータから，その背後にある全体（母集団という）の特徴を推論すること**であり，この推論に，確率を用いる必要があるからだ。しかし，この違いが統計学の初学者を大きく混乱させ，記述統計から学び始めた多くの方が，推測統計で挫折してしまう原因となっているように思う。そこで，本書では確率を明確に扱わず，第Ｉ部の記述統計で登場した「平均」と「標準偏差」の２つだけで，推測統計における「検定」や「区間推定」を最後まで説明してしまおうというスタンスをとった。統計学の専門家からは怒られてしまう

ような方法ではあるが，本書は統計学の「検定」や「区間推定」のエッセンスを理解してもらうことが目的なので，この際，厳密な表記はバッサリと省いてしまうという選択をした。

⑶**数学は中学レベルまで：**　統計学は，数学の一部であるという印象を持たれて敬遠される傾向がある（ただし，数学が演繹的であるのに対して，統計学は帰納的な考え方をするため，数学の一部と考えるべきではない）。しかし，**本来，統計学の基本的なアイデアを習得するには，中学レベルの数学だけで十分である。**本書では，多くの統計学のテキストで用いられている確率表記を省くことで，中学レベルの数学（不等号や平方根など）だけを使用して書かれているので，高校で数学が苦手だった人や，すでに忘れてしまった人にも安心して学べるように書かれている。

⑷**実例を多く取り入れる：**　多くのデータが溢れる現代において，ほとんどの方にとって，統計学の知識は少なからず必要になってくると考える。そのため本書は，難しい数式展開にこだわるよりは，実例を多く取り入れることで，**統計学をどのような場面で，どのように用いるのかのイメージをしっかりと持ってもらえる**ように努めて書いた。また，各章ごとに用意した練習問題にも実例を多く含めることで，より理解を深めてもらえるようにした。

執筆にあたり，基本的な読者を，大学生や大学院生（文系・理系を問わずだが，実例は文系寄り）に想定しているが，近年，統計学が必修科している高校生や，時間がない中で統計学の独学をめざすビジネスマン・ビジネスウーマンにも，ぜひおすすめしたい内容となっている。また，高校や大学の教員の方々にも読んでいただき，授業において，生徒や学生に統計学の楽しさや実用性を伝えられる内容にしたつもりである。

統　計　学

目　次

はしがき

序　章　統計学は「説明のための技術」である……………………… 1

第Ⅰ部　データの整理とその特徴の読み取り

第1章　データに含まれる不確実性を「見える化」する……… 7
——度数分布表とヒストグラム——

1　データを読み解く…………………………………………………… 7

2　データの分布特性を「見える化」する…………………………… 10

Column

①自動車の燃費規制は車両重量を増加させるのか …… 18

第2章　誰もが知ってる平均値——中心の尺度——…………………… 23

1　統計学における代表値の役割…………………………………… 23

2　中心を表す3つの代表値………………………………………… 25

Column

②平均値はヒストグラムをバランスさせる——重心 …… 32

第3章　標準偏差（S. D.）はとても大事な統計値………………… 37
——バラつきの尺度——

1　データのバラつき具合を捉えたい……………………………… 37

2　標準偏差で何が分かるのか……………………………………… 45

Column

③偏差だけでは，全体のバラつきを表せない——数学コラム① …… 56

④偏差値の平均と標準偏差——数学コラム② …… 57

⑤チェビシェフの不等式——数学コラム③ …… 59

第4章　世の中は正規分布だらけ……………………………………………63
——最もよく見かける分布の形——

1　「正規分布」って，聞いたことはあるけれど…… ……………63
2　正規分布を使って何ができるのか…………………………………68
3　標準正規分布………………………………………………………………75

Column

⑥フランスの徴兵制度における不正 …… 79

第Ⅱ部　推測統計——大標本のケース

第5章　入手したデータの背後にあるもの…………………………83
——「部分」から「全体」を推測する——

1　1,800万世帯の行動を，たった900世帯から推測する…………83
2　回答者の選び方が大切……………………………………………………86

Column

⑦世の中の標本調査は，どれくらい信頼できるのか …… 96

第6章　統計的推論に不可欠な分布……………………………………99
——標本分布を理解しよう——

1　母集団から出てきたデータの分布…………………………………99
2　もし何度も標本をとることができるなら………………………105
3　標本分布のバラつきの程度をどのように評価するのか……111

Column

⑧標準偏差の推定量 …… 116

第7章　正解はこのあたりなのか……………………………… 119
——母平均の区間推定——
1　日常的に使われる「点推定」と，
あまり使われない「区間推定」……………………………119
2　実際に区間推定をしてみる……………………………………122
3　区間推定の的中率……………………………………………135
Column
⑨MPG イリュージョン …… 146

第8章　本当に差はあるのか——仮説検定の基本——……………… 149
1　こうなってほしくない結果を否定する………………………149
2　棄却されずに残った母数の集まりが信頼区間………………153
Column
⑩有意差と有意水準 …… 162

第9章　ふんわりアクセルは燃費を向上させるのか…………165
——2グループの平均の差の検定——
1　2グループの差を客観的に検証する…………………………165
2　実際に差があるのか検定してみる……………………………174
Column
⑪ランダム化比較実験 …… 181

第Ⅲ部　推計統計——小標本のケース

第10章　どのくらいバラつきそうか………………………………187
——カイ2乗分布と母分散の区間推定——
1　もう1つのバラつきの指標……………………………………187
2　母分散を推定してみる…………………………………………196

Column
⑫統計量 V はどうして自由度（$n-1$）のカイ２乗分布に従うのか …… 206

第11章　入手できるデータが少ないときの分布……………………209
――t 分布――

1　データが少なくても統計的推論はできる……………………209
2　T 統計量と t 分布……………………212
3　T 統計量を使った「区間検定」と「仮説推定」……………………218

Column
⑬「t 分布」を発見したのは，ギネスビール社の社員 …… 226

第12章　データが少なくても比較はできる……………………229
――２グループの平均の差の検定――

1　標本データが少ない場合は「t 分布」を使う……………………229
2　２グループの平均の差の検定――「対応なし」の場合……………………231
3　２グループの平均の差の検定――「対応あり」の場合……………………236

Column
⑭平均の差の検定における注意点――等分散性 …… 242

終　章　むすびにかえて……………………245

付表１　カイ２乗分布表 …… 249
付表２　t 分布表 …… 250
索　　引 …… 251

序　章
統計学は「説明のための技術」である

世の中はデータでいっぱい

世の中はさまざまなデータで溢れている。総務省の『情報通信白書（2019）』によると，世帯におけるスマートフォンやタブレットなど，いわゆる「モバイル端末」の保有率は96.1％と，ほとんどの人々がどこからでもインターネット（以下，ネット）に接続できる環境にあることを示している。ネットでの情報検索や，SNS での交流，ネットショップ（amazon や楽天など）での買い物，地図アプリによる位置情報の検索，乗換案内アプリの利用による位置確認や移動の補助など，個人レベルでも気軽に多くの情報が得られる時代である。また，電子マネー（SUICA など）やスマートフォンへのクレジットカード情報の登録・利用の普及は，人々の買い物や移動などをより便利にしている。

こういった個人のネット利用情報や購買情報は記録され，その多くが２次利用されるようになってきている。例えば，ネットショップでの購入履歴から，同じような商品を購入した人が，次にどのような商品を購入したかの情報を集めて分析し，おすすめ商品として紹介すれば，購入する可能性がグッと高まる。また，インフルエンザなどの流行の程度（感染地域や患者数など）を知りたい場合，今までは受診した患者の集計を待つ必要があったが，SNS などの情報を集めて分析すれば，ほぼリアルタイムで，かつ，高い精度で流行の程度を把握することも可能である。また，SUICA のような交通系電子マネーの利用情報から，人々の移動経路を把握し，どの時間帯にどの場所をどのくらいの人が通っているのかが分かれば，電車のダイヤやバスの運行本数の修正などを検討できたりもする。

このように，大量に集まった情報を，匿名性を保ちつつ２次的に利用することで，何らかのルールや法則性を明らかにしようとすることをデータマイニングと呼び，その分析には統計学が使われている。その意味で，統計学は，いわば「**複雑な社会で何が起きているのかを明らかにするためのツール**」だと言ってよいだろう。

記述統計と推測統計

統計学の役割には２種類ある。１つ目は，身の回りで起こっている現象の特徴を知るため，**集めたデータからどのようなことが読み取れるか，データが意味するものは何なのか，などについて一目で分かるように示すこと**だ。これは，「**記述統計**」と呼ばれ，主に，「平均値」や「標準偏差」と呼ばれる代表値を用いたり，グラフを使ったりすることで，複雑な現象を捉えやすく縮約して表している。例えば，期末テストを受けたあなたの点数が80点であったとする。これが良い点なのか，悪い点なのかを判断するには，同じテストを受けた人たちの点数と比較する必要がある。しかし，テストの受験者が100人いたとすると，100人それぞれに得点を聞いて比較するのはとても面倒だ。しかし，100人の受験者の平均点が分かれば，おおよそ真ん中の点数が分かることで，評価しやすくなるし，どの点数の範囲にどのくらいの人がいるのかを表すグラフ（ヒストグラム）を作成できれば，他の受験者の得点状況が分かり，自分の点数の評価がよりはっきりと分かるだろう。さらに，平均点と標準偏差を使うことで，皆さんがよくご存知の偏差値が出せるので，１つの数値から，よりはっきりと自分の点数の評価が可能となる。

２つ目は，**一部のデータを使って全体像を予測し，まだ分かっていない将来の結果を推測すること**である。例として，選挙における当選者の予測がある。選挙では，開票作業の終了を待たずして，テレビの選挙特番で「○○さん当確」という速報が流れる。これは，出口調査という，投票所で一部の人たちに行うアンケート調査から，統計学の手法を用いて，当選者を予想している（くわしくは第７章を参照）。このように，一部のデータから全体の傾向を推測し，未来に起こる結果を予測する方法論は，**「推測統計」**と呼ばれる。本書では，第Ⅰ部で「記述統計」，第Ⅱ部，第Ⅲ部で「推測統計」について学ぶ。

限られたデータから推測する

世の中には，直感で判断することが難しい問題がたくさんある。例えば，「人々は，今度の消費税率の引き上げについてどう考えているのだろうか」「映画の宣伝に，どのキャッチフレーズを使えばお客さんに興味を持ってもらえるだろうか」「新しい薬は，これまでのものよりよく効くだろうか」などである。

このような，直感や個人の主観だけでは答えられないような疑問に答えてくれるのが統計学である。1つ目の消費税率の引き上げの是非については，新聞社やテレビ局が行う「世論調査」をもとに予測する。もちろん日本の総人口である1億2,000万人全てに聞けるわけはなく，その中のごく一部（だいたい1,000人くらい）に調査して，そこから全体の意見を推論しているのである。また，2つ目の，どのキャッチフレーズが映画への興味を引き出すのに有効かを知るには，いくつかのグループに分かれた人々に，それぞれ違うキャッチフレーズを見せて，その映画への興味の度合いなどを比較する実験を行うことで検証できる。3つ目の薬の効果の検証には，被験者を2つのグループに分け，一方に新薬，もう一方に既存薬を服用してもらい，症状の緩和までの時間を比較する。2つ目と3つ目は，統計学では「ランダム化比較実験」と呼ばれるものだ。

このように，統計学の分析対象はとても広く，政治や経済，マーケティング，医療，農業，環境問題，気象，スポーツなど，世の中のあらゆる現象に及ぶ。統計学は，こういった**世の中で起こるさまざまな現象や疑問について，限られたデータを使って分かりやすく説明し，さらに，これからどういったことが起こるのかを推論する学問**なのである。本書では，このような統計学の基本的なアイデアを習得し，読者の皆さんと一緒に，データに基づいて物事を考える重要さについて学んでいきたい。

第Ⅰ部

データの整理とその特徴の読み取り

第Ⅰ部では「**集めたデータから，どのようなことが読み取れるかを，一目で分かるようにする**」ことを目標に，記述統計の手法について学習していく。記述統計の役割は，データが持つ固有の特徴や傾向を明らかにすることである。データの散らばりを一望できる度数分布表やヒストグラムなどのグラフ手法から始まり，誰もが知っている平均値や，データのバラつき具合を捉える標準偏差などの代表値（統計値）についてご紹介していく。特に，標準偏差は，第Ⅱ部以降の「推測統計」の理解に重要な概念なので，第Ⅰ部では，使い方なども含めて理解できるように書いた。さらに，統計学において最も重要な分布である「正規分布」についても，その特徴とあわせて紹介する。

第1章
データに含まれる不確実性を「見える化」する
——度数分布表とヒストグラム——

本章のねらい

数値の羅列であるデータの背後にある特徴を，自分だけでなく他の人にも分かりやすく示すには，「ヒストグラム」や「度数分布表」がとても便利である。データが発生する背後にはさまざまな固有要因（分布特性）が隠れており，それがデータの散らばり（分布）を生み出している。ヒストグラムや度数分布表は，その分布の中心や，そこからのデータのバラつきを「見える化」することで，データが持つ特性を直感的に示すことができる。

1　データを読み解く

データの特徴を捉えるには

大学に入り，３年生以上（早ければ２年生から）になると，ほとんどの学生は「ゼミ」（理系であれば「研究室」）という少人数クラスに所属し，指導教員の指導のもとで，研究テーマを決めて個人やグループで調査・分析を行い，定期的に報告を行っていく。研究テーマはさまざまだが，その中でも，データを利用しないとできないものも少なくないはずだ。経済学部や経営学部などの社会科学系の学生であれば，各省庁や地方自治体のホームページ，民間の調査機関，アンケート調査やフィールド実験の結果など，テーマや目的にあったデータを入手して分析を行うことも多いと思う。また，医学や薬学，理学，工学，農学などの理系の学部であれば，実験や観察を行って得られたデータを用いて分析を行う。

しかし，いざデータが集まったとしても，よほどデータ分析に長けている学生がいない限り，入手したデータから，目的にあった分析を進めていくことはかなり難しいと言えるだろう。その原因の多くは，集めたデータセットから，そこに含まれる特徴を明確にする方法を知らないことにあると思う。集めたデータそのもののことを「**生データ（raw data）**」と呼ぶが（Excel ファイルのデータだと，その数値の連なりのこと），この生データをただ単にジーッと眺めているだけで，そこから何かを読み取ることは難しい。もちろん，生データから，何らかの特徴を見出すことは可能かもしれないが，ゼミでの報告や卒論などでは，データの特徴を分かりやすく紹介する必要がある。生データをスライドで示しながら特徴を説明しても，聞き手には伝わらない（伝わりにくい）だろう。そのため，**入手したデータの特徴を，誰にでも分かるように「見える化」しておくことが重要である**。

具体例で見てみよう。表 1 - 1 は，大学の学生食堂（以下，学食）において，学生が 1 回のランチに使う金額を調査するため，学食から出てきた大学生の男女100人に聞いた「ランチの利用金額」を並べたものだ。このデータをジーッと眺めてみて，何か特徴を見つけることができるだろうか。

眺めてみてまず分かるのは，「学生が 1 回のランチに使う金額は，**ばらばらであり**，みんなが同じ金額にはなっていない」ことだ。もちろん，そんなことは当たり前だと思うだろうが，実はこの「**ばらばらな数値をとる**」ことを，データが「**分布する**」と言う。では，どうして分布が生じるのだろうか。それは，数値が決まる背景に，さまざまな**固有の要因**が働いているからである。固有の要因とは，例えば，その学食で食べる学生の「特徴」（女性の利用者が多い，運

表1－1　学食におけるランチの利用金額
（男性52名，女性48名）

485	380	427	324	660
730	542	655	325	791
318	405	706	367	545
457	525	638	474	355
555	245	546	445	361
629	467	380	597	507
716	621	840	304	455
625	770	373	588	445
530	553	695	393	352
407	358	332	583	252
611	510	492	563	586
592	688	550	465	605
614	659	421	303	590
449	460	210	490	601
415	380	670	570	565
595	438	510	279	579
526	480	401	406	303
341	388	632	726	390
261	269	390	520	347
336	294	335	619	374

動部の学生がよく使用するなど）であったり，個々の学生の「癖」や「傾向」（お昼はしっかり食べる人やそうでない人，必ず頼むメニューがある）などのことである。このような固有の特徴や傾向のことを「**分布特性**」と呼ぶ。しかし，生データを眺めているだけでは，このような分布特性を見つけることは難しいだろう。そこで，登場するのが「**統計学**」である。

統計学は主に2つに分かれる。それが「**記述統計**」と「**推測統計**」である。**「記述統計」は，その名の通り，数値の連なりであるデータが持つ特徴を，数値やグラフなどを使いながら，分かりやすく記述すること**を目的とした統計学である。それに対して，**「推測統計」とは，一部のデータから，全体のデータ（第Ⅱ部で扱うが，前者を標本，後者を母集団と呼ぶ）の特徴を，確率を使って推測すること**を目的とした統計学だ。推測統計を学ぶには，記述統計の知識がある程度必要となるので，本書では，まず第Ⅰ部で記述統計，第Ⅱ部と第Ⅲ部で推測統計を扱う。

さて，(記述) 統計では，まず，「**①ばらばらな数値をとるデータを，何らかの基準によりまとめ**」，さらにそこから「**②分布特性を1つの数値で代表させる**」ことを行う。この①と②を行う手段として，「度数分布表」や「ヒストグラム」のように，**グラフ化して数値の特徴を捉える方法**と，「平均」や「標準偏差」などのように，**1つの数字によってデータの特徴を代表させる方法**の2つがある。データ解析に慣れてくれば，後者を主に使う方が便利だが，前者も，分布の形状を「**見える化**」してくれるので，データ全体の概観や特性を直感的に捉えるには，まず表やグラフを作っておくと便利である。

実際，統計学を用いたデータ分析を行う場合，両者は補完的に用いられるため，どちらか1つだけでよいということではない。ただし，一般的には①→②という順番で使われるため，まずこの章では，①のデータの「見える化」を行うための代表的な方法からご紹介していく。

2　データの分布特性を「見える化」する

度数分布表を作ってみる

生データの分布特性を視覚的に捉える方法として最も有名なのが，「**度数分布表**」と「**ヒストグラム**」である。前者が「表」，後者が「グラフ（棒グラフ）」の形状をとる。これらはセットで用いられることが多いが，ヒストグラムを作るには度数分布表が必要である。度数分布表は以下の手順に従って作ることができる。

Step 1　データの**最大値**（一番大きな値）と**最小値**（一番小さな値）を探し，その差（最大値－最小値）を求める。これをデータの**範囲**と呼ぶ。

Step 2　データの範囲を，さらにいくつかの小さい範囲（**階級**）に分ける。**階級の数**としては，分析者が区切りのよい個数を決めてもいいのだが，データの個数を考慮して決める「スタージェスの公式（Sturges' rule）」を参考にすることが多い。公式は難しいので，こ

表1－2　階級の数の目安

データの個数	30	50	100	300	500	1000	5000	10000
階級の数（目安）	6	7	8	9	10	11	13	14

スタージェスの公式：階級の数≒1+3.32 $\log_{10}$（データの個数）。

の方法を用いた階級の数の目安を，表1－2にまとめた（ただし，あくまで目安なので，データの最大値と最小値なども考慮して分析者が決めてもよい）。

Step 3　Step 2で求めた各階級の上限値と下限値を決める（**階級上限値**と**階級下限値**と呼ぶ）。また，ここでは階級を等間隔とする。

Step 4　Step 2で求めた各階級の代表値を決める（これを**階級値**と呼ぶ）。一般に真ん中の値が選ばれる。

Step 5　それぞれの階級に入るデータの個数を数える（これを**度数**と呼ぶ）。

Step 6　それぞれの階級の度数が，データの個数全部に占める割合を計算する（これを**相対度数**と呼ぶ）。

Step 7　その階級までの相対度数を足し合わせたものを計算する（これを**累積相対度数**と呼ぶ）。

このStep 1からStep 7までの手順に従い，表1－1の学食におけるランチの利用金額のデータから度数分布表を作成したのが，表1－3である。実際に上述のStep 1からStep 7を実行してみよう。

Step 1　最大値は840，最小値は210，範囲は630。

Step 2　データの個数が100なので，表1－2より，目安の階級の数は8だが，最大値（840）と最小値（210）の値の大きさを考慮して，100データずつ7個の階級とした。

Step 3　100データずつなので，階級上限値と階級下限値もそれにあわせて設定する。例えば，1つ目の階級の階級下限値は201，階級上限値

表1－3　学食におけるランチの利用金額（円）の「度数分布表」

階級下限値	～	階級上限値	階級値	度　数	相対度数	累積相対度数
201	～	300	251	7	0.07	0.07
301	～	400	351	25	0.25	0.32
401	～	500	451	21	0.21	0.53
501	～	600	551	24	0.24	0.77
601	～	700	651	16	0.16	0.93
701	～	800	751	6	0.06	0.99
801	～	900	851	1	0.01	1

は300となる（表1－3の1列目を参照）。

Step 4　それぞれの階級の真ん中の値を階級値として使う。例えば，1つ目の階級の階級値は251（≒(300＋201)/2）となる（表1－3の2列目を参照）。

Step 5　それぞれの階級に入るデータの個数（度数）を数える。具体的には，表1－1のデータを1個ずつ見ながら，その階級に入るデータを数えていく（表1－3の3列目を参照）。また，度数を全て足すと，データの個数100になることを確認するといい。

Step 6　各度数をデータの個数100で割り，相対度数を計算する（表1－3の4列目を参照）。度数と同じように，相対度数を足し合わせると1になることを確認する。

Step 7　Step 6で計算した度数を，上から順番に合計し，累積相対度数を計算する（表1－3の5列目を参照）。最後の階級の累積相対度数が1になることを確認する。

それでは，完成した度数分布表を眺めながら，そこから何が読み取れるのか見ていこう。この中で，特にそれぞれの階級と，その階級の度数を確認することにより，以下の特徴を確認することができる。

①　**ある階級（価格帯）にデータが集中している**（表1－3の301～400，401～

500，501～600の3階級）。

② ①の階級を中心に，そこから離れるにつれて，度数がだんだん減少していく。

ここから，調査対象の大学における学食では，1回のランチの利用金額は，だいたい401円～600円の間になる学生が多いが，それ以上やそれ以下の学生たちも少なからずいることが分かる。つまり，**ランチの利用金額にはバラつきがあり（分布している），金額が決まるメカニズムの背後には，何らかの固有の要因が働いている**ことが窺える。さて，このような特徴は，生データ（表1－1）を眺めているだけでは読み取ることは難しかったと思う。少し面倒だが，度数分布表を作成することで，**データの分布の特徴を明らかにすることができる**のである。

生データから度数分布表を作成することで，データの分布の特徴を明らかにすることができた。しかしながら，もしゼミや講義でデータの分布の特徴を報告する機会があった場合，聞いている人が，度数分布表の読み方や使っている用語が分かっていないと，伝えるのに少し時間を要することになる。そこで，より視覚的に分布の特徴を伝えるために，**度数分布表をグラフの形で表した「ヒストグラム」**を用いる。

ヒストグラムを作ってみる

ヒストグラムは，度数分布表におけるそれぞれの階級の度数を「棒グラフ」の形で表現したもので，図1－1のように，縦軸に「度数」，横軸に「階級値」をとったグラフになる（Microsoft Excel で作成する場合，表1－3の度数分布表における2列目（階級値）と3列目（度数）を選択し，画面左上の「挿入」にある，各グラフから「縦棒」を選択すると出てくる。棒の幅調整や，軸ラベルなどは，見やすいように筆者が加工している）。

さて，作成した図1－1を眺めてみてほしい。度数分布表から確認できたデータの特徴①，②を，より視覚的に確認できるようになったことが分かるだろ

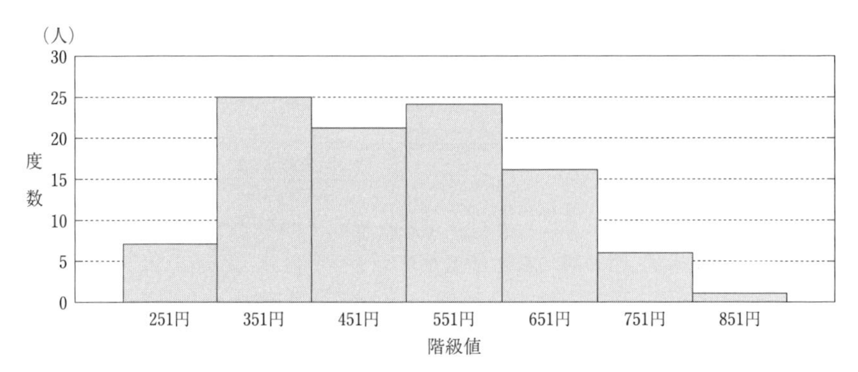

図1－1　学食におけるランチの利用金額の「ヒストグラム」（表1－3に基づいて作成）

う。これより，（おおまかに）データの分布の特徴を人前で説明するときには，少し読み取り方の説明が必要な度数分布表よりも，直感的に分かりやすいヒストグラムを利用するほうがよいと言えるだろう。

さて，度数分布表やヒストグラムは，「生データ」の分布状況を分かりやすくまとめ，分布の特徴を直感的に理解できるようにする，よい分析手法であると言える。しかしながら，度数分布表やヒストグラムを作ることによって，生データの情報の一部が失われていることにも注意しなければならない。例えば，表1－3の度数分布表から，301円～400円の階級に25人いることが分かるが，これが，図1－1のヒストグラムでは，階級値351円に25の高さの度数で表されている。この階級の25人の利用金額は，実際には細かく分かれているが（最小値は303円，最大値は393円），ヒストグラムで特徴を述べる際には，**「学食におけるランチの利用金額が351円の学生は，25人いる」**と言うことになる。このとき，この階級の細かい金額の情報（303円～393円）を捨て去って，1つの階級値で捉えてしまっている。しかしながら，ここでの私たちの興味は，生データの細かい値などではなく，そのデータに**隠れている特徴（分布特性）**だということを忘れてはいけない。例えば，「どの金額帯の利用が，最も多いのか」という「特徴」を知りたいのであれば，前述のように，多少ざっくりとした表現をしても，目的を損なうものではない，と考えてよいのではないだろうか。

分布特性がある程度予想できる

ここで，図１－１をよく見てみると，**２つの離れた階級の度数が大きくなっている**ことが分かる。つまり，301～400と501～600の２つの階級のことで，この２つの階級の度数は，その間の階級（401～500）の度数よりも多くなっている。このようなときには，**異なる分布特性を持つ２つの分布が重なっている**可能性がある。もう少し階級の数を増やして見ていこう。図１－２は，階級の区間を50として，階級の数を13にしたときのヒストグラムを表している。さっきよりもはっきりと，２つの離れた階級にデータが集中して，そこから離れるにつれて，度数が減少していっていることが確認できる。この原因は何なのだろうか。

比較的簡単に思いつくのは，男性の方が，女性よりも食べる量が多いという可能性だ。読者の中にも直感でそうではないかと思われた方もいらっしゃるかもしれない。ここで，表１－１のデータは，学食から出てきた男女それぞれに回答してもらっているため，男性（52名）と女性（48名）のランチの利用金額を男女に分けることができる。そこで，図１－２のヒストグラムの形状が，男女の分布特性の違いによるものかどうかを検証するため，図１－２を，男女別に表してみた。それが図１－２－Ⓜと図１－２－Ⓦだ。２つのヒストグラムは，それぞれ１つの階級（男性575円の階級，女性375円の階級）を中心に，ほぼ左右対称な山の形になっていることが分かる。これは，ちょうど図１－２のヒストグラムの２つの山を，別々に表示したものだ。２つのヒストグラムから読み取れる特徴として以下のようなものがある。

- 男性は575円の近辺，女性は375円を中心に左右に分布している。
- 女性よりも男性の方が，学食でランチに利用する金額が多い。
- 女性よりも男性の方が，ランチの利用金額に幅がある。

このように，得られたデータから度数分布表やヒストグラムを作成した際，そこに表れたデータの特徴が予想しやすいものであれば，その特徴別（今回の

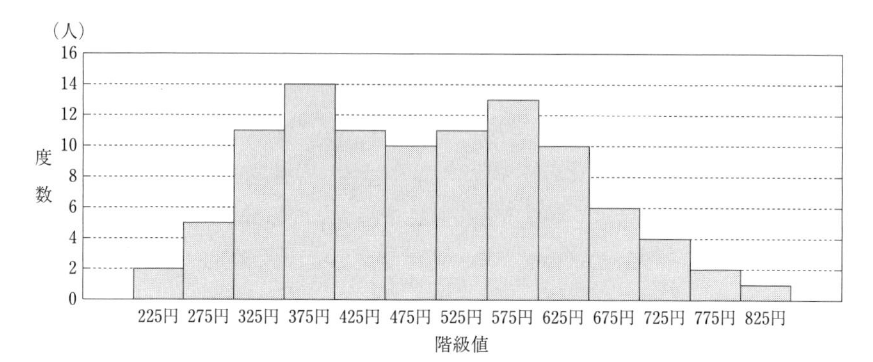

図1－2　学食におけるランチの利用金額のヒストグラム（階級の数13のケース）

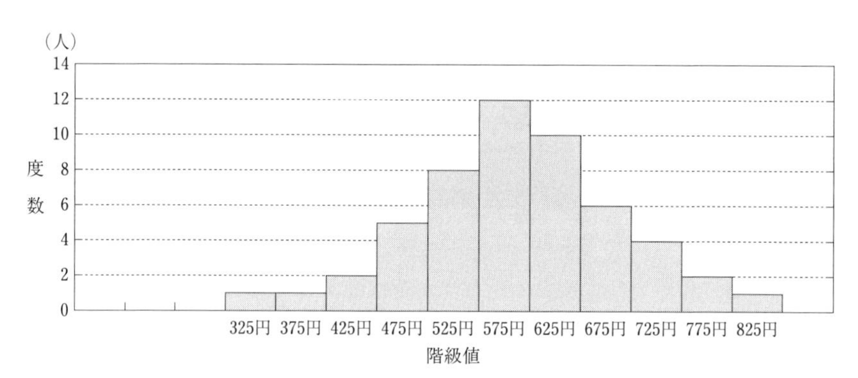

図1－2－Ⓜ　学食におけるランチの利用金額（男性のケース，52名）

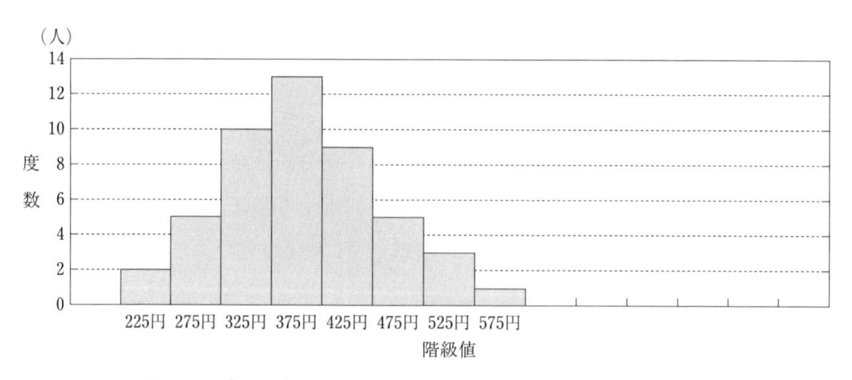

図1－2－Ⓦ　学食におけるランチの利用金額（女性のケース，48名）

場合は男女別）にヒストグラムを作成することで，特徴別の分布特性を検証することが可能となる（例えば，女性の利用金額の範囲や，よく利用する金額帯など）。

第１章のまとめ

- 入手したデータのほとんどは，単なる数字の連なり（**生データ**）であることが多く，生データから直接何かを読み取ることは難しい。
- データは「ばらばらな数値をとる」ことがほとんどで，それは，データが発生する背後にある，固有の要因（**分布特性**）のはたらきによるものである。ばらばらな数値をとることを，データが「**分布する**」という。
- 統計学は，データをどのように記述するかを考える「記述統計」と，一部のデータから全体の特徴を推測する「推測統計」の２種類に分かれる。
- 記述統計の目的は以下の２つ
  ①　ばらばらな数値をとるデータを，何らかの基準によりまとめる（→度数分布表やヒストグラム）
  ②　分布特性を１つの数値で代表させる（→平均値や標準偏差など）
- 「度数分布表」を作ることによって，どの階級にどのくらいのデータが集まっているかが把握できる。
- 「ヒストグラム」は，度数分布表を視覚的に表したものである。

Column ①　自動車の燃費規制は車両重量を増加させるのか

日本では，環境問題の側面から，自動車に厳しい燃費基準を設け，各自動車会社には目標年度までにその基準の達成が義務付けられている。燃費基準値は，どの車も同じではなく，表1－4のように，**車両重量によって区分されており，車両重量が増えるほど，燃費規制値が緩くなる構造**になっている（表1－4の上段は2008年までの旧基準，下段は，2009年以降の新基準）。実は，この構造が，自動車会社に車両重量を増加させるインセンティブを与えている可能性がある。例えば，車両重量が1,480kgの車は，旧基準の「(5)1,266kg～1,515kg」の区分である13km/ℓを達成する必要がある。しかしながら，車両重量をあと36kg増やすと，もう一段階基準のゆるい「(6)1,516kg～1,765kg」区分の10.5km/ℓさえ達成できればよいことになる。つまり，**次の車両重量区分に近い自動車は，少し重量を増やすことで，より低い燃費規制値で車を売ることができる**のである。燃費を高めようとすると，車の開発にそれなりの費用や労力をかける必要があるが，車両重量を増やすだけで，それらが緩和されるのであれば，自動車会社としては，そのようなメリットを見過ごすはずはない。

シカゴ大学の伊藤公一朗助教授と，カリフォルニア大学のジェームス・サリー助教授は，このような燃費基準の構造に注目し，各社の燃費データを使い，自動車会社の行動を分析した（伊藤，2017）。彼らは，**前述の推測が正しければ，車両重量のヒストグラムを描いたとき，燃費規制値の「境界点のほんの少し右側」にデータが集まっている**，と予想した。つまり，各区分の車両重量の上限値（例：旧区分「1,016kg～1,265kg」であれば，1,265kgが上限値）よりほんの少しだけ軽い車は，より低い燃費基準である次の区分（例：旧区分「1,266kg～1,515kg」）に移すため，ほんの少し重量を増やすインセンティブを持つ。そのため，燃費規制値の「境界点のほんの少し右側」にデータが集まりやすくなる，と考えたのである。

図1－3は，国土交通省の「自動車燃費一覧」データを使って作成した，車両重量のヒストグラムである。横軸が車両重量，縦軸が相対度数，階段状の線が燃費規制値を表している（上図が，政策変更前の旧基準の燃費規制値，下図が変更後の新基準の燃費規制値）。図を見てみると，いずれも燃費規制値の区分が変わる境界点のほんのわずか右側に，多くのデータが集まっていることが分かる。つまり，予想した通り，企業は燃費基準が車両重量によって緩くなっている仕組みを見逃さず，多くの車が重量を重くしていたことが，データから明らかにされたのだ。

さらに，政策変更によって，燃費規制値が旧基準から新基準に変わった前後で比較しても，このような自動車会社の行動は顕著に見られた（図1－3の上図と下図を比較)。新基準は，燃費規制値の区分がより細かくなったが（9区分→16区分)，その変更に合わせて，自動車の重量が集中する場所が変わっているのが確認できる。

この分析では，階段状の変化を利用して因果関係を明らかにする「集積分析」という手法を用いる。集積分析についてはここではくわしくは述べないが，政策変更（X）が車両重量（Y）に影響を与えたかどうかを明らかにする分析方法である。図1－3でみてもらったように，ヒストグラムを描いて，その形状や変化に注目するだけで，そのような因果関係を明らかにする方法もあるのだ。

表1－4　日本の乗用車の燃費基準

2001年～2008年

	(1)	(2)	(3)	(4)	(5)	(6)	(7)	(8)	(9)
車両重量の区分（kg）	～702	703～827	828～1,015	1,016～1,265	1,266～1,515	1,516～1,765	1,766～2,015	2,016～2,265	2,266～
燃費基準（km/ℓ）	21.2	18.8	17.9	16	13	10.5	8.9	7.8	6.4

2009年～2013年

	(1)	(2)	(3)	(4)	(5)	(6)	(7)	(8)	(9)
車両重量の区分（kg）	～600	601～740	741～855	856～970	971～1,080	1,081～1,195	1,196～1,310	1,311～1,420	1,421～1,530
燃費基準（km/ℓ）	22.5	21.8	21	20.8	20.5	18.7	17.2	15.8	14.4

(10)	(11)	(12)	(13)	(14)	(15)	(16)
1,531～1,650	1,651～1,760	1,761～1,870	1,871～1,990	1,991～2,100	2,101～2,270	2,271～
13.2	12.2	11.1	10.2	9.4	8.7	7.4

（出典）国土交通省 HP の資料より，筆者作成。

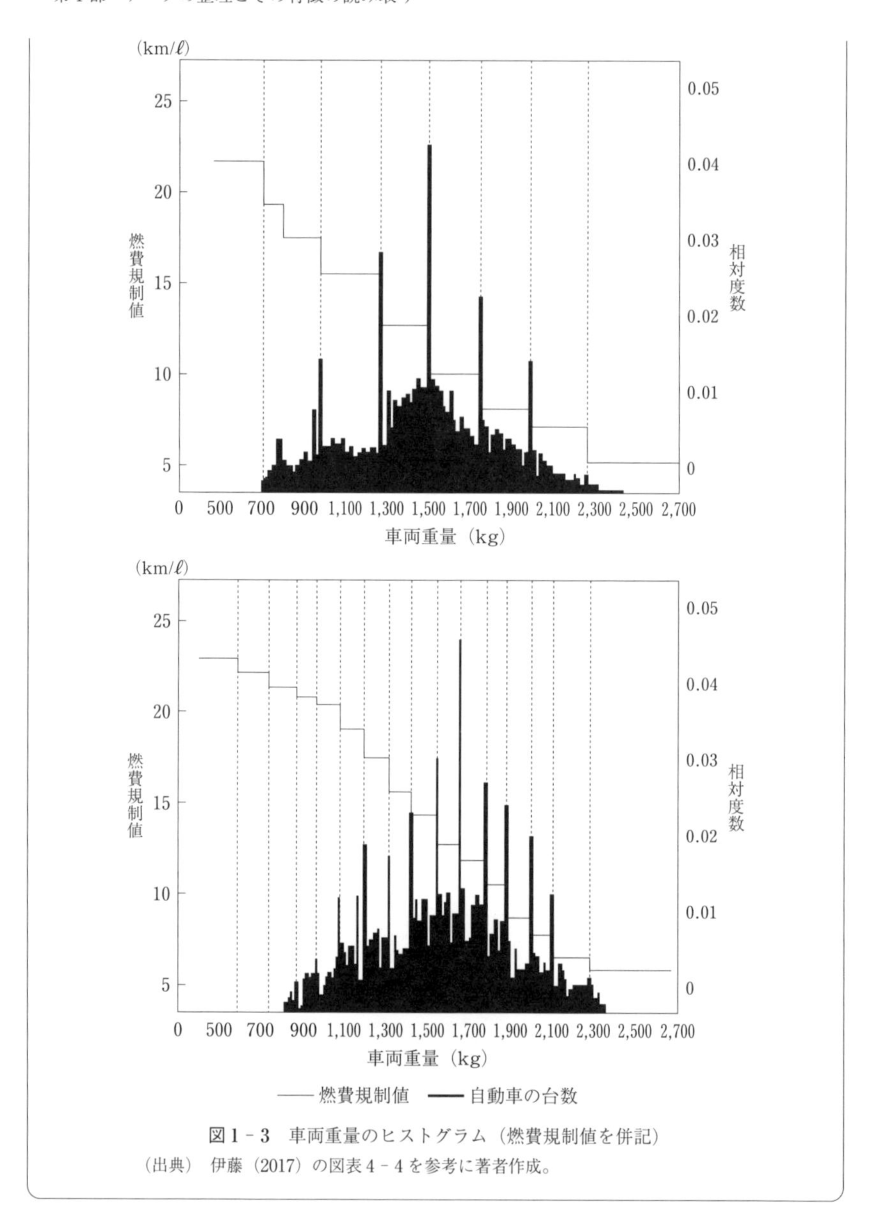

図1－3　車両重量のヒストグラム（燃費規制値を併記）

（出典）　伊藤（2017）の図表4－4を参考に著者作成。

参考文献

伊藤公一朗『データ分析の力――因果関係に迫る思考法』光文社，2017年。
小島寛之『完全独習　統計学入門』ダイヤモンド社，2006年。
豊田利久・大谷一博・小川一夫・長谷川光・谷﨑久志『基本統計学（第３版）』東洋経済新報社，2010年。

練習問題

問題１

データの数が73個のときと，850個のとき，度数分布表における階級の数はいくつに設定すればよいだろうか。スタージェスの公式：階級の数$\fallingdotseq 1+3.32\log_{10}$（データの個数）を用いて答えなさい。

問題２

データは，統計学の期末試験の点数（受講者30名）である。度数分布表とヒストグラムを作成しなさい。また，作成した度数分布表やヒストグラムから，点数の分布の特徴についてコメントしなさい。

43	91	25	33	18
20	8	18	57	98
65	12	29	22	55
38	26	32	86	61
32	41	36	74	71
33	53	43	32	39

統計学の期末試験の度数分布表

階級下限値 ～ 階級上限値	階級値	度　数	相対度数	累積相対度数
0 ～ 9				
10 ～ 19				
20 ～ 29				
30 ～ 39				
40 ～ 49				
50 ～ 59				
60 ～ 69				
70 ～ 79				
80 ～ 89				
90 ～ 99				

問題3

下の図は，あるファミリーレストランにおける，夕食時の滞在時間（分）について，60組のお客さんのデータから作成したヒストグラムである。レストランの滞在時間の分布についてどのようなことが言えますか。

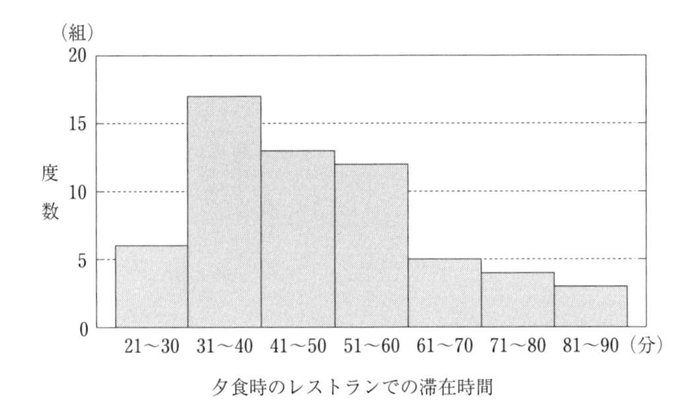

夕食時のレストランでの滞在時間

第2章
誰もが知ってる平均値
——中心の尺度——

本章のねらい

ヒストグラムや度数分布表は，数値の羅列であるデータの背後に隠れた特徴を（元データの情報をある程度犠牲にして）「見える化」する手法である。これは，「ばらばらな数値をとるデータを，何らかの基準によりまとめる」という記述統計の方法の1つだ。しかし，その分かりやすさの反面，そこから読み取れる特徴の解釈には，主観的な要素が強く，分析者によって結果の読み取り方に大きな違いが出てしまう可能性がある。そこで，「データの特徴を1つの数値で代表させる」方法と補完的に用いることで，このような問題に対処する。この第2章と，続く第3章では，データの中心やバラつきを捉える，いくつかの主な代表値について紹介する。

1　統計学における代表値の役割

データを客観的に捉える役割

前章では，データに隠れた特徴（分布特性）を「見える化」する方法として，度数分布表やヒストグラムを紹介した。この方法は，入手した数値データをある範囲（階級）で区切り，表やグラフにすることで，（元データそのものの情報をある程度犠牲にして）視覚的にデータの特徴を浮き彫りにすることができた。しかしながら，この方法にも欠点がある。それは，結果の読み取りに「主観」が入ってしまうことだ。前章のランチのケースだと，中心がどこにあたるのか，中心からのバラつき具合，分布の中心のとがり具合や，分布の歪み具合など，人によって（少なからず）違った読み取り方をしてしまう可能性があるだろう。

例えば，前章の「図１－２－Ⓦ学食におけるランチの利用金額（女性のケース）」のヒストグラムをもとに，学食で女性向けの「新しいランチメニュー」と「その価格帯」を決める会議をしたとする。ある人は，「351円～400円の階級に利用者が固まっているように見えるから，この範囲で価格を決めよう」と言うかもしれない。しかし別の人からは「私には，351円～400円の価格帯にそれほど集まっているようには見えません。むしろ，学生によって，利用金額の幅が大きいように見えます。ですので，より多くの利用者をカバーできるように，異なる数種類の価格帯のメニューを提供する方がよいのではないかと思います」という意見が出るかもしれない。また，別の人からは，「501円以上の利用者も少なからずいるので無視できない。運動部の学生などはしっかりと食べると思うので，そのような学生用のメニューも別に用意するべきではないか？」など，さまざまな意見が出てくるかもしれない。意見を出し合い，議論をすること自体は望ましいことだが，議論をするための資料の読み取りに主観の入る余地が多いと，統一見解が得づらくなり，会議が長くなったり，場合によっては言い合いになるなど，不都合が起こりやすくなるかもしれない。

１つの数値で代表させる

度数分布表やヒストグラムがかかえる，このような問題に対処するため，データの特性を１つの数値で代表させる「**代表値**」（あるいは「**統計値**」）という考え方が発明された。データに隠れたどのような特性を見たいかによって，さまざまな代表値が考え出されている。これらを使えば，データの中心がどこなのかや，データが中心にどの程度集中しているのか，分布の端の方のデータは無視していいのか，無視できないのかなどを客観的に判断することが可能になる。こういった客観的な指標である代表値を用いることで，上述のような会議の不都合も解消されるかもしれない。

発明されている代表値は数多くあるが，本書では，そのうち最もよく用いられるものに絞って紹介したい。具体的には，中心の代表値である「平均値」「中央値」「最頻値」と，データのバラつき具合の代表値である「分散」と「標準偏差（S.D.）」である。特に標準偏差（S.D.）は，本書において（というより，統計学において）最も重要だと断言してもいい代表値である。この標準偏差については，次の章でくわしく説明するとして，この章ではまず，データの中心の尺度である「平均値」から説明していく。

2　中心を表す3つの代表値

平均値

データの中心を表す「代表値」として代表的なものが平均値であり，これは皆さんもよく知っている言葉だと思う。テストにおける平均点や，平均身長・平均体重，平均寿命，平均年収，平均睡眠時間，日経平均株価など，いろんな平均値を見聞きすることが多いだろう。その計算方法もシンプルで，「**足して，データ数で割る**」というものだ。第1章のランチの利用金額（表1－1）を例にして計算すると，男子学生と女子学生の平均利用金額はそれぞれ，

男子学生のランチの平均利用金額：

[485＋660＋706＋…＋632]/52＝588.70(円)

女子学生のランチの平均利用金額：

[325＋361＋352＋…＋374]/48＝379.59(円)

となる。ここで，第1章の図1－2－Ⓜと図1－2－Ⓦのヒストグラムより，男子学生と女子学生の利用金額が最も多い551円～600円，351円～400円の階級にそれぞれの平均値が入っていることから，平均値とヒストグラムの中心が一致している（ヒストグラムの度数が一番高い階級に平均値が入っている）ことが分かる。

また，ヒストグラムと対応させて用いるのであれば，平均値には別の計算方法もある。それは，**（各階級の階級値）×（各階級の度数）を全て足し合わせて，度数の総数で割るという方法**である。男子学生と女子学生の，ランチの平均利用金額の平均値をこの方法で計算してみると，以下のようになる（図1－2－Ⓜ

と図1－2－Ⓦの階級値を使用)。

男子学生のランチの平均利用金額（階級値を使用）

$$\frac{(325\times1)+(375\times1)+(425\times2)+(475\times5)+\cdots+(775\times2)+(825\times1)}{52}$$

$=588.46$(円)

女子学生のランチの平均利用金額（階級値を使用）

$$\frac{(225\times2)+(275\times5)+(325\times10)+(375\times13)+\cdots+(525\times3)+(575\times1)}{48}$$

$=381.25$(円)

いかがだろうか。**階級値を用いない場合の平均値の計算と比べてもそれほど大きくずれないことが**分かる（男子学生588.70円→588.46円，女子学生379.59円→381.25円)。この平均の計算方法は，ヒストグラム上での平均値の意味について理解する際に重要な概念となる（くわしくは ***Column*** ②を参照)。

データの中心を捉える指標として，平均値はとてもよい代表値のように思えるだろう。しかしながら，実は平均値には，「**外れ値（異常値）の影響を受けやすい**」という弱点が存在する。外れ値とは，データセットの中で，他とは大きく異なる値をとるデータのことを指す。具体的に見ていこう。第1章の学食におけるランチの利用金額において，52人の男子学生のデータの中に，53人目として，1,500円利用する人が加わったとしよう。「ランチにしては金額が大きすぎて現実的ではない」と思われるかもしれない。しかし，外れ値は別名「異常値」とも呼ぶので，その日調査した人の中に，たまたまそのような特殊なデータが混じっていたと考えてほしい。さて，この人が所属する階級は，1,451円～1,500円で階級値は1,475円だ。図2－1は，第1章の図1－2－Ⓜに，この1,500円の外れ値を含めたヒストグラムである。このとき，平均値を計算してみると，

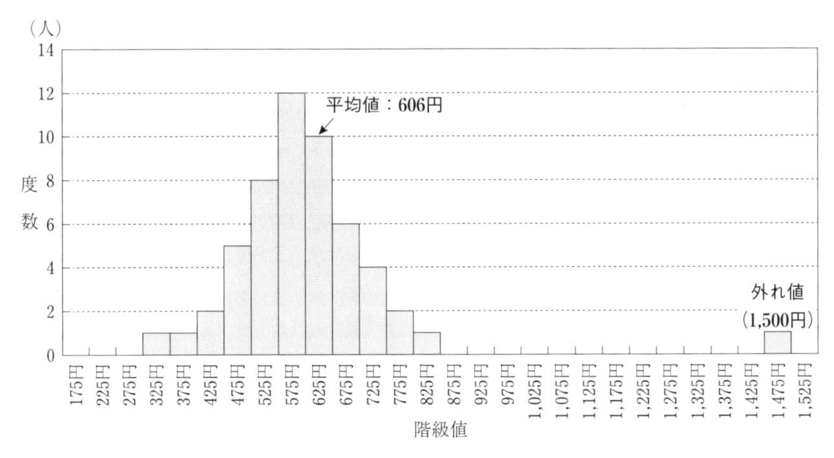

図2－1　学食における男子学生のランチの利用金額（外れ値を含むケース）

男子学生のランチの平均利用金額（外れ値を含むケース）：

$$[485+660+706+\cdots+632+1{,}500]/53=605.89(\text{円})$$

（階級値を用いた場合の）男子学生のランチの平均利用金額（外れ値を含むケース）

$$\frac{(325\times1)+(375\times1)+(425\times2)+(475\times5)+\cdots+(775\times2)+(825\times1)+(1500\times1)}{53}$$

$$=605.67(\text{円})$$

となる。ここで，外れ値を含まない平均値が588.70円（588.46円）だったので，外れ値のデータを含んだだけで，平均値が約17円も上昇したことになる。この新しい平均値は，先ほどのように，ヒストグラムの度数が最も多い階級とは一致せず，図2－1のように，1つ上の601円～650円の階級に入ってしまう。つまり，**たった1つの外れ値によって，平均は大きく動き，その結果，最も利用金額の多い階級（山型の分布の中心の階級）からもずれてしまうということが起こる**。このように，平均値は計算もシンプルで親しみのある代表値ではあるが，外れ値には非常に弱いという問題を含んでいる。

さて，このような外れ値がデータに含まれている場合，私たちはどのように対処すればよいだろうか。1つは，あらかじめ外れ値を除いてしまうことであ

表2－1　中央値の計算（データが奇数個のケース）

1	2	3	…	26	**27**	28	…	51	52	53
324円	380円	406円	…	590円	**592円**	595円	…	791円	840円	1,500円

表2－2　中央値の計算（データが偶数個のケース）

1	2	…	25	**26**	**27**	28	…	51	52
324円	380円	…	588円	**590円**	**592円**	595円	…	791円	840円

（590＋590）/2＝**591円**

る。今回のように，学食のランチの利用金額データから，「学生が普段どれくらいランチにお金を使うのか」だいたいの値を知ることが目的であれば，ほとんどいない（ほとんど起こらない）外れ値（普段ランチに1,500円使う人）は，そもそも考える必要がないため，データセットから除いてしまっても構わないだろう。一方で，このような外れ値の影響を受けにくい，別の中心の尺度である「中央値」と「最頻値」を用いる方法もある。

中央値

中央値とは，**データを小さい順に並べた場合にちょうど真ん中に来る値のこと**である。表2－1を見てほしい。これは，図2－1の男子学生53名のランチの利用金額データを，小さい順に並べたものだ。53名のちょうど真ん中である27番目の利用金額が592円なので，このデータの中央値は592円となる。ここで，

図２－２　平均値と中央値の比較

中央値の計算で注意が必要なのが，データが偶数個ある場合だ。偶数個の場合は，ちょうど真ん中の値がないため，直接は探せない。**データが偶数個ある場合は，真ん中の２つの値の平均を中央値とする**。表２－２は，表２－１から外れ値である1,500円を除いた52名のデータで中央値を計算したものである。表より，26番目と27番目の間を境に，データ数が26個ずつに割れる。このようにデータ数が偶数個の場合は，真ん中の２つの値の平均値である591円が中央値になる。

さて，中央値が外れ値の影響を受けにくいことを示しておく。表２－１と表２－２で気付かれたかもしれないが，外れ値の1,500円を含む前と後で，中央値は１円しか増えていない。一方で，平均値の方は，約17円上昇していた（図２－２参照）。ここで，外れ値を含まない場合は，平均値と中央値はほぼ同じ値であり（589円と591円），含まれる階級も551円～600円の最も度数の高い階級であるため，中心の尺度として望ましい代表値だと言える。しかしながら，外れ値を含んだケースでは，前述のように，平均値は大きく上昇してしまい，最も度数の高い階級から外れてしまう。一方で，中央値は，外れ値の影響をほとんど受けておらず，外れ値を含む前の階級に属したままとなる（図２－３参照）。

最頻値

中央値よりもさらに外れ値の影響を受けにくいのが最頻値である。**最頻値とは，データの中で最も頻繁に出てきた値のことをいう**（もしくは，**最も度数の多い階級の階級値**）。先ほどの「学食における男性のランチ利用金額」のデータの最頻値は，最も度数の高い551円～600円の階級値である，575円となる。また，

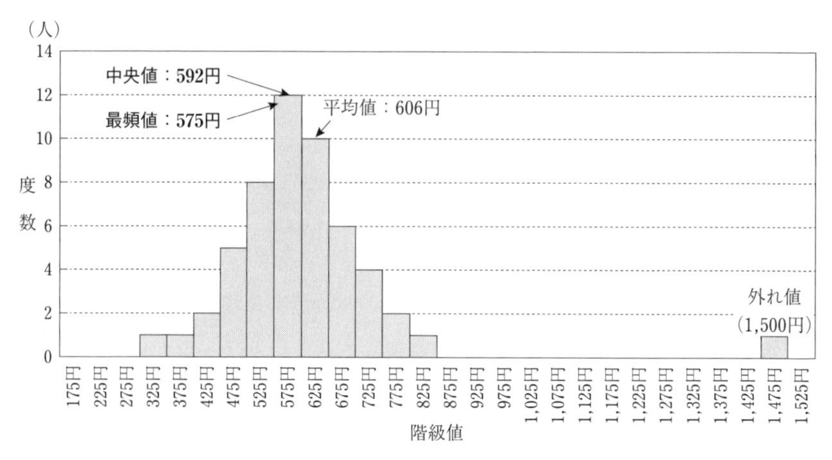

図２－３　学食における男子学生のランチの利用金額（外れ値を含むケース・平均値，中央値，最頻値の比較）

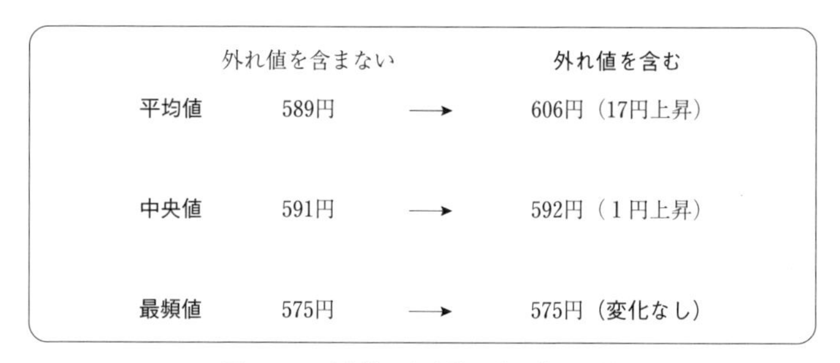

	外れ値を含まない		外れ値を含む
平均値	589円	→	606円（17円上昇）
中央値	591円	→	592円（１円上昇）
最頻値	575円	→	575円（変化なし）

図２－４　平均値，中央値，最頻値の比較

1,500円の外れ値を含んだとしても，最頻値は575円とまったく変わらない（図２－４参照）。つまり，最頻値は中央値と同様に，外れ値を含んだ後も，ヒストグラムにおける最も度数の高い階級から動かない（図２－３参照）。最頻値は，外れ値の影響を最も受けにくいが，欠点もある。それは，**ヒストグラムを描いたときに，度数が最も多い階級が複数ある場合，最頻値が決まらなくなることだ**。例えば，全ての階級の度数が同じ場合（図２－５の左図参照）や，最も度数が多い階級が複数ある場合（図２－５の右図参照）などのケースでは，最頻値が決まらなくなる。このため，中心の尺度としてどの代表値を用いるかは，ヒス

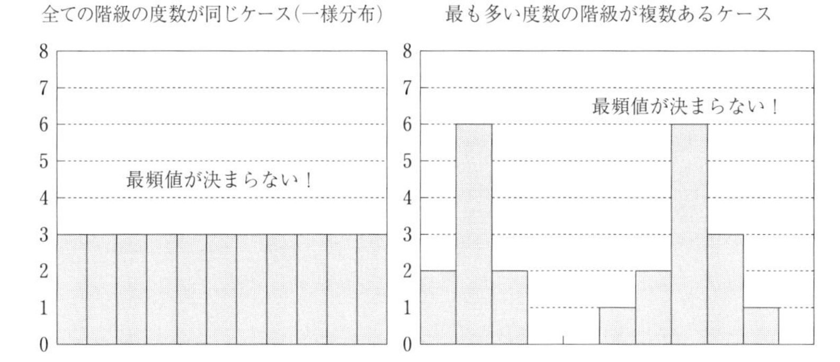

図2－5　最頻値が決まらないケース

トグラムを描いたり，外れ値が含まれているかを確認してから決めるのがよいだろう。

第2章のまとめ

- 度数分布表やヒストグラムだけでは，結果の解釈に「主観」が入りやすい。そのような場合，データの特性を1つの数値で代表させる「**代表値**」(あるいは「**統計値**」)を併せて用いる。
- 主な代表値に，中心の尺度である「**平均値**」,「**中央値**」,「**最頻値**」や，バラつきの尺度である「分散」や「標準偏差 S. D.」などがある。
- 平均値は，最も一般的に知られている中心の尺度であり，「全て足して，データ数で割る」だけなので，とても分かりやすい。しかし，「外れ値」の影響を受けやすいという弱点もある。
- 中央値は，データを小さい順に並べた場合にちょうど真ん中に来る値のこと。外れ値の影響を受けにくい。
- 最頻値は，データの中で最も頻繁に出てきた値のこと（もしくは，最も度数の多い階級の階級値)。中央値よりも外れ値の影響を受けにくいが，その反面，最頻値が複数になる場合には，中心の尺度として扱えなくなるなどの弱点がある。

Column ②　平均値はヒストグラムをバランスさせる——重心

本章でご紹介した，平均値，中央値，最頻値は，ヒストグラム上ではどのような意味を持つのだろう。次頁の３つの図は，14人の学生に，学食における新メニューを10段階で評価してもらった際の，中心の尺度である，最頻値，中央値，平均値をそれぞれ表している。縦軸が人数（度数），横軸が新メニューの評価点を表している。

最頻値とは，ヒストグラムの中で最も度数の高い階級の階級値（ここでは点数）なので，ここでは，５点となる（図２－６）。また，中央値は4.5点である。図２－７より，ちょうどこの点数の左右で，人数が半分になっていることが確認できる。つまり，ヒストグラム上での中央値とは「**ヒストグラムの左右の面積が，ちょうど２等分される点数**」となる。

さて，それでは，平均値はヒストグラム上でどういった意味を持っているのだろうか。14人のデータの平均値は，約4.36点となる。このデータセットでは「全て足して人数で割る」計算方法と，階級値を使った以下の計算方法の結果が等しくなる（理由：階級の幅が１であるため）。

$$\frac{(1\text{点}\times 1\text{人})+(2\text{点}\times 1\text{人})+(3\text{点}\times 3\text{人})+\cdots+(9\text{点}\times 0\text{人})+(10\text{点}\times 1\text{人})}{14}$$

$$=4.35714(\text{点})$$

では，上の計算式は何を意味しているのだろうか？　それは，**それぞれの点数に，その点数を取った人という「重み」をつけた**結果，と表現することができる。この重みは，ヒストグラム上での高さを表しており，それが重りになっていると解釈してほしい。そうすると，**平均値とは，ヒストグラム全体をバランスさせる支点**であるということができる。図２－８を見てほしい。このヒストグラムは，平均点である4.36点でバランスしている。もしこの点数より，右に平均値があれば，ヒストグラム全体が左側に傾く（支点より左側が，右側より重くなるため）。このような特徴から，ヒストグラム上での平均点は，全体をバランスさせる「重心」の役割をはたしているということができる。

今回の14人のデータの場合，10点の１人が他の13人に比べて右端に離れているため，平均点（重心）がヒストグラムの中心よりも少し左側に位置して，全体をバランスさせているのである。

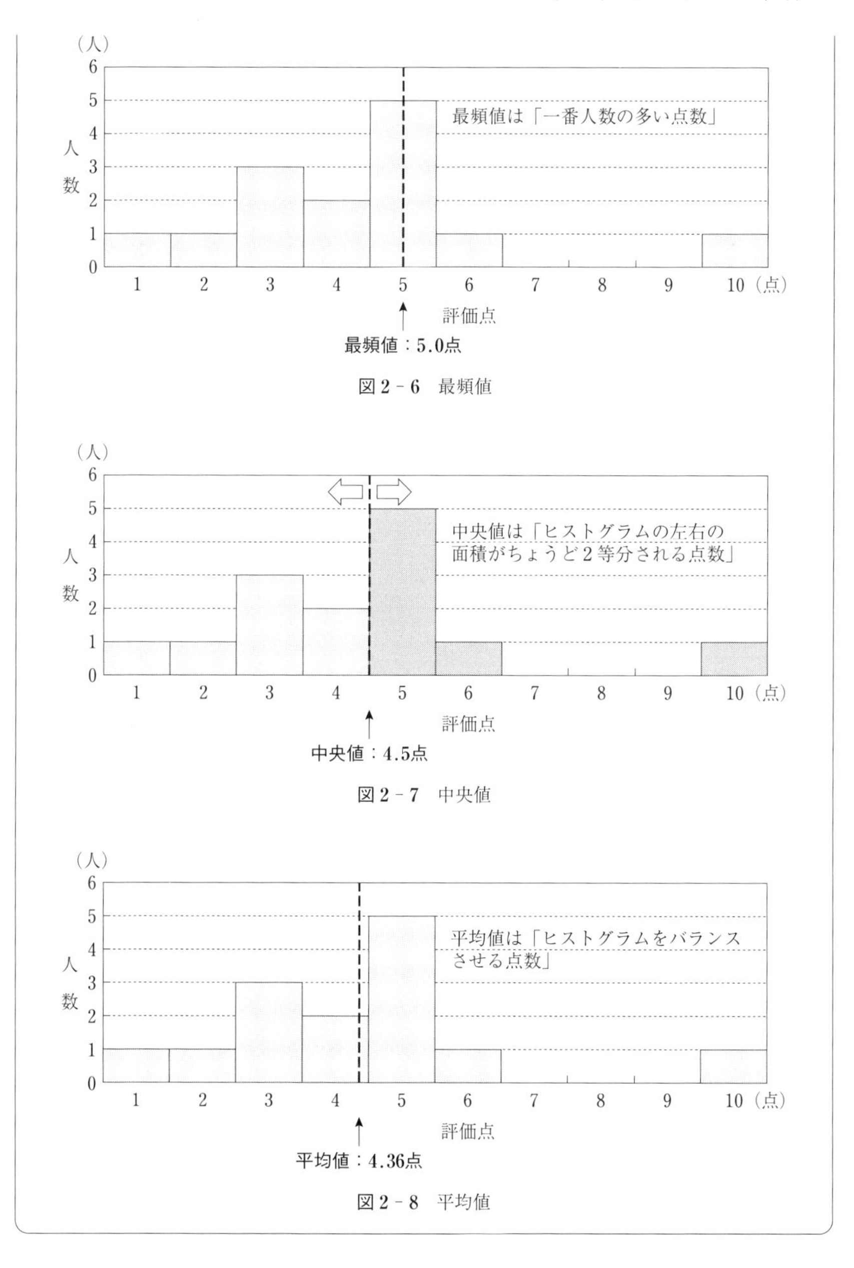

図２－６　最頻値

図２－７　中央値

図２－８　平均値

参考文献

結城浩『数学ガールの秘密ノート／やさしい統計』SBクリエイティブ，2016年。
栗原伸一『入門　統計学――検定から多変量解析・実験計画法まで』オーム社，2011年。
鳥居泰彦『はじめての統計学』日本経済新聞社，1994年。
豊田利久・大谷一博・小川一夫・長谷川光・谷﨑久志『基本統計学（第3版）』東洋経済新報社，2010年。

練習問題

問題1

あるレストランにおけるお客さんの滞在時間（分）のデータ（60人分）がある。平均値，中央値，最頻値を計算しなさい。

41	62	39	71	68	54
56	40	48	55	33	69
72	37	55	34	40	37
35	29	32	60	57	44
42	55	42	47	32	59
66	79	59	37	89	48
28	40	69	28	58	35
37	89	46	52	41	40
43	38	29	45	39	26
88	47	53	30	73	43

問題2

下の表は，練習問題1のデータの度数分布表の一部である。階級値を用いて平均値を計算しなさい。

階級下限	階級上限	階級値	度　数
21	30	25	6
31	40	35	17
41	50	45	13
51	60	55	12
61	70	65	5
71	80	75	4
81	90	85	3

問題３

50人の期末試験の平均点が62点だった。試験を病欠した学生が追試を受けて，その点数が80点だったとする。このとき，追試の学生を含めた51人の平均点はいくらになるか。

問題４

下の図は，日本の１世帯当たり所得の分布を表している。所得の平均値，中央値，最頻値はそれぞれ，541.9万円，427.0万円，250.0万円であった。このとき，平均所得（平均値）の値は「所得水準の指標」として望ましいかどうかを，理由とともに答えなさい。

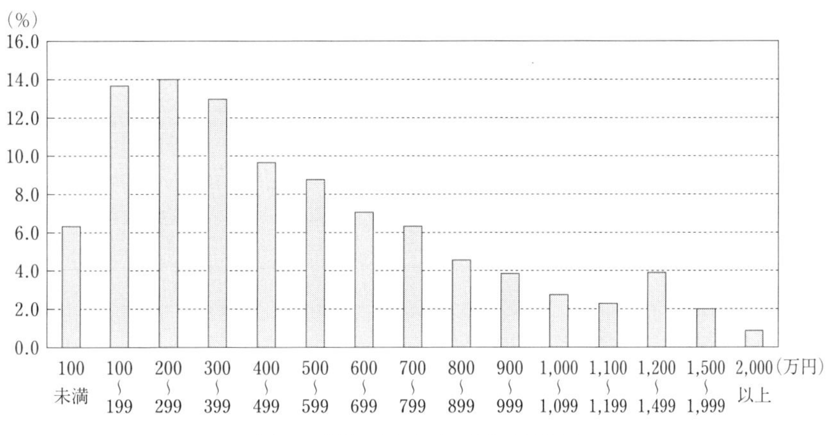

日本の１世帯当たり所得の分布（総世帯）

（出典）「国民生活基礎調査（2015）」より筆者作成。

第3章
標準偏差（S. D.）はとても大事な統計値
――バラつきの尺度――

本章のねらい

データに慣れていない（統計学に不慣れな）多くの人は，平均値を示されると，ほとんど全てのデータが，平均値や，それに近い値をとっているようなイメージを持つかもしれない。しかし，実際に観測されるほとんどのデータには，大小さまざまな大きさで，**平均値からの「バラつき」**が発生する。本章では，この平均値からの「バラつき」を捉える代表値である**標準偏差**を紹介する。また，標準偏差を使えば，あるデータの値が「驚くべき」結果なのか，それとも「ありきたりな」結果なのかも判断できるようになる。

1　データのバラつき具合を捉えたい

データはバラつく

前章では，たくさんあるデータの中で，中心がどこに（どのあたりに）あるのかを捉える尺度として，3つの代表値を紹介した。その中でも平均値は，誰もが慣れ親しんだ尺度であり，計算方法も「全部足して，データの数で割る」というとてもシンプルなものだった。解釈についても，前章のデータを用いて分析した結果，「ある大学における女子学生のランチの利用金額の平均値が380円になった」と聞くと，「学食での女子学生のランチの利用金額は，だいたい380円前後なんだなぁ」という印象を持つことだろう。

しかし，実際にデータの特徴を捉える場合，平均値だけでは不十分といえる。なぜなら，**平均値は（中央値や最頻値も）あくまで，データの中心を1つの数値**

で捉えたものであり，その周辺にどのくらいデータが集まっているのか，また，そこからデータがどのくらい散らばっているのかについては，表すことができないからである。例えば，「ある大学の女子学生の，ランチの利用金額の平均値が380円になった」としても，ほとんどの女子学生が380円前後（370円～390円）の利用金額なのか，それとも100円～200円台や500円～600円台の利用者もたくさんいるのかについては，平均値などからは知ることができない。

データのバラつきが重要な例として，アトラクションの待ち時間がある。人気のテーマパーク（ディズニーランドやUSJなど）では，数多くの楽しいアトラクションをパーク内に配置して，来場者を楽しませてくれる。しかし，この楽しいアトラクションに乗る（入る）ための待ち時間が，来場者の最も大きな悩みの１つだと言える。アトラクションの待ち時間は，その人気度や，利用時間帯，曜日などによって大きく変動し，中には４時間以上の待ち時間を提示するアトラクションもある。このため，人気のテーマパークを訪れる場合は，各アトラクションの待ち時間を考慮して，どの順序で回っていくかを事前にしっかり決めておかないと，希望通りの楽しみ方ができずに１日を終えてしまうこともあるかもしれない。そうならないように皆さんが参考にするのが，各アトラクションの平均待ち時間だと思う。平均待ち時間は，30分のような短い時間のものや，４時間を超えるものもある中で，自分たちの希望をできるだけ叶えられるような組み合わせと順序をそれぞれ計画すると思う。しかしながら，平均待ち時間は，あくまでそのアトラクションの待ち時間データの「平均」であり，平日の同じ時間帯でも，待ち時間にバラつきが生じることがある。このバラつきが小さいものであれば，来場当日も，ほぼ同じ待ち時間で利用できると考えてよいのだが，もしバラつきが大きいものであれば，来場当日に，そのアトラクションで想定以上の時間がかかり，残りのアトラクションの利用に影響が出る可能性が出てくる。そのため，皆さんがほぼ計画通りに回りたい場合は，平均待ち時間だけでなく，待ち時間のバラつきにも注意を払う必要が出てくるはずだ。

データのこういったバラつき具合を知るには，第1章でご紹介した度数分布表やヒストグラムを作成すれば，視覚的にも簡単に捉えることができる。しかしながら，いつも度数分布表やヒストグラムを作るのは若干面倒だし，報告資料やレポートなどで紹介する場合にも，多くのスペースをとってしまう。そこで，「ランチの利用金額の平均値はいくらか？」や「アトラクションの平均待ち時間はどのくらいか？」と同じように，**「ランチの利用金額のバラつきはどのくらいか？」や「アトラクションの待ち時間のバラつきはどのくらいか？」について1つの数値で表す便利な手段**がある。それが，**標準偏差という統計値**である。

待ち時間の例から，標準偏差を出してみよう

それでは，テーマパークにおける人気アトラクションの待ち時間のデータを例にとって，標準偏差とはどういった代表値なのかを見ていこう。表3-1には，アトラクションの平日5日間の11時時点での実際の待ち時間データ（注：架空のデータ）が示してある。まず，このアトラクションの実際の待ち時間は，平均すると210分（＝3時間30分）となるので，平日にこのアトラクションに入ろうとすると，平均で3時間半は待つ必要があることが分かる。

一方で，5日間のデータを見て分かるように，実際の待ち時間にはバラつきがあり，常に210分（＝3時間30分）であるわけではなく，平均よりも早く175

表3－1　人気アトラクションの平日11時時点での実際の待ち時間

（単位：分）

月曜日	火曜日	水曜日	木曜日	金曜日
220	205	190	175	260

表3－2　平均210分（＝3時間30分）とのズレ（＝偏差）

（単位：分）

月曜日	火曜日	水曜日	木曜日	金曜日
＋10	−5	−20	−35	＋50

分（＝2時間55分）で乗れたりする日もあれば，260分（＝4時間20分）もかかったりする日もある。つまり，**実際の待ち時間は，平均210分の周辺にバラついて分布している**。そして，ここで知りたいのは，**この平均からどの程度バラついていて，それを1つの数値でどのように表現すればよいのか**ということである。

1つの方法として，まずそれぞれのデータが平均とどのぐらい差があるのかを計算することである。つまり，各データと平均値の差を計算する（表3－2参照）。実際の計算方法は以下の通りである。

データ－平均値＝220分－210分＝＋10分
205分－210分＝－5分
190分－210分＝－20分
175分－210分＝－35分
260分－210分＝＋50分

各データと平均値の差を，統計学では「**偏差**（**deviation**）」と呼ぶ。これは，各データが，平均値と比べてどのぐらい大きい（プラスの数値）のか，もしくは小さい（マイナスの数値）のかを表す。アトラクションの待ち時間の例では，平均の210分よりも35分早く乗れる場合もあれば，平均よりも50分も遅れる場合もある，というように読み取る。

さて，偏差を計算することで，平均値からどの程度「ズレ」ているのかは分かった。しかし，偏差はデータごとに計算されるため，アトラクションのケースだと，5日分の偏差が得られる。ここでは，**データのバラつきの程度を1つの数値で表現したい**ため，偏差を計算しただけでは不十分である。

1つの数値で表す方法としてすぐに思いつくのは，単純に各偏差を足し合わせる方法だ。各データの平均値からのズレが分かっているので，それを合計すれば，ズレの大きさが把握できるというわけだ。しかし，この方法はうまくいかない。実は，**全ての偏差を足し合わせると，どんなデータの偏差であっても，かならずゼロになってしまう**のだ。実際に計算してみると，

$$(+10)+(-5)+(-20)+(-35)+(+50)=0$$

となる。どうしてこのようなことが起こるのかは，数式を用いて証明することが可能だが（***Column*** ③を参照），直感的にも，プラスの「偏差」とマイナスの「偏差」を足し合わせるため，相殺されて合計が小さくなっていくことが容易に想像できる（−30分と＋30分の偏差は，足し合わせるとゼロになるが，このことで「ズレはない」と言えないことは明らかである）。

このプラスの「偏差」と，マイナスの「偏差」が相殺し合わないような方法として，**各偏差を2乗して，すべてプラスだけの数値**にしてしまうやり方がある。実際に5日間の待ち時間の偏差で計算してみると，

$$(+10)^2+(-5)^2+(-20)^2+(-35)^2+(+50)^2=100+25+400+1{,}225+2{,}500$$
$$=4{,}250$$

となる。しかしこの方法も，「ズレ」を代表する値としてはふさわしくない。なぜなら**データの数が増えると，必ずこの数値は大きくなる**からである。いくら個々のズレ（ここでは，偏差の絶対値）が小さくても，100個や1,000個も2乗して足していけば，非常に大きな値になることは容易に想像できるはずだ。こ

のようなことが起こらないために，偏差を二乗したあとに，データの数で割る。具体的には次のように計算する。

$$
\begin{aligned}
[(+10)^2+(-5)^2+(-20)^2+(-35)^2+(+50)^2]\div 5 &= (100+25+400+1{,}225+2{,}500)\div 5 \\
&= 4{,}250\div 5 \\
&= 850
\end{aligned}
$$

さて，このようにして計算されて出てきたものを，統計学では「**分散**（variance）」と呼ぶ。分散は，**データのバラつきの程度を測る指標**として用いられる。

しかしながら，この分散は，確かにデータの「バラつきの程度」を評価することができるのだが，使いやすさの面で２つの問題がある。それは，**①値が大きくなりすぎること**，**②元の単位が失われてしまうこと**だ。１つ目の問題の例として，表３‐２で，偏差の大きさは，最も大きいものでも50であるのに対して，分散は850と桁１つ大きくなっている。つまり，（偏差を２乗しているので）偏差が大きくなると，分散はそれ以上に大きくなってしまうのだ。

２つ目の単位の問題は，１つ目よりも重要である。アトラクションの待ち時間のデータや，その偏差の単位は「分」だったが，分散は２乗しているので，単位は「分^2」となってしまう。こうなると，「このアトラクションの待ち時間のバラつきは850分^{2}です」と言われても，いったいどの程度なのか想像しづらいと思う（この分散は，本書の第Ⅱ部，第Ⅲ部の推測統計のところで重要な統計値となってくるので，忘れずに覚えていてほしい）。

しかし，この２つの問題も，分散に平方根をとることで解決できる。実際に待ち時間の分散850分^{2}に平方根をとると，約29.15分となり，表３‐２の５つのズレ（＝偏差）の絶対値を平均したような値になっていることが分かる。また，単位も元の「分」に戻っているため，平均からのデータのバラつきの程度をそのまま解釈することが可能となる。**この分散の平方根をとった統計値のことを「標準偏差（standard deviation）」**，もしくは，**英語の頭文字をとって**

「S. D.」と表現する。

$$標準偏差\ (S.D.) = \sqrt{分散}, \qquad \left(分散 = \frac{偏差を2乗したものの和}{データ数}\right)$$

本書を通して，この標準偏差やS. D. という語が頻出するので，必ず記憶して本書を読み進めてほしい。

計算した標準偏差（S. D.）をどのように解釈すればよいのか

前節では，標準偏差の計算方法を紹介した。そして，人気アトラクションの待ち時間を例として，その平均値が210分（＝3時間30分），平均値からのバラつきを表す標準偏差が約29.15分となることを示した。それでは，この計算された約29.15分という標準偏差を，どのように解釈すればよいだろうか。それは，

「ある人気アトラクションの待ち時間は，平均で210分（3時間30分）だが，実際の待ち時間にはズレが発生する。そのズレの大きさは，210分の前後，約30分である。つまり，この人気アトラクションの，おおよそ考えられる待ち時間は，約180分（3時間）から240分（4時間）である」

といった解釈となる。ここで，平均値と標準偏差はよく似た考え方の代表値であることが確認できる。つまり，「平均値」は，得られたデータの中心を代表する代表値であるのに対して，**「標準偏差」は，データの平均値からの離れ方を平均化した統計値（離れ具合の統計値）**になっている。言い方を変えれば，た**くさんある偏差（の絶対値）を平らにならしたものである**と言える（＝平均値からのズレの絶対値の平均値）。また，その際のズレには，プラス方向とマイナス方向があるが，これを全て正の値で評価する工夫がなされているのだ。

さて，ここで標準偏差の重要性をもう少し分かってもらうため，前述の人気アトラクション（アトラクションAと呼ぶことにする）と同じテーマパーク内に

表3－3　人気アトラクションＢの平日11時時点での実際の待ち時間

（単位：分）

月曜日	火曜日	水曜日	木曜日	金曜日
210	215	205	200	220

表3－4　平均210分（＝３時間30分）とのズレ（＝偏差）

（単位：分）

月曜日	火曜日	水曜日	木曜日	金曜日
0	＋5	−5	−10	＋10

ある，別の人気アトラクション（アトラクションＢと呼ぶことにする）の平日５日間の11時時点での待ち時間を調べると，表３－３のようになっていた。このアトラクションＢの待ち時間の平均値は，アトラクションＡと同じく210分（＝３時間30分）だった。しかし一方で，表３－４に示しているように，待ち時間の平均値からのズレ（偏差）は，アトラクションＢの方が小さそうである。

実際に，アトラクションＢの待ち時間の標準偏差を計算すると，次のようになる。

$$\text{アトラクションBの標準偏差(S.D.)} = \sqrt{\frac{0^2+5^2+(-5)^2+(-10)^2+10^2}{5}}$$

$$= \sqrt{\frac{250}{5}} = \text{約}7.07\text{分}$$

５つの偏差のうち，「ズレなし（０分）が１回」「５分のズレが２回」「10分のズレが２回」なので，７分は，だいたいこれらの平均あたりに位置することが分かる。

またここで，アトラクションＡの標準偏差（S. D.）は約29.15分だった。そのため，同じ平均待ち時間210分（＝３時間30分）でも，そのバラつきは，アトラクションＡの方が大きく，アトラクションＢの約４倍あることが分かる。よって，アトラクションＢは，ほぼ予定通りの待ち時間で入れると予想されるが，アトラクションＡについては，30分程度も前後にずれる可能性があると言える。よって，午前中にアトラクションAを予定に入れると，予定よりも30分も多く待たされる可能性も十分にあるため，お昼ご飯や，午後のアトラクション巡りに影響が出てしまうかもしれない。よって，テーマパークでアトラクションを回る順序は，この予想待ち時間のズレまで考慮して決めなければいけないことが分かる。

2　標準偏差で何が分かるのか

標準偏差（S. D.）で「驚き」の度合いが分かる

ここまでで，**標準偏差**（S. D.）は，データの「散らばりの度合い」を表す値であること，また，よりくわしくは，**データの平均値からの離れ具合を平均化した統計値**であることを解説してきた。そして，データのS. D.が分かると，**平均値からだいたいどの程度「ズレ」が生じるのか**を把握することも可能となることが分かった。しかし，S. D.を計算する真の目的は，実は「散らばりの度合い」や「ズレ」の程度を知ることではない（少し言い過ぎかもしれないが）。**S. D.を知ることの真の目的は，得られた1つのデータが「驚くべき結果」なのか，それとも「ありきたりの結果」なのかを評価すること**にある。

実際に例を使って見ていこう。もし，あなたが，統計学の講義の期末試験で80点をとったとする。このとき，あなたがとった80点という点数は，「すごい点」だと言えるだろうか。また，友達に自慢できるような点数だと言えるだろうか。80点という点数は，大学の試験であれば「優」や「A」に相当する（期末試験の成績だけで評価すればだが）ので，この点数はわりと良いのではないかと思うかもしれない。しかし，もし統計学の期末試験を受けた人の多くが80点以上であれば（平均点が高ければ），あなたがとった80点もそれほど自慢できる点数ではないだろう。そのため，まずは自分の点数を平均点と比較する必要がある。

統計学の先生に問い合わせると，今回の期末試験の平均点は68点だった。さて，自分の点数と比べると12点も高い点をとっているので，やはり自分の点数は「すごい点」だった，と思いたくなるが，これでもまだ不十分だ。なぜなら，

平均点が68点だとわかっても，そのあたりに点数が集中しているのか，それとも，80点や90点代，40点や50点代も結構いるのかどうかは，平均点だけでは判断できない。

それを判断するのが**標準偏差（S. D.）**である。**S. D. は平均点からの離れ具合を平均化したものなので，平均値から S. D. 1 個分程度離れた点は「ありきたりな点数」だということを意味する**。こちらも問い合わせてみると，この期末試験の S. D. は15点だった。つまり，平均点から15点程度離れた点数の学生は，わりとたくさんいるという結果になる。よって，あなたの点数は，確かに平均点より高い点数だが，平均点と12点差というのは**「ありきたりな点差」**であり，あまり「すごい点」とは言えない。そのため，友達に自慢したりするのは控えた方がよいかもしれない（図 3 - 1 の左側を参照）。

もし，S. D. が 5 点と低い場合はどうだろうか。この場合，あなたの点数は「すごい点」だと自慢しても大丈夫だ。なぜなら，平均点から 5 点（S. D. 1 個分）程度離れた点が「ありきたりな点差」なのに対して，あなたの点数は，**S. D. 2 個分以上（10点以上）も離れた「驚きの点差」**となっているからである。つまり，平均的な離れ具合の 2 倍以上も離れた（良い）点数をとったことになるのだ（図 3 - 1 の右側を参照）。

このように，あるデータ（点数など）が「驚くべき結果」なのか，それとも「ありきたりな結果」なのかを判断したければ，**平均点との比較だけから判断するのは不十分である。もし本当に自分のとった点数が「驚くべき結果」なのか，あるいは「ありきたりの結果」なのかを判断したいのであれば，平均と標**

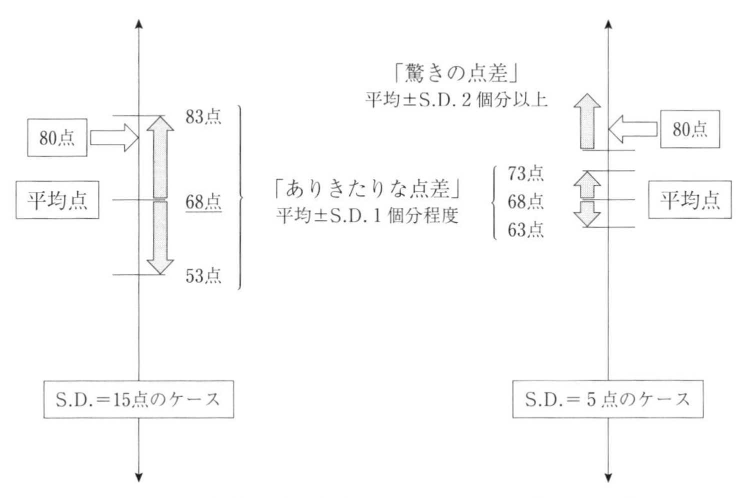

図３－１　平均値から標準偏差２個分以上離れると“驚きの結果”

準偏差の両方を調べてからにしよう。

標準偏差（S. D.）２個分以上離れることは，どれくらいの「驚き」なのか

試験の点数の例を用いて，**平均点から標準偏差（S. D.）１個分程度の点差であれば，それは「ありきたりな点差」であり，さらに，標準偏差（S. D.）２個分以上離れた点差であれば，それは「驚きの点差」である**ことを説明した。

しかし，平均値から標準偏差１個分や２個分という表現を使ったが，実際に**「驚き」や「ありきたり」というのは，数値で表すとどの程度**のことを言うのだろうか。ここでは，**データの分布が正規分布に従う**（多くのデータが，この正規分布に近い形になると考えられている重要な分布。正規分布については第４章でくわしく説明する）場合を想定して，「驚き」や「ありきたり」の程度を表してみる。

図３－２は，データの分布が正規分布に近い形をしている場合である。正規分布は，左右対称のきれいな山型（つりがね型ということが多い）をしている。この分布を，平均値（中央の値）を基準にして，S. D.±1 個分と ±S. D. 2 個

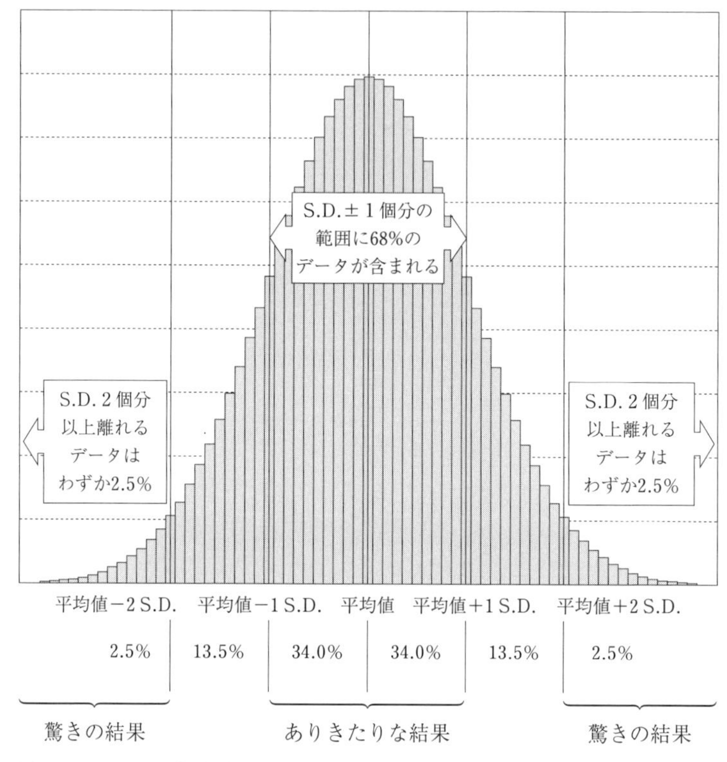

図3-2　データの「驚き」と「ありきたり」の判断基準――正規分布（近似）のケース

分でそれぞれ区切ると（図の5本の縦線），それぞれの範囲に含まれるデータの割合が決まる。例えば，**平均値を基準として，S. D.±1 個分の範囲には約68%（7割弱）のデータが含まれ（S. D.+1 個分の範囲に34%のデータが含まれる），また，S. D.±2 個分の範囲には約95%のデータが含まれていると考えてよい。**

つまり，前節で説明した，**S. D.±1 個分程度の範囲内のデータの「ありきたり」の程度というのは，全体の70%程度が含まれるような範囲にいる，**ということを表している。また，同じように考えると，S. D.±2 個分以上離れたデータというのは，全体の約5%（図3-2の両端の2.5%を合計）しかない。つまり，**S. D.±2 個分以上離れたデータの「驚き」の程度というのは，全体の5%未満**

にしかとれないようなデータが出てきた，ということを表しているのだ。

先ほどの図３－１における，期末試験での80点の評価を例に，このことを確認しておこう。もし，期末試験の点数の分布が正規分布に近いものであれば，**S. D. が大きい（15点）ケースだと，80点というのは，受講者の70％程度がとるような「ありきたり」な点数の範囲に入っていた**という評価となる。一方で，**S. D. が小さい（５点）ケースだと，80点というのは，受講者の５％未満にしかとれなかった「驚き」の点数であった**という評価ができるのである。

標準偏差（S. D.）が分かれば偏差値も理解できる

さて，標準偏差 S. D. が大きければ，期末試験で平均点からかなり離れた点数をとっても，「驚くべき」点数だと言えないことが分かったと思う。なぜならその場合は，自分の点数が「ありふれた」点数である可能性が高いからだ。このことから，平均値だけで**S. D. が分からなければ，自分のとった点数の「驚きの度合い」が分からない**ということが分かった。

さて，この S. D. の考え方は，実はよく馴染みのある数値にも活かされている。それが，皆さんの多くが受験生のときによくお世話になった**偏差値**という代表値だ（あまり良い印象はないかもしれないが）。ただ，偏差値という言葉は知っていても，意味までしっかりと理解できている人はそれほど多くはないのではないだろうか。実は，**偏差値というのは，試験の点数を，平均50，標準偏差10のデータに変換した値**のことで，以下の式の x に，自分の試験の点数を入れることで計算できる。

$$（ある試験での自分の）偏差値=50+10\times\frac{x-平均点}{標準偏差}$$

ここで，右辺の「平均点」と「標準偏差」は，自分の受けた試験の点数の「平均点」と「標準偏差」である（偏差値の平均が50，標準偏差が10になることに興味がある人は，***Column***④を参照）。例えば，試験の平均点が68点，標準偏差が15点のとき，あなたの点数が80点だとすると，あなたの偏差値は58（＝50＋10×12/

15）となる。また，平均点は同じ68点で，標準偏差が5点のとき，あなたの点数80点の偏差値は74（＝50＋10×12/5）となる。

では，なぜ試験の点数ではなく，偏差値という数値がよく使われたのだろうか。それは主に次の3つの理由からである。

①　平均点が異なる試験同士でも，点数の評価が比較できる。
②　試験を受けた学生の中で，自分が上位何％にいるのかを把握できる（点数の分布が正規分布に近い場合）。
③　偏差値には，試験の点数の平均点や標準偏差がすでに織り込まれている。

偏差値がよく使われる1つ目の理由は，平均点が異なる試験同士でも，点数の評価が比較できることだ。試験によって，難しいときもあれば，易しいときもあるだろう。そういった試験の難易度の変動は，平均点や標準偏差などに表れる。例えば，夏に受けた試験の点数が80点で，同じ科目の試験を冬に受けたら70点だったとする。受験生なら，夏に比べ10点も落ちれば大きく落胆してしまいそうだが，実は，冬の試験の方が夏よりも難易度が高い試験だったとしたら，点数の評価は変わってくるはずだ。例えば，夏の試験の平均点が70点で標準偏差が10点，冬の試験の平均点が62点で，標準偏差が5点だったとする。平均値も標準偏差も異なるので，このまま平均点だけで比較することはできない。そこで，両方の試験の点数を平均50，標準偏差10の偏差値に変換してみると，夏の試験は60，冬の試験は66となり，冬の試験の方が偏差値が高くなっていることが分かる（冬の試験では実力がアップしていたことが確認できる）。このように，**平均点が異なる試験の点数同士も，平均50，標準偏差10の偏差値という共通の尺度に変換すれば，比較が可能**となるのだ。

さて，異なる平均点の試験同士でも，（平均を50にそろえた）偏差値を使えば，自分の実力がアップしたかどうかを判断できることが分かった。しかし，この偏差値を使った比較も万能とは言えない。例えば，夏と冬の試験で，偏差値が同じ55だったとする。同じ偏差値55だったら，実力は変わっていないと思ってしまいそうだが，１つ注意点がある。それは，**自分以外の受験者が大きく入れ替わっている場合，たとえ偏差値が変わらなくても，自分の実力が変わってしまう可能性がある**ということだ。例えば，冬の試験の方が，夏の試験よりも実力の低い受験者が多ければ，偏差値が変わっていなくても，夏よりも自分の実力が落ちたことになる（実力の低い受験者が多いにもかかわらず，自分の偏差値は高くならなかった）。このように，偏差値を使った比較には，必ず受験者の顔ぶれを把握しておく必要がある。例えば，全国模試，地方模試，校内期末試験では，それぞれ受験者の顔ぶれや，その実力も大きく異なっているはずだ。

偏差値がよく使われる２つ目の理由として，試験を受けた受験生の中で，自分が上位（下位）何％にいるのかを把握できることがある。これは，**（もし点数の分布が正規分布に近いものであれば）前節の標準偏差何個分の範囲内に，何割のデータが入るという考え方を使うことで，偏差値から，自分が試験の受験者の中で，おおよそどのくらいの順位にいるのかを知ることができる**というものである。ここで，偏差値の平均が50，標準偏差 S. D. が10なので，偏差値は以下のような対応になることが分かる。

偏差値

30＝50－20	（平均－S. D. ２個分）
40＝50－10	（平均－S. D. １個分）
50	（平均）
60＝50＋10	（平均＋S. D. １個分）
70＝50＋20	（平均＋S. D. ２個分）

このことから，偏差値40と60は，平均±S. D. １個分離れた値であり，偏差値30と70は，平均±S. D. ２個分離れた値になっていることが分かる。そして，**点数の分布が正規分布に近ければ，**前節で示したように，**S. D.±１個分の範囲内（偏差値40から60の間）に約68％の受験者が含まれ，**さらに，**S. D.±２個分以上離れる（偏差値30以下と70以上）と約５％の受験者しか含まれないと判断でき**

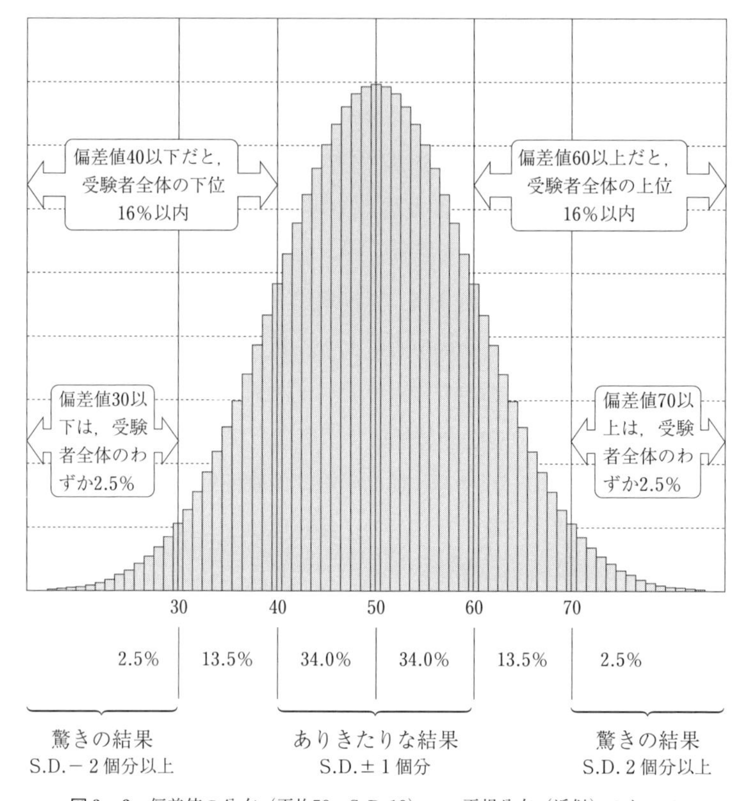

図3－3　偏差値の分布（平均50，S.D.10）——正規分布（近似）のケース

る（図3－3参照）。

この考え方を利用すると，例えば，自分の偏差値が60だとすると，その試験の受験者全体の上位16％程度の順位に入っていると判断することができる。また，もし偏差値が70以上の場合には，受験者全体の上位2.5％以内の順位に入っていると判断することができる。もちろん，自分の偏差値が40や30の場合は，それぞれ下位16％と下位2.5％以下の順位となる。

偏差値がとても便利である最後の理由として，**偏差値が，試験の点数の平均点や標準偏差をすでに織り込んでいることである。そのため，受験者は偏差値さえ分かれば，**（試験の平均点や標準偏差が分からなくても）**自分が平均点からど**

のくらい離れているのかや，受験者全体の中でおおよその程度の順位にいるのかを把握することができるのである。

しかし，偏差値の考え方を使う場合も注意が必要だ。それは，**試験の点数自体が正規分布に従っている**（あるいは，正規分布に近い）**ことが前提**となることである。もし点数が，正規分布とは程遠い分布の形をしていれば，図3－3のように，偏差値の大きさによってデータの割合を把握することができなくなってしまう。そのため，もし偏差値の利点を十分に使いたいのであれば，あらかじめ，点数の分布が正規分布の形に近いものになっているかどうかを確認する必要がある。

データが正規分布と異なっていた場合——チェビシェフの不等式

この節で紹介してきたように，標準偏差（S. D.）は非常に便利な統計値で，例えばあるテストの受験者が1,000人で，点数の分布が正規分布に近いものだとすると，平均点－2×S. D. と平均点＋2×S. D. ではさまれた点数の範囲内に，約950人の受験者が含まれることになる。

しかし，もし点数の分布が，正規分布とは違ったものであったらどうだろうか。この場合，この節で説明した内容はまったく使えなくなってしまうのだろうか。安心してほしい。実は**点数の分布が正規分布ではなくても**（どのような分布であったとしても），**平均点－2×S. D. と平均点＋2×S. D. ではさまれた点数の範囲内に，750人より多い受験者が含まれる**ことが分かっている。**言い換えれば，平均点から S. D. 2個分以上離れた範囲には，250人以下の受験者しか含まれない**ことになる。これは，**チェビシェフの不等式**と呼ばれる定理で，次のようなものである（証明は ***Column*** ⑤を参照）。

チェビシェフの不等式（Chebyshev's inequality）

データの分布がどのようなものであっても，

① **平均値－2×S. D. から平均値＋2×S. D. の範囲内には，データの75％以上が含まれる。**

② **平均値$-2\times$S. D. から平均値$+2\times$S. D. の範囲外には，データの25%以下しか含まれない。**

データの分布を調べた際に，正規分布とは異なる形であっても，（正規分布のときと同様に）標準偏差を使って，データが含まれる割合を示すことができるのである。

第3章のまとめ

- 平均からの各データのズレを「**偏差**（deviation）」と呼ぶ。
- 「偏差」の2乗和をデータの数で割ったものを「**分散**（variance）」と呼び，分散の平方根をとったものを「**標準偏差**（standard deviation）」もしくは，英語の頭文字をとって「**S. D.**」と呼ぶ。

$$\text{標準偏差（S. D.）}=\sqrt{\text{分散}},\qquad \left(\text{分散}=\frac{\text{偏差を2乗したものの和}}{\text{データ数}}\right)$$

- **標準偏差 S. D. は，データの平均値からの離れ方を平均化した統計値**（離れ具合の統計値）であり，データの「バラつき具合」を表すものである。
- 平均値から S. D. 1個分以内の結果であれば，「ありきたり」な結果と言える。逆に，**S. D. 2個分以上離れた結果は，あまり起こらない「驚きの」結果**と言える。
- もしデータが正規分布に従っていれば，平均値を基準として，**S. D.±1個分の範囲には約68%（7割弱）のデータが含まれ**（S. D.+1個分の範囲に34%のデータが含まれる），また，**S. D.±2個分の範囲には約95%のデータが含まれる**，と考えてよい。
- 偏差値とは，試験の点数を平均50，標準偏差10のデータに変換した値のことである。

$$\text{（ある試験での自分の）偏差値}=50+10\times\frac{x-\text{平均点}}{\text{標準偏差}}$$

- 偏差値のメリットは3つある。

  平均点が異なる試験同士でも，点数の評価が比較できる。

  試験の受験生の中で，自分が上位何％にいるのか把握できる（点数の分布が正規分布に近い場合）。

  偏差値には，試験の点数の平均点や標準偏差が，すでに織り込まれている。

- チェビシェフの不等式：データの分布がどのようなものであっても，以下のことが成り立つ。

  平均値−2×S. D. から平均値＋2×S. D. の範囲内には，データの75％以上が含まれる。

  平均値−2×S. D. から平均値＋2×S. D. の範囲外には，データの25％以下しか含まれない。

Column ③　偏差だけでは，全体のバラつきを表せない――数学コラム①

偏差とは，データから平均値を引いて計算することができる。

偏差＝(データ)－(平均値)

各データの平均からのズレを計算したものだから，これによって，データセットのバラつき具合を捉えられるように思うかもしれない。しかしながら，偏差は合計すると必ずゼロになってしまうため，バラつきの評価に使用することはできない。

偏差の合計がゼロになることを，数式を使って簡単に見ておこう。いま，a，b，c，d，eという5つの数字があったとする。そして，その平均をyとする。yはa，b，c，d，eを足し合わせ，データの数の5で割ることで計算できる。

$$y=\frac{a+b+c+d+e}{5}$$

偏差の合計を計算すると，以下のようになる。

$$(a-y)+(b-y)+(c-y)+(d-y)+(e-y)=(a+b+c+d+e)-5y$$

この式のyは，$\frac{a+b+c+d+e}{5}$なので，代入すると，

$$(a+b+c+d+e)-5\times\frac{a+b+c+d+e}{5}$$
$$(a+b+c+d+e)-(a+b+c+d+e)$$
$$=0$$

となる。データの数が5のケースでの計算だが，データの数が増えても同じように，偏差の合計は0となる。

Column④　偏差値の平均と標準偏差——数学コラム②

ある試験での学生Aの点数をx_Aとすると，この試験での学生Aの偏差値m_Aは，

$$m_A=50+10\times\frac{x_A-\mu}{\sigma}$$

と計算される。ここで，μとσは，試験の平均点と標準偏差を表している。いま，この試験を受けた学生がA，B，C，D，Eの5人だけだったとする。それぞれの学生の偏差値をm_A，m_B，m_C，m_D，m_Eとすると，この偏差値の平均は，m_A，m_B，m_C，m_D，m_Eを足して5で割ることで計算できる。つまり，

$$(\text{偏差値の平均})=\frac{m_A+m_B+m_C+m_D+m_E}{5}$$

$$=\frac{\left\{\left(50+10\times\frac{x_A-\mu}{\sigma}\right)+\left(50+10\times\frac{x_B-\mu}{\sigma}\right)+\left(50+10\times\frac{x_C-\mu}{\sigma}\right)+\left(50+10\times\frac{x_D-\mu}{\sigma}\right)+\left(50+10\times\frac{x_E-\mu}{\sigma}\right)\right\}}{5}$$

$$=\frac{250+10/\sigma\times\{(x_A-\mu)+(x_B-\mu)+(x_C-\mu)+(x_D-\mu)+(x_E-\mu)\}}{5}$$

$$=\frac{250+10/\sigma\times\{(x_A+x_B+x_C+x_D+x_E)-5\times\mu\}}{5}$$

$$=50+\frac{10}{\sigma}\times\left\{(x_A+x_B+x_C+x_D+x_E)-5\times\frac{x_A+x_B+x_C+x_D+x_E}{5}\right\}$$

$$=50+\frac{10}{\sigma}\times\left\{(x_A+x_B+x_C+x_D+x_E)-(x_A+x_B+x_C+x_D+x_E)\right\}$$

$$=50$$

となる。これは試験を受ける人数が変わっても同じように成り立つ。つまり，偏差値の平均は常に50となる。

でも，実は偏差値の平均が50になることは，偏差値の定義を見れば一目瞭然である。先ほどの学生Aの偏差値の式をよく見てほしい。右辺の分数の分子$x_A-\mu$は，平均からのズレを示す「偏差」になっている。そして，偏差を全て足し合わせれば0になることは，**Column③**で示した。つまり，平均をとったときに50以降の部分は0になって消えてしまうことは，定義式からすでに分かっているのである。

さて次に，偏差値の標準偏差が10になることを示してみる。これは分散から示した方が分かりやすいので，まずは分散を計算してみよう。分散は，偏差の

2乗和をデータの数で割ったものである。平均と同じように，5人だけが試験を受けていたとする。偏差値の平均が50なので，分散は次のように計算される。

$$(\text{偏差値の分散})=\frac{(m_A-50)^2+(m_B-50)^2+(m_C-50)^2+(m_D-50)^2+(m_E-50)^2}{5}$$

$$=\frac{\left(10\times\frac{(x_A-\mu)}{\sigma}\right)^2+\left(10\times\frac{(x_B-\mu)}{\sigma}\right)^2+\left(10\times\frac{(x_C-\mu)}{\sigma}\right)^2+\left(10\times\frac{(x_D-\mu)}{\sigma}\right)^2+\left(10\times\frac{(x_E-\mu)}{\sigma}\right)^2}{5}$$

$$=\frac{10^2}{\sigma^2}\times\frac{\{(x_A-\mu)^2+(x_B-\mu)^2+(x_C-\mu)^2+(x_D-\mu)^2+(x_E-\mu)^2\}}{5}$$

$$=\frac{10^2}{\sigma^2}\times\sigma^2$$

$$=10^2$$

3行目の右側の分数は，テストの点数の分散 σ^2 になっている。
つまり，偏差値の分散は100となる。これより，偏差値の標準偏差は，分散の平方根をとったものなので，

$$(\text{偏差値の標準偏差})=\sqrt{(\text{偏差値の分散})}$$
$$=\sqrt{10^2}$$
$$=10$$

となる。平均の場合と同じように，試験を受ける人数が変わってもこのことは成り立つ。

Column⑤　チェビシェフの不等式――数学コラム③

データの平均をμ，標準偏差をσ，Kを正の定数とすると，チェビシェフの不等式は以下のように表される。データxの分布がどのようなものであっても，

$$\mu-K\sigma\leq x\leq\mu+K\sigma,\ \text{又は},\ |x-\mu|\geq K\sigma$$

の範囲に入らないデータxの割合は，$\dfrac{1}{K^2}$以下となる。これが成り立っているかどうかを，$K=2$として，受験者が1,000人のケースを使って，具体的に考えてみよう。つまり，平均から2σ以上離れている受験者は250人以下となることを示す。

受験者1,000人の試験の分散σ^2は，以下のように表される。

$$\sigma^2=\frac{(x_1-\mu)^2}{1000}+\frac{(x_2-\mu)^2}{1000}+\cdots+\frac{(x_{1000}-\mu)^2}{1000}$$

このうち，平均点μより，2σ以上離れている

$$|x-\mu|\geq 2\sigma\quad(*)$$

を満たす人たちが何人になるのかに興味がある。ここで，この(＊)を満たす人の人数をzとして，z人に小さい番号を割り当て，以下のようにデータを並び替える。

$$x_1,\ x_2,\ \cdots x_z,\ x_{z+1},\ x_{z+2},\ \cdots,\ x_{1000}$$

つまり，x_z以下は，(＊)を満たす人たちで，x_{z+1}以上は満たさない人たちだ。さて，先ほどの分散σ^2において，(＊)を満たさない人たちを落とすと，次のような不等式になる。

$$\sigma^2=\frac{(x_1-\mu)^2}{1000}+\frac{(x_2-\mu)^2}{1000}+\cdots+\frac{(x_z-\mu)^2}{1000}+\frac{(x_{z+1}-\mu)^2}{1000}+,\ \cdots,\ +\frac{(x_{1000}-\mu)^2}{1000}$$
$$\geq\frac{(x_1-\mu)^2}{1000}+\frac{(x_2-\mu)^2}{1000}+\cdots+\frac{(x_z-\mu)^2}{1000}$$

ここで，式から落とした$\dfrac{(x_{z+1}-\mu)^2}{1000}+,\ \cdots,\ +\dfrac{(x_{1000}-\mu)^2}{1000}$の各項は0以上

であるため，「＝」が「≧」に変わっている。さらに，上の不等式は，

$$\sigma^2 \geq \frac{|x_1-\mu|^2}{1000}+\frac{|x_2-\mu|^2}{1000}+\cdots+\frac{|x_z-\mu|^2}{1000}$$

と書き換えられる。また，z 以下のデータは（＊）を満たしており，$|x-\mu|\geq 2\sigma$ より，$|x-\mu|^2\geq(2\sigma)^2$ となるため，上の不等式は，

$$\sigma^2 \geq \frac{(2\sigma)^2}{1000}+\frac{(2\sigma)^2}{1000}+\cdots+\frac{(2\sigma)^2}{1000}=z\times\frac{(2\sigma)^2}{1000}=z\times\frac{4\sigma^2}{1000}$$

となる。

最後に，これを z について整理すると，以下のようになる。

$$\sigma^2 \geq z\times\frac{4\sigma^2}{1000}$$
$$1000\geq 4z$$
$$250\geq z$$
$$z\leq 250$$

つまり，平均から標準偏差２個分以上離れる（＊）を満たす受験者は250人以下となる。これは，K を別の値にしても，受験者の数を変えても常に成り立つ。

参考文献

結城浩『数学ガールの秘密ノート／やさしい統計』SBクリエイティブ，2016年。
小島寛之『完全独習　統計学入門』ダイヤモンド社，2006年。
豊田利久・大谷一博・小川一夫・長谷川光・谷﨑久志『基本統計学（第３版）』東洋経済新報社，2010年。
栗原伸一『入門　統計学――検定から多変量解析・実験計画法まで』オーム社，2011年。

練習問題

問題１

以下のヒストグラムは「入門統計学」の期末試験の分布を表している（受験者100名）。この試験の平均点は61.3点，標準偏差は14.6点だった。このとき，以下の問

いに答えなさい。

①この試験の平均的な点数の範囲は，何点から何点だと言えるか。

②もしあなたの点数が48点だった場合，この点数を評価しなさい（ただし，単位の有無は考えない）。

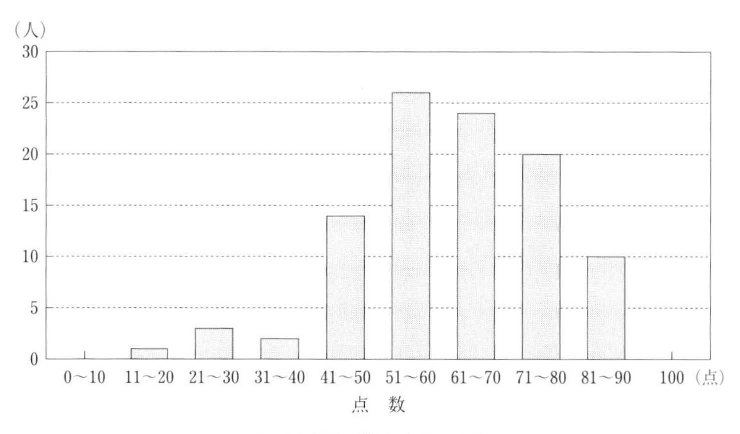

入門統計学の期末試験の分布

問題2

厚生労働省の「国民健康・栄養調査」によると，2014年における20歳の男性と女性の平均身長は，それぞれ171.8cmと158.3cm，S.D.はそれぞれ7.8cmと5.2cmであった。身長は正規分布していることが知られている。このとき，以下の問いに答えなさい。

①「20歳の人の平均的な身長の範囲」を，男性と女性でそれぞれ答えなさい。

②①で求めた範囲に，約何％の人がいるか答えなさい。

③20歳の人で，何cm以上の男性と女性はめったにいないと言えるか。

④③で求めた身長以上の人は，約何％いるか答えなさい。

問題3

4月と6月の過去の降水量データから，4月と6月の「降水量（mm）」の平均値は，それぞれ101.5mmと223.6mm，標準偏差は36.5mmと106.8mmであった。次の問いに答えなさい。

①以下のことが正しいかどうかを，平均値や標準偏差の値を参考に答えなさい。

(1)例年，梅雨時期（6月）は，4月に比べると，降水量が多い。

⑵例年，梅雨時期（6月）は，4月に比べると，年によって降水量がバラつく。

② 4月の1カ月間に150mmの雨が降った。これは「珍しい」ことなのか。平均値と標準偏差の値を使って答えなさい。

問題4

テストを受けたとき，自分の点数が平均点よりも高いなら，偏差値は50以上あると言えるか。

第4章
世の中は正規分布だらけ
――最もよく見かける分布の形――

本章のねらい

世の中で観測されるデータの多くは，「正規分布」というある特徴的な形状のバラつき方をする。学食でのランチの利用金額や，期末試験の点数，身体データ（身長，体重，血圧，体温，心拍数など），テーマパークでのアトラクションの待ち時間，パン屋さんが作るパンの重さ，株価の収益率など，世の中は正規分布すると考えられるデータであふれている。もしデータが正規分布するのであれば，平均や標準偏差などを使い，データから，さらにいくつかの情報を読み取ることが可能になる。また，第Ⅱ部以降の「推測統計」においても，この正規分布は非常に重要な役割をする。本章では，正規分布の特徴や，その便利さについて，いくつか例を挙げて紹介する。

1 「正規分布」って，聞いたことはあるけれど……

分布の代表格

統計学にあまりくわしくない人でも，**正規分布**という言葉は聞いたことがあるのではないだろうか。でも，聞いたことはあっても，それがどのようなもので，どうやって使うのかまで知っている人は少ないのではないだろうか。

前述のように，データが出てくる背景には「不確実性」が存在するため，1つのデータセットの中身が全て同じ数値をとることはほとんどなく，実際には，さまざまな数値が出てくる。これをデータが「**分布する**」という。本書でこれまで紹介してきたデータセット（学食でのランチの利用金額やテストの点数など）もそうだが，世の中で観察されるほぼ全てのデータは，何らかの分布の形をと

る。その中でも，自然界や人が暮らす社会などで観察されるデータの多くが，図4－1のように山型で左右対称の「**正規分布**（normal distribution）」となると考えられている。おそらく，このことは，みなさんも普段の生活で感じているはずだ。例えば，成人男性の平均身長はおおよそ170cmなので，このあたりの身長の男性はよく見かけるだろう。一方で，180cmや160cm前後の人は，170cm前後の人よりも相対的に少なく感じるはずだ。さらに，190cm以上や150cm以下の人になってくると，めったに見かけることはないと思う。

さて，**正規分布は，統計学における最も代表的な分布であり，第Ⅱ部で学んでいく，推測統計においても不可欠な分布**である。この章では，正規分布の特徴や便利さについて，順番に紹介していきたい。

正規分布では，それぞれの値の相対度数は決まっている

正規分布となるデータセットは，図4－1で示したように，**平均値を中心として，左右対称になめらかに広がった山型の分布となる**。多くの教科書で，正規分布の形を「つりがね型」と呼ぶことが多い。これは，均整のとれた西洋のつりがね（釣鐘）の形を指している。

正規分布となるデータセット内のそれぞれの数値は，$-\infty$ から $+\infty$ のどの値もとりえるが，とる数値や，データセットの平均，標準偏差（S.D.）の値によって，その相対度数は変化する。図4－2は，平均68，標準偏差（S.D.）が

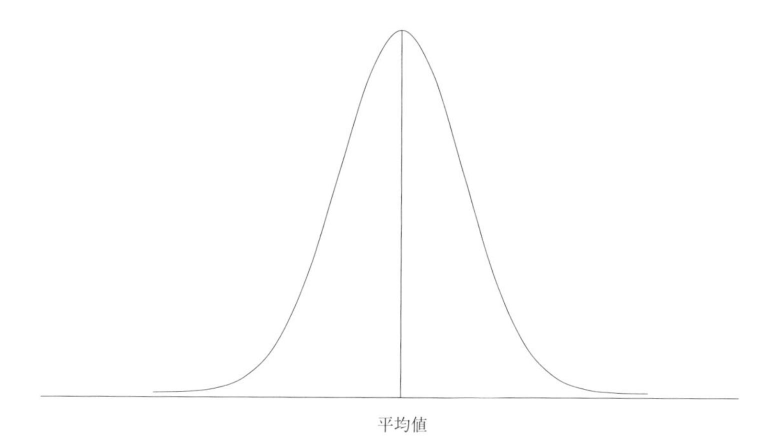

図4－1　正規分布

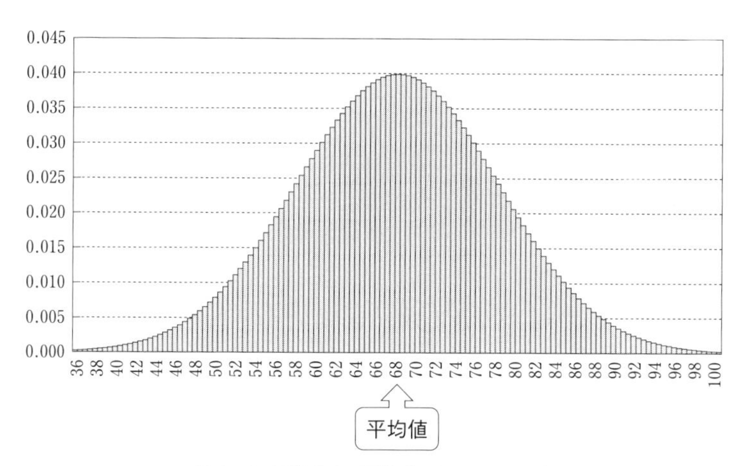

図4－2　正規分布（平均値＝68，S. D.＝10）

10の正規分布である（平均点68点，標準偏差10点の，テストの点数の分布だと思ってほしい）。ここでは，得点の階級を0.5点刻みで表しており，各階級の高さが相対度数となっている。本当は，図4－1のように，無限に細かい範囲の階級で，相対度数を表現しなければいけないのだが，ここでは，あえて厳密な表現は避け，「0.5の幅を持たせた区間」を利用することで，各区間（階級）に入るデータが全体の何割を占めるか（＝相対度数）をイメージしやすいようにした。もし，どうしてもこの近似が苦手な人は，以下の(4-1)式の x に数値を入れて，相対度数（4-1式の $f(x)$）をそれぞれ出していけば，なめらかな曲線になる（μ が平均値，σ が標準偏差）。本書では，できるだけ難しい数式を使わずに進めたいので，ここでは「この式を使えば，正規分布の相対度数を計算できる」くらいの理解で大丈夫だ。

$$f(x)=\frac{1}{\sqrt{2\pi\sigma^2}}\exp\left(-\frac{(x-\mu)^2}{2\sigma^2}\right) \tag{4-1}$$

ただし，$\exp(x)=e^x$（すなわち，指数関数）とする。また，e は自然対数の底と呼ばれ，$e=2.71828\cdots$ という値をとる。

さて，近似のケースに戻る。図４－２は，正規分布を，なめらかな曲線で表す代わりに，多数の細かい棒グラフの集まりで近似したものだ。ここで，正規分布の重要な特徴を紹介する。

正規分布の特徴①

データセットの平均と標準偏差が分かっていれば，正規分布の「形状」が１つに決まるため，どの区間（階級）を見ても，そこに含まれるデータの「相対度数」が１つに決まる。

この特徴①のポイントは，正規分布の「形」と各数値に対応した「相対度数」が，必ず決まっているということである。もう少しくわしく説明すると，正規分布の形は，データセットの平均値や標準偏差によって変わるが，それらが決まれば，**「形状」が１つに決まる。さらに，(4-1)式より（μ が平均値，σ が標準偏差），それぞれの数値に対応した「相対度数」が１つに決まる。**

ここで，近似した正規分布（平均値68，標準偏差10）である図４－２を見てほしい。この正規分布の相対度数も必ず決まっていて，例えば「75.0から75.5の階級の相対度数」や「48.0から48.5の階級の相対度数」は，それぞれ約0.015と約0.003だと読み取ることができる。もちろん，図４－２は近似なので「約」をつけたが，近似を使わない場合（なめらかな曲線の場合），前述のように，それぞれの数値に対応した相対度数は，(4-1)式で計算することができる。例として,「75.0から75.5の階級の相対度数」は長方形の面積として求められる。底辺は75.5−75.0=0.5である。75.0〜75.5の階級値はその真ん中の72.25であり,その階級値の高さは,(4-1)式を用いると,$f(72.25)=0.030674$となる。したがって,75.0から75.5の階級の相対度数は「底辺×高さ=0.5×0.030674=0.015337」となる。

このように,正規分布ではそれぞれの数値の相対度数が決まっていることから,次のような非常に便利な特徴を使うことができる。

正規分布の特徴②

(平均値−1 S. D.)〜(平均値+1 S. D.)の範囲の相対度数を足し合わせると,0.6827(68.27%)となる。

(平均値−2 S. D.)〜(平均値+2 S. D.)の範囲の相対度数を足し合わせると,0.9545(95.45%)となる。

(平均値−3 S. D.)〜(平均値+3 S. D.)の範囲の相対度数を足し合わせると,0.9973(99.73%)となる。

正規分布の特徴①から,それぞれのデータの相対度数が決まっていることが分かっているので,平均値から標準偏差1個分や2個分離れた範囲に含まれるデータの割合(相対度数)も,当然決まってくる。そのため,**どの平均値と標準偏差(S. D.)の正規分布でも,平均値±S. D. 1個分の範囲内には,全データの68.27%(約70%)が含まれ,標準偏差±S. D. 2個分の範囲内には,全データの95.45%(約95%)が含まれることになる。**図4-3は,特徴②を描写したものだ。

このことから,データが正規分布になるのであれば「**S. D. 2個分の範囲内に,データセットの中のほとんどのデータが含まれる**」ことが分かる。反対に言えば「**S. D. 2個分以上離れるデータはほとんどない**」ため,第3章でご紹介したように,この特徴を使うことで,出てきたデータの**「驚き」の程度**を判断できる。

図4-2をテストの点数の分布だとすると,平均が68点,S. D. 10点となるため,平均値から±S. D. 1個分である58点から78点の間に,受講者の約70%が

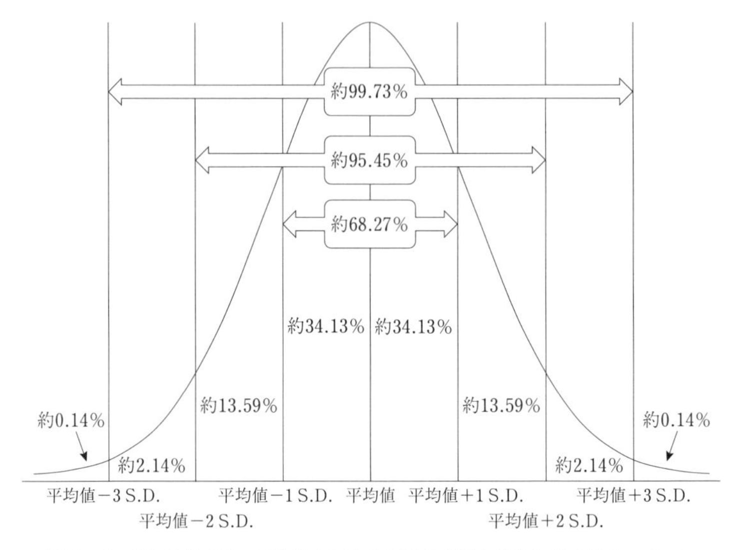

図4－3　正規分布では，平均値±S. D. 何個分の範囲の相対度数が決まっている

含まれることが分かる。つまり，もし自分の点数がこの範囲に含まれれば「**ありきたりな**」**点数**であったと判断する。反対に，もし自分の点数が90点であれば，これは，平均値±S. D. 2個分の範囲外（48点から88点）で，受講者の5％以下しかいないので，「**驚き**」**の点数**であると言える。

2　正規分布を使って何ができるのか

正規分布を使ってパン屋の不正を見破った

世の中の多くのデータが正規分布に従うことが分かっている（統計学ではデータが正規分布するとき，そのデータは正規分布に従うという）と，それを利用して不正や異常などを見破ることができるようになる。フランスの数学者であるアンリ・ポアンカレ（1854～1912）は，毎日お気に入りのパン屋で1kgのパンを買っていた。ところがある日，本当に1kgのパンを売っているのかどうか疑いを持った彼は，この疑問を調べることにした。**もし，パン屋が本当に1kgのパンを作っているのであれば，その分布は1kgを中心にした左右対称の正**

規分布に従うはずである，と考えたポアンカレは，毎日買ったパンの重さを記録して，その分布を調べることにした。

図4－4は，毎日のパンの重さの分布だ。ポアンカレはこの分布を見て，パン屋の不正を見破った。どういうことかというと，パンの重さの分布は，確かに正規分布していたのだが，その中心（平均値）が1kgではなく，950gとなっていたのだ。つまり，**1kgのパンとして売っていたのに，実際は50g少ない950gを基準として作っていた**ということだ。パン屋の不正を見破ったポアンカレは，この分布図を用いてパン屋に報告した。パン屋は驚いて，ポアンカレに謝罪した。

さて，不正を指摘されたパン屋は，反省して1kgのパンを作ったのだろうか。ポアンカレは，その後も調査を行って，再びパンの分布を調べると，驚くべきことが分かった。図4－5は，不正を指摘した後に記録したパンの重さをもとにした分布である。図より，パンの重さの平均値は以前と同じ950gだった。これは，このパン屋が，**不正を指摘された後も，1kgを基準にしたパンを作らず，あいかわらず950gを基準にパンを作り続けていた**ことを意味している。しかし，それ以上に驚きの事実がこの図から明らかにされた。**950gを基準に作っているのであれば，図4－4のような正規分布を描くはず**なのだが，不正発覚後の分布である図4－5には，不正前の分布と違い，歪みが生じてい

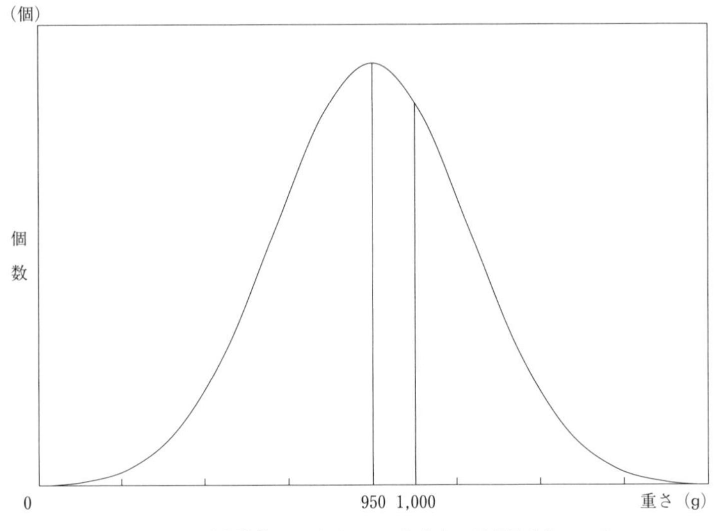

図4－4　不正発覚①——実は950gを中心に正規分布していた

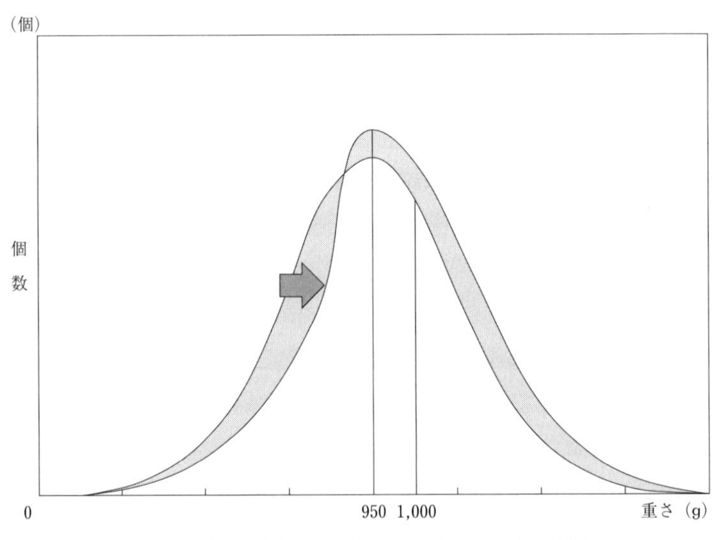

図4－5　不正発覚②——正規分布の形状からの歪みが発生

る（軽いパンの度数が減少し，重いパンの度数が増加)。**正規分布の形状は決まっているため，このような歪みは，不正や異常が発生しない限りは起こり得ないことをよく知っていた**ポアンカレは，パン屋が行った2つ目の不正を指摘した。

どのような不正だったかというと，**不正を指摘されたパン屋は，あいかわらず950gのパンを焼き続けていたが，ポアンカレが来店したときだけ，その場においてあるパンのうち，大きなものを渡すようにしていた**のだ。こうして，分布の歪みから，再び不正を見破られたパン屋は，本当にビックリしたそうで，とても反省し，これ以降は1kgを基準にパンを作ったそうだ。

このように，世の中の現象の多くが正規分布に従うことが分かっていると，何らかの不正や異常が起こっていた場合，それが正規分布からのズレとして表面化する。先のパン屋の不正の例では，1回目は中心のズレ（1kgではなく，950gだった)，2回目は正規分布からのズレ（950gを基準で作り，ポアンカレにだけ，大きめのパンを意図的に渡していた）から明らかになったものだった（Newton別冊，2018より筆者まとめ)。

リスクを好むのか，それとも避けるのか——株の平均収益率の評価

2014年1月からスタートした，NISA（少額投資非課税制度）によって，以前よりも多くの人が株式投資に興味を持つようになってきている。皆さんの中にもNISAを利用して，実際に株式投資をしている人がいるかもしれないし，「NISAって，聞いたことがあるけど，よく分からない」という人も多いのではないだろうか。

一般に，株で儲ける手段は2つある。1つ目は「安い時に買って，高い時に売る」ことで得られる値上がり益によるもの。株価は常に変動しているので，買ったときと売ったときの差額が発生し，これがプラスになれば儲けとなる（もちろん，マイナスなら損失)。これを株の値上がり益，もしくは**キャピタルゲイン**（capital gain）と呼ぶ。2つ目は，持ち株比率に応じて毎年受け取れる配当だ。株はその会社の「所有権」なので，株を所有している株主は，会社が得た利益の一部を受け取ることができる。これは配当と呼ばれ，配当によって得

られる収益のことを**インカムゲイン**（income gain）と呼ぶ。

さて，NISAの説明に戻る。株式投資や投資信託を行った際に，その値上がり益（キャピタルゲイン）や配当金（インカムゲイン）には，通常，約20％の税金が課される。しかしNISAを利用すれば，投資金額120万円（2019年1月現在）までは，この税金が非課税になる。例えば，この制度を利用して，A社の株に100万円を投資したとする。ラッキーなことに，A社の株価が1年後に1.5倍になったため，資産が150万円に増えた。このときのキャピタルゲインは50万円（＝150万円－100万円）だ。ここで，**本来は，この50万円のうち20％（＝10万円）が税金として徴収されるが，NISAを利用すると，この税金がゼロになる**。このように，制度をうまく活用すれば大きな節税効果が得られるため（もちろん，**株価が値上がりすればという条件付きだが**），既存の投資家だけでなく，新たに投資を始める人や，興味を持つ人が増えつつあるのだ。

さて，いざ株式投資で資産運用をして，多くのキャピタルゲイン（値上がり益）を得ようとすると，投資先の株価の「**平均変動率**」が重要な指標となる（ここでは，インカムゲインは考えないことにする）。株価は，その会社の業績や，景気，国内や海外の経済情勢などによって，常に変動する。**株の平均変動率とは，ある銘柄の株価が何％変化したかのデータを一定期間（1カ月間や1年間）続けて記録し，その平均をとったものだ**。例えば，前日と比較して何％変化したか（日次変動率）を，1カ月間記録して日数で割ると，「**日次の平均変動率**」となるし，前月と比較して何％変化したか（月次変動率）を，1年間記録して12で割ると，「**月次の平均変動率**」となる。この平均変動率は，プラス（儲け）にもマイナス（損失）にもなり得るので，株式投資をする場合は，各銘柄の株価の過去データから，平均収益率を参考にして選ぶことが重要になってくる。

ここで，例えば，Aという銘柄の株があり，その日次の平均変動率が0.5％だったとする。この情報から，「**NISAを使って，この銘柄の株で100万円を運用すれば，1日あたり5,000円**（＝100万円×0.005）**の収益が得られる！**」と思ってしまいそうだが，そんなおいしい投資はまずない。ここで思い出してほしいのが，この**0.5％の変動率はあくまで「平均」の値であって，それぞれの日**

表4－1　銘柄Aの株価の日次変動率

日	1	2	3	4	5	6	7	8	9
日次変動率(%)	−0.96	0.05	1.86	2.40	−2.52	2.16	0.87	0.91	3.20

10	11	12	13	14	15	16	17	18	19	20
1.78	0.78	3.45	2.50	−0.53	0.50	−2.05	−1.35	−2.94	−1.84	2.15

次変動率は，「平均」から左右に広がって分布しているはずだ。この日次変動率の分布の広がりを表したのが標準偏差（S.D.）だった。このAという銘柄の株価の日次変動率（20日間）は，表4－1のようになっていた（日々かなり大きく変動しているのはあまり現実的ではないが，あくまで例だと思って読み進めてほしい）。

表4－1より，日次変動率が0.5％になるのは，15日目だけで，それ以外の日はいろいろな値をとっており，12日目が最も大きく3.45％であり，18日目が最も小さく－2.94％だった。この20日間の日次変動率のS.D.を計算すると約1.91％だった。つまり，0.5％からの散らばり具合の平均は1.91％となることから，**このAという銘柄の株価の日次変動率は「おおよそ－1.41％〜2.41％の間の値をとる」**と言える。実際，20日中14日の日次変動率はこの間の値をとっていることが表4－1より確認できる。つまり，日によって，キャピタルゲインがマイナスになる日もあれば，平均よりも高くなる日もあるということだ。

さて，株式投資をする場合，各銘柄の株価の平均変動率だけを見るのではなく，そのバラつきを表すS.D.も考慮することが大切なことが分かったと思う。さて，実は，株価の変動率のS.D.には，**ボラティリティ（volatility）**という金融の専門用語が付けられている。これは，「**株価が平均変動率からどれぐらい前後にズレることを覚悟すべきか**」という，変動の「**リスク（risk）**」の大きさを評価する指標として用いられる。先の例だと，**平均変動率±S.D.1個分の範囲（－1.41％から2.41％）のキャピタルゲインの変動は覚悟した方がよい**と言える。つまり，平均変動率は0.5％だが，－1.41％になるリスクも覚悟しなければならないということだ。また，前章の議論から分かると思うが，**平均変動**

率±S. D. 2個分より外の範囲（−3.32%以下と4.32%以上）の変動率になることは，あまり考えなくてもよいと言える。

最後に，実はこの株価の変動率も，正規分布していると考えられることが多く，その場合，平均変動率を中心に，左右対称の「つりがね型」の分布となる。もし正規分布しているなら，正規分布の特徴②を使って，もう少し正確にリスクの大きさを評価することができる。

例えば，銘柄Bと銘柄Cの株価の平均変動率が，過去5年間で共に4.0%だったとする。一方で，変動率のS. D.はそれぞれ異なり，銘柄BのS. D.は1.9%，銘柄CのS. D.は8.0%であり，銘柄BとCの変動率はともに正規分布すると考えられていたとする。さて，このとき，皆さんなら，どちらの銘柄の株に投資したいと思うだろうか。

これは，どちらかが正解というわけではなく，リスクをどう評価するかによって銘柄の選択が分かれる。正規分布の特徴②を使うと，銘柄Bと銘柄Cは，次のように評価できる。

銘柄Bの変動率は，これまで約68%の期間は「2.1%～5.9%」（平均変動率±S. D.）であり，値上がりや値下がりのリスクは小さい。また，変動率が0.2%（平均変動率−2S. D.）を下回った期間は2.5%以下なので，マイナスの変動になることはあまり考えられないと言える。

銘柄Cの変動率は，これまで約68%の期間は「−4.0%～12.0%」（平均変動率±S. D.）であり，値上がりや値下がりのリスクが大きい。つまり，大きく儲けるチャンスは多いが，元本割れのリスクも高い株だと言える。

銘柄Bのように変動リスク（ボラティリティ）が小さい株を「安全資産（ローリスク・ローリターン）」と呼び，反対に，ボラティリティが大きく元本割れのリスクがあるが，大きく儲けるチャンスもある銘柄Cのような株を「危険資産（ハイリスク・ハイリターン）」と呼ぶ。

さて，株価の変動率が正規分布していると考えると，変動率の平均と，そのS.D.であるボラティリティを使えば，それぞれの銘柄で運用した際のリスクを，ある程度評価することができることが分かったかと思う。このような実際の資産運用の大事な指標としても，正規分布や標準偏差のような統計学の知識が使われているのである。

3　標準正規分布

正規分布の基本形

この章の最後に，「標準正規分布」について紹介する。正規分布の中で，以下のような特徴を持つ分布を**標準正規分布**と呼ぶ（z 分布と呼ぶこともある）。

標準正規分布：平均値＝0，S.D.＝1

図4－6は，この標準正規分布を描いたものである。図4－2と同様に，なめらかな曲線ではなく，相対度数として見えるように，区間で区切った近似的な方法で描いている。もし，どうしてもなめらかな曲線でないと，というのであれば，次の(4-2)式の x に値を当てはめて計算していけば，描くことも可能である。

$$f(x)=\frac{1}{\sqrt{2\pi}}\exp\left(-\frac{x^2}{2}\right) \tag{4-2}$$

(4-1)式の $\mu=0$，$\sigma^2=1$ に対応する。

平均が0の分布なので，0を中心として「つりがね型」となり，それぞれの区間に対して，相対度数が必ず決まっている分布だ。さらに，正規分布の特徴②から，次のことが言える。

標準正規分布の特徴

－1～＋1の範囲（S.D.1個分の範囲）の相対度数を足し合わせると，

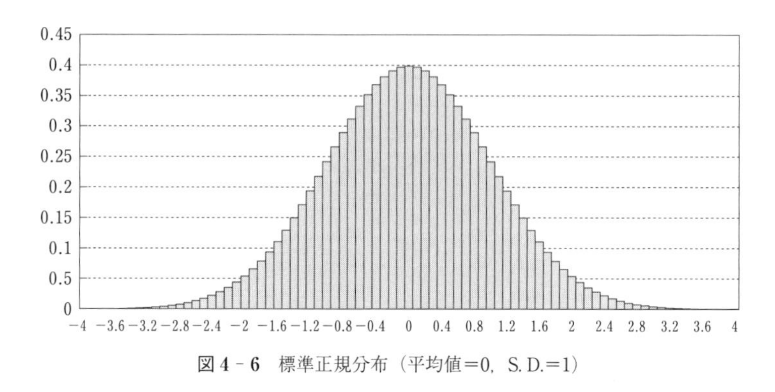

図4－6　標準正規分布（平均値＝0，S. D.＝1）

0.6827（68.27%）**となる。**

－2～＋2の範囲（S. D. 2個分の範囲）**の相対度数を足し合わせると，**

0.9545（95.45%）**となる。**

－3～＋3の範囲（S. D. 3個分の範囲）**の相対度数を足し合わせると，**

0.9973（99.73%）**となる。**

さて，実は通常の正規分布に従うデータ（xとする）に，以下のような計算をした後のデータzは，標準正規分布に従う。

$$z=\frac{(x-\text{平均値})}{\text{S. D.}}$$

この計算は，**標準化**と呼ばれる。正規分布に従うデータで，平均とS. D.が分かっていれば，(4-1)式（66頁参照）を用いれば，それぞれのデータ値（区間）に対応する相対度数が計算できる。しかし，そういった計算を毎回するのは若干面倒だ。しかし，標準化されたデータzの値（区間）がとる相対度数は，「正規分布表」というものがすでに用意されているため，数値を当てはめて計算しなくても相対度数を知ることができるというメリットがある（最近はExcelなどを使えば簡単に計算できるので，標準化のメリットはそれほどないのだが）。つまり，**どのような尺度・単位のデータでも，標準化さえすれば同じ分布表を用い**

ることができるというメリットがあるのである。さて，この標準化という操作は，第Ⅱ部以降で扱う，推測統計における「区間推定」や「検定」にも重要な概念なので，忘れないように覚えていてほしい。

第4章のまとめ

- 正規分布（normal distribution）とは，平均値を中心として，左右対称になめらかに広がった山型の分布となる。多くの教科書で，正規分布の形を「つりがね型」と呼ぶことが多い。
- 世の中で観察されるデータ（特に，自然界や人が暮らす社会などで観察されるデータ）の多くが，正規分布していると考えられている。
- 正規分布の特徴①

　データセットの平均と標準偏差が分かっていれば，正規分布の「形状」が1つに決まるため，どの区間（階級）を見ても，そこに含まれるデータの「相対度数」が1つに決まる。
- 正規分布の特徴②

　(平均値−1S. D.)〜(平均値＋1S. D.）の範囲の相対度数を足し合わせると，0.6827（68.27%）となる。

　(平均値−2S. D.)〜(平均値＋2S. D.）の範囲の相対度数を足し合わせると，0.9545（95.45%）となる。

　(平均値−3S. D.)〜(平均値＋3S. D.）の範囲の相対度数を足し合わせると，0.9973（99.73%）となる。

　つまり，データが正規分布しているのであれば，平均値から ±S. D. 2個分以上離れるデータが観測されることはほとんどない（5％以下）と考えることができる。
- 正規分布の形状は決まっているため，その形状を利用して不正や異常を見つけることができる（平均のズレや分布の歪みなど)。
- 株価の収益率の変動（ボラティリティ）も，正規分布していると考えられ，その場合，平均値と標準偏差から，収益率の変動範囲を（ある程度正確に）予測することが可能となる。

- 正規分布の基本形である「標準正規分布」は，平均＝0，S. D.＝1 の正規分布であり，以下のような特徴を持つ。

標準正規分布の特徴

－1～＋1 の範囲（S. D. 1 個分の範囲）の相対度数を足し合わせると，0.6827（68.27%）となる。

－2～＋2 の範囲（S. D. 2 個分の範囲）の相対度数を足し合わせると，0.9545（95.45%）となる。

－3～＋3 の範囲（S. D. 3 個分の範囲）の相対度数を足し合わせると，0.9973（99.73%）となる。

- 正規分布に従うデータ x について，その平均値と S. D. を使い，以下のようなデータ z に変換すると，z は標準正規分布する。また，このような変換を「正規化」と呼ぶ。

$$z=\frac{(x-\text{平均値})}{\text{S. D.}}$$

Column ⑥ フランスの徴兵制度における不正

本章において，ポアンカレがパン屋の不正を正規分布を使って見破った例を紹介したが，正規分布を使った不正摘発の例として，他にもフランスの徴兵制度における不正がある。フランスでは157cm以下の男性は徴兵されない。そのため，157cmより少しだけ高い身長の人は，ごまかして157cmだと申告している可能性があった。身長の分布も正規分布することが知られているため，もしこのような不正が行われているのであれば，それは分布の形状に表れるはずだ。フランス政府が集めた男性の身長データの分布は，下の図のようになった。図の形より，157cmの人が，正規分布として予想された人数よりも明らかに多くなっている。その一方で，157cmよりも少し大きい人の数は非常に少なくなっており，この部分だけが，正規分布の形状からズレていることが分かる。こうして，徴兵制度における不正が発覚した（Newton別冊，2018より筆者まとめ）。

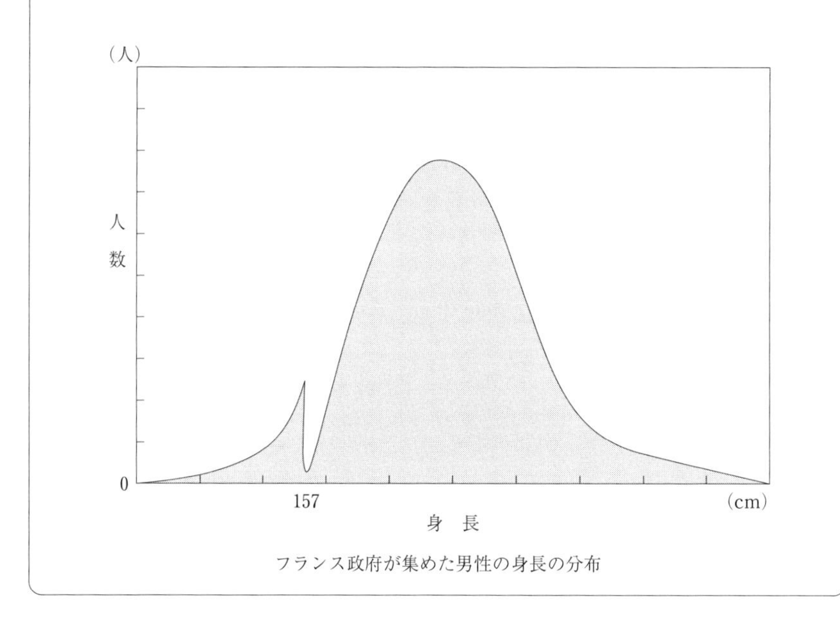

フランス政府が集めた男性の身長の分布

参考文献

Newton別冊『統計と確率　改訂版』ニュートンプレス，2018年。
小島寛之『完全独習　統計学入門』ダイヤモンド社，2006年。

栗原伸一『入門　統計学――検定から多変量解析・実験計画法まで』オーム社，2011年。
鳥居泰彦『はじめての統計学』日本経済新聞社，1994年。

練習問題

問題1

日本人の男女の脈拍数（回/分）は正規分布に従っているとする。全国民の脈拍数の平均と標準偏差は，それぞれ61.8回，10.1回であった。以下の問いに答えなさい。

①全国民の95％がとる脈拍数の範囲を答えなさい。

②自分の脈拍数が43だったとき，これは「驚き」の結果であると言えるだろうか。理由とともに答えなさい。

問題2

大学生協のライスMサイズの重さは，正規分布に従うことが分かっている。今，同じ日にライスMサイズを注文した学生500名のライスの重さを記録すると，平均が124.9g，標準偏差が7.9gだった。以下の問いに答えなさい。

①ライスMサイズを注文したとき，平均的な多さの範囲を答えなさい。

②この生協のライスMサイズは本来「120g」として売られている。今回の調査より，このライスMサイズの重さについてコメントしなさい。

問題3

昨年の経済学部1回生のGPA（Grade Point Average, 成績）は，平均が2.5，標準偏差が0.45で正規分布に従っている。このとき，以下の問いに答えなさい。

①経済学部1回生の95％がとったGPAの範囲を答えなさい。

②GPAが3.5だとすると，これは上位何％以内に入るか答えなさい。

問題4

ある試験の平均点が72点，標準偏差が6点であった。点数が正規分布に従っているとき，以下の問いに答えなさい。

①60点を下回る学生は，何％くらいいるか。

②上位，約2％以内に入るには，何点以上とる必要があるか。

第Ⅱ部

推測統計
——大標本のケース——

第Ⅰ部では，統計学の入門編として，「データを集めたときに，そのデータからどのようなことが読み取れるかを，一目で分かるようにする」を目標に，データの特性について，ヒストグラムによる「見える化」や，平均や標準偏差（S. D.）などで表現する方法を紹介した。また，正規分布するデータの特徴を解説し，その応用方法として，観測データから不正や異常を見つける方法や，観測されるデータの範囲を予測する方法などについて紹介した。第Ⅱ部では，「入手したデータの背後にある特徴を推測する」ことを目標に学習していく。多くの場合，私たちが入手できるデータは，データ全体のほんの一部である。統計学では，その一部のデータを使って，データ全体の特徴を推測する。これが「推測統計」と呼ばれるものである。第Ⅱ部は，この推測統計の基礎を，観測されるデータが比較的多い「大標本」のケースで解説する。推測統計で重要な「母集団」と「標本」の違い，母集団からのデータの抽出方法や，正規分布を用いた「信頼区間の推定」や「差の検定」まで紹介する。

第5章
入手したデータの背後にあるもの
――「部分」から「全体」を推測する――

本章のねらい

私たちが入手できるデータは，データ全体のほんの一部であることがほとんどである。しかしながら，実際に知りたいのは，データ全体の特性であり，私たちは，入手したデータから，何とかデータ全体を推測する必要がある。統計学では，興味の対象であるデータ全体のことを「母集団」と呼び，そこから得られた一部のデータを「標本」と呼ぶ。本章では，母集団の特性をうまく推測するために，母集団からどのように標本を抽出すればよいのかについて紹介する。具体的には，ランダム・サンプリングという手法を使うが，この手法にも状況に合わせていくつかの種類があるので，それらについてくわしく説明していく。

1　1,800万世帯の行動を，たった900世帯から推測する

統計的推論

「このドラマは本当に面白い。いったいどれくらい多くの人たちが観ていたのだろう。」

普段観ているドラマやテレビ番組で，気に入ったものが見つかると，他の人も同じように観ていたのかが知りたくなる。それを知る方法が「視聴率」である。視聴率は，調査会社が選んだ複数の世帯の視聴データを用いて割り出される。例えば，100世帯が対象だとすると，そのうち，このドラマを観ていた世帯が10世帯であれば，視聴率は10%（=10/100×100）である。

それでは，視聴率の調査会社は実際にどのぐらいの世帯をもとにこの数値を出しているのだろうか。視聴率調査会社として有名な「ビデオリサーチ」では，地域によって異なるが，2019年１月現在では以下のようになっている。

関東地区：900世帯
関西地区と名古屋地区：600世帯
北部九州地区：400世帯
それ以外の地区：200世帯

この調査対象の世帯数を見たとき，たったこれだけの世帯数だけで，ほんとうに全体の視聴率を把握できるのだろうかと思ったかもしれない。それもそのはず，関東地方の世帯数がおよそ1,800万世帯なのに対して，視聴率の調査世帯数は，わずか900世帯と，全世帯数の約0.005％と非常に少ない。なので，皆さんがそのように感じても不思議ではない。しかし，だからといって，全体像を少しの狂いもなく正確に捉えようと，関東地方の1,800万世帯の全てに調査を実施するのはあまりに大変だし，費用や時間などを考えても非効率的である。

しかし，実は，全ての世帯を調査できなくても，一部の世帯のデータがあれば，それらを使って視聴率の全体像を捉える方法が，統計学にはある。統計学では，どんなに全体像が大きくても，その中から，うまく選ばれた一部のデー

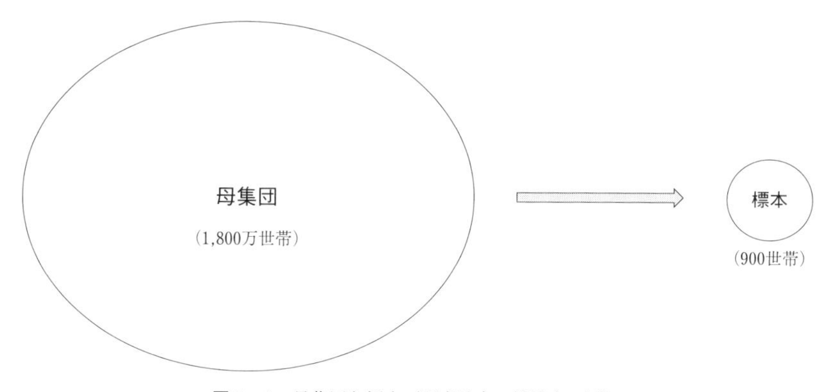

図5－1　母集団と標本（関東地方の視聴率の例）

タを使えば，かなりの精度で全体像を推測することが可能なのだ。この第Ⅱ部では，入手できる「一部」のデータを使って，その背後にある「全体」像を推測する方法（推測統計）について紹介していく。このような，部分から全体を推測する方法論のことを，統計学（推測統計）では「統計的推論」と呼ぶ。数学では「帰納法」にあたるものだ。

母集団と標本

さて，統計的推論の方法に入っていく前に，この第Ⅱ部以降でよく出てくる統計学の用語を2つほど紹介しておく。それは「母集団」と「標本」である。前述したように，多くの調査において，全ての対象者にもれなく回答してもらうのは非常に難しいのが現状だ。視聴率以外の例として「国民は現在の政府の政策をどのくらい支持しているのか」「この新商品の広告を，どのくらい多くの人たちが見てくれているのか」「レストランにおける料理の満足度はどのくらいか」「大学における統計学の講義はどのくらい人気（不人気？）なのか」などがある。全ての国民，レストランの利用者全員，全国全ての大学の学生に調査をすれば，正確に知ることが可能だが，そのような調査は，ほぼ実現不可能だと言える。このように，調査を実施する人たちの興味の対象ではあるが，全体をくまなく調査・観測することが（ほぼ）不可能である対象のことを，統計学では**「母集団」**と呼ぶ。そして，私たちが扱えるのは，この母集団から出てきた一部のデータだけであることがほとんどである。この一部のデータのことを，統計学では**「標本」**と呼ぶ。前述の関東地方における視聴率の例だと，関東地方の総世帯数である，およそ1,800万世帯が「母集団」で，その中の一部である900世帯が「標本」に対応する。図5－1は，この母集団と標本との関係を表したものである。

2　回答者の選び方が大切

ランダム・サンプリング（無作為抽出）とは

統計学では，「母集団がどんなに大きくても，そこからうまく選ばれた一部のデータである標本を用いれば，かなりの精度で母集団の特徴を推測することが可能」だということは，前節で述べた。しかし，視聴率の調査でもそうだが，およそ1,800万世帯のうちたった900世帯（約0.005%）だけの回答から，どうして全体の視聴率を推測できるのだろうか。実は，ここで重要なのが，**母集団からの標本の「選び方」**なのである。

皆さんが料理の味見をするとき，どういった方法をとるだろうか。例えば，誰もが一度は作ったことがあるカレーを思い出してみてほしい。カレーの出来具合（辛さなど）を調べる際，**鍋の中身をよく混ぜてから，おたまで1口分をすくって味見**をすると思う。もし満足のいく味であれば完成だし，少し辛さが足りないと思えば，香辛料やカレーのルーを追加して調整すると思う。さて，この味見の行動が，実は「統計的推論」だということに気づいただろうか。つまり「**鍋の中のカレーがよく混ざっているなら，おたまですくった1口分（標本）の味のバランスと，鍋全体（母集団）の味のバランスは同じであるはずだ**」と推論したのだ。そう，皆さんも知らないうちに，日常生活で統計的推論を使っているのである。

この例で重要なことが2つある。1つ目は，カレー鍋の中身が「**よく混ざっている**」ことだ。「よく混ざっている」からこそ，どこをすくっても，その一部から，カレー鍋全体の味を推測できるのだ。２つ目は，１口分の味と，鍋全体の味に**「多少のズレが起こる可能性があるのを覚悟すること」**だ。よく混ぜていたとしても，偶然にもおたまですくった１口分が「少し辛め」の場所であったり，「少し薄め」の場所であったりする可能性は残る。つまり，統計的推論を行ったとしても，つねに母集団を「ぴったり」と推測できるとは限らず，多少はズレてしまうことを覚悟しておかなければいけないのだ。

さて，視聴率の例に戻ろう。ドラマの視聴率を調べるために，およそ1,800万世帯もの中からたった900世帯だけしか取り出していないが，もしカレーの味見の例のように，**母集団である1,800万世帯と，家族構成や年齢の比率，男女比など，あらゆる世帯要素の割合が同じである「一部の世帯の集団（＝900世帯）」を選び出すこと（例：「よく混ざっている」カレーの一口分をおたまですくうこと）が可能なら，その集団の中での視聴率が，関東地域の総世帯の視聴率だと推測できるはず**だ。それでは，どのようにして，関東地方の1,800万世帯と同じ世帯要素の構成を持つ900世帯を選べばいいのだろうか。

ここで，標本の900世帯が，母集団と同じ世帯要素（年齢，家族構成，男女比など）の構成になればいいのだから，そうなるように確認しながら集めればよいのではないかと思われるかもしれない。しかし，実際に全ての世帯要素の構成が等しくなるように標本を探すには，母集団全てを調べまわる必要がある。そうなると，母集団である1,800万世帯に視聴率を聞いて回る方がはやいことになり，標本から推測する意味がなくなる。実は，むしろ**母集団の世帯要素の構成を無視して，母集団である1,800万世帯から，ランダム（random）に世帯を選べば，母集団とほぼ同じ構成の900世帯を選び出せることが分かっている**

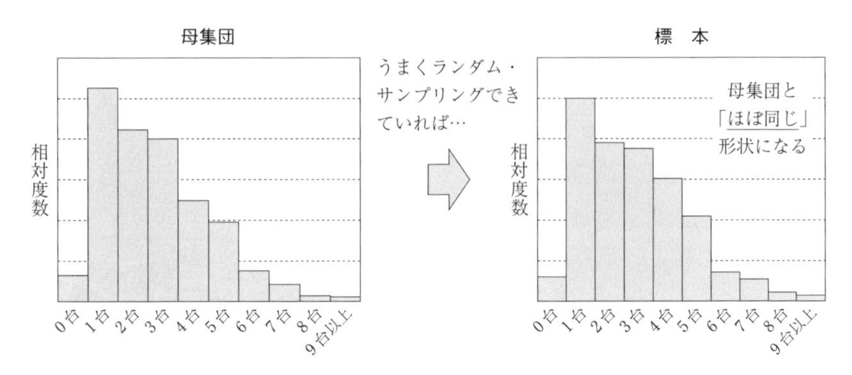

図5-2　ランダム・サンプリングによる標本の分布――エアコンの保有台数

のだ。この「ランダムに」とは，「でたらめに」や「てきとうに」とは違う。例えば「でたらめに」目に入った世帯を選んでいったとしても，（本人が意識していなくても）どうしても選ぶ人の癖や嗜好が入ってしまう。そのように選ばれた標本の構成は，母集団の世帯要素の構成とは違った，偏ったものになってしまう。

ランダムに世帯を選ぶとは「**どの世帯も等しく選ばれる可能性がある**」ことが必要になる。本書では，確率という言葉をできるだけ使いたくはないのだが，上の表現を言い換えると，「**どの世帯も選ばれる確率が同じである**」ことになる。これは，例えばあなたと私がアンケート調査の母集団に含まれていた際，私だけ（または，あなただけ）のように，母集団の中の誰かが，別の誰かよりも「**選ばれやすくなってはいない（あるいは，選ばれにくくなってはいない**」選び方となる。このように標本を選ぶ方法を，**ランダム・サンプリング**（random sampling），もしくは**無作為抽出**と呼ぶ。そして，前述したように，このランダム・サンプリングを行うと次のことが言えることが，確率理論によって明らかにされている。

ランダム・サンプリングによって抽出される標本の大きさを十分に増やす（観測を十分にたくさん行う）と，その標本の構成は，母集団の構成に近いもの

表５－１　乱数表の一部

	1	2	3	4	5	6	7	8	9	10
1	55	90	38	08	12	79	63	57	83	87
2	96	90	85	70	93	76	36	06	17	81
3	48	12	76	72	78	82	26	02	34	73
4	59	65	47	78	19	42	51	36	01	03
5	84	88	34	85	50	35	90	33	15	71
6	02	81	31	99	46	55	59	45	90	74
7	86	44	90	84	44	18	56	95	54	72
8	75	47	18	97	44	38	44	44	11	30
9	56	08	73	54	79	73	93	79	19	63
10	64	96	13	76	53	08	60	18	62	66

になる。

例えば，エアコンの保有台数は，世帯ごとに異なっているはずだ。もし母集団のエアコンの保有台数のヒストグラムが図５－２の左側のようになっていたとすると，この**母集団からランダム・サンプリングによって得られた十分な大きさの標本から作ったヒストグラムは，母集団のヒストグラムとほぼ一致する**（図５－２の右図）。このようなことが成り立つため，一部の標本からでも母集団全体の推測を行うことができるのである（図５－２の縦軸は相対度数）。

最もシンプルなランダム・サンプリング――単純無作為抽出法

それでは，ランダム・サンプリングとはどのように行うのだろうか。サイコロやくじ引きなどを利用するなどいくつか方法があるのだが，視聴率調査をはじめ多くの調査では，**乱数表**と呼ばれるランダムに数値が並んだ表を使った方法がとられる。表５－１は Excel の Rand 関数で作成した乱数表の一部を取り出したものだ。**乱数表は，縦，横，斜めのどの方向にもランダムに数値が並んでいる**ので，最初の乱数と進む方向を決めることで，必要な個数の乱数が得られる。

実際にやってみよう。表５－１は，縦10列，横10行なので，10面のサイコロを２個振って決めてもいいのだが，特に決まった方法はないので，ここでは，筆者の誕生日の７月７日を使って，７行７列目の「56」を最初の乱数として取り出そう。ここからどの方向に進んでもランダムに数値がふられているので，この例では右に進むことにする。すると，次の乱数は「95」で，またその次の乱数は「54」というように進むことで，必要な個数分の乱数を得ることができる。ここで，もし１ケタの乱数が必要なのであれば「５」⇒「６」⇒「９」⇒「５」⇒「５」⇒「４」⇒…と選べばよく，３ケタの乱数が必要なら「569」⇒「554」⇒「727」⇒「547」⇒…と選ぶことで乱数を取りだすことができる。このように，乱数表から順番に乱数を取り出していく方法を「**単純無作為抽出法**」と呼ぶ。

もう少し作業の手間を省きたい——系統抽出法

単純無作為抽出法は，対象となる全ての世帯に対して，乱数表を使いながら抽出していく必要があり，抽出する標本の大きさが大きいほど，手間が増えていく。これに対して，手間を少しでも省けるランダム・サンプリングの方法がいくつか用意されている。

その１つが，前述の視聴率調査などに利用されている「**系統抽出法**」というランダム・サンプリング法だ。これは，関東地方の900世帯をランダムに選ぶ際，およそ1,800万世帯に通し番号（初期振り分け番号）をふり，乱数表から選んだ数値の世帯を，最初の世帯とする（1,800万世帯の中から900世帯を選ぶなら，18,000,000/900＝20,000以下の数値にする）。そして，**残りの世帯は，選ばれた最初の世帯から一定間隔**（20,000世帯間隔）で系統的に900世帯を選んでいく。

例えば，最初に乱数表から「62」という数値が選ばれたとすると，初期振り分け番号の62の世帯を１つ目の標本として，標本番号「001」をふる。次に，この62に世帯間隔となる20,000を足した「20,062」の初期振り分け番号を持つ世帯を２つ目の標本として，標本番号「002」をふる。同じように，20,000を足した「40,062」番の世帯に，標本番号「003」をふる。これを，標本番号「900」になるまで続けて選ばれた世帯が，ランダム・サンプリングによる標本

表5-2　系統抽出法によるランダム・サンプリング
（視聴率調査における900世帯の抽出）

標本番号		初期振り分け番号
001	62	62
002	62+20,000	20,062
003	20,062+20,000	40,062
004	40,062+20,000	60,062
005	60,062+20,000	80,062
006	80,062+20,000	100,062
007	100,062+20,000	120,062
⋮	⋮	⋮
500	9,960,062+20,000	9,980,062
⋮	⋮	⋮
898	17,920,062+20,000	17,940,062
899	17,940,062+20,000	17,960,062
900	17,960,062+20,000	17,980,062

調査の対象世帯となる（表5-2を参照）。

もし母集団をグループに分けられるのなら――層化抽出法と多段抽出法

さて，単純無作為抽出法や系統抽出法以外にも，いくつかランダム・サンプリングの方法がある。この節では，「**層化抽出法**」と「**多段抽出法**」の2つを紹介しておく。「**層化抽出法」とは，母集団に含まれる人たちの特性（性別や年齢など）によって，いくつかの層（グループ）に分けておき，その分けられた各層ごとに，必要な数の標本を（乱数表などを使って）無作為に抽出する方法**である。

例えば，経済学部の学生100人に学業意識についてのインタビュー調査を実施するとしよう。ここで，一般に経済学部は，男子学生の比率が女子学生に比べて多い傾向がある。仮に男子学生と女子学生の割合が7：3だったすると，標本の100人もこの比率になっていた方が，調査結果を経済学部全体に反映させやすい。しかし，単純無作為抽出法などを行うと，この比率が6：4になっ

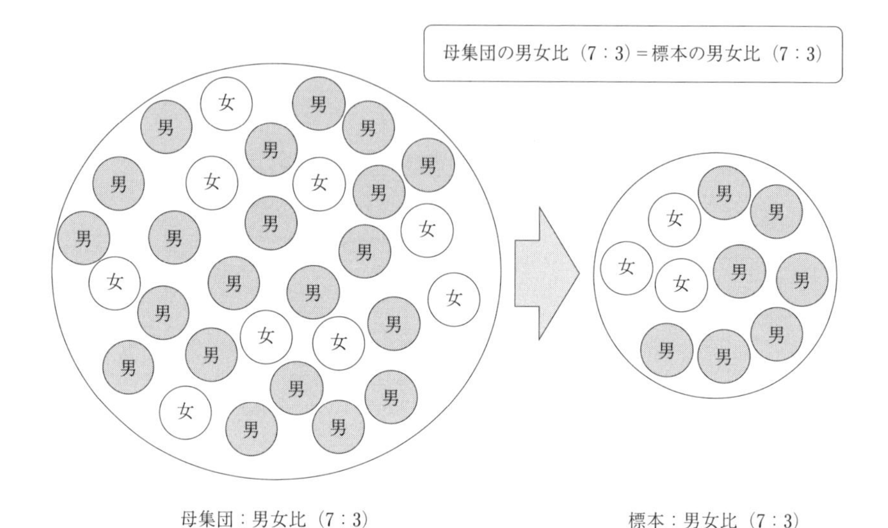

図5－3　層化抽出法（男女の構成比を同じにする）

たり，8：2になったりする可能性も出てきてしまい，仮に男女間で学業意識に差異があった場合，標本からの結果が，母集団である経済学部全体の結果と乖離してしまう可能性がある（この母集団と標本との結果の乖離をバイアスと呼ぶ）。

そこで，**あらかじめ男性と女性を別々の層に分けておき，各層の比率にあわせた数の学生を無作為に抽出する。100人抽出する場合だと，男性の層から70名（100人の70%），女性の層から30人（100人の30%）となる**（図5－3参照）。このようにして標本を抽出する方法を「層化抽出法」と呼ぶ（より正確には，層化抽出法の中での「比例分配法」と呼ばれる）。アメリカでは，人種や宗教など多様な国民構成をしているため，世論調査においても，そのような層（グループ）ごとの意見をできるだけ正確に把握できる層化抽出法が用いられている。これは単純無作為抽出法や系統抽出法よりも，より民意を正しく捉えられると考えられている。

もう1つの方法が「多段抽出法」である。ここで，前述の「単純無作為抽出法」「系統抽出法」「層化抽出法」は，**分析者が調査対象の全体（母集団）から自由に個々の対象を抽出できることを前提**としている。しかし実際に，母集団が大きい場合（母集団に含まれる人の数が多い場合），母集団に含まれる個々人のリスト（層化抽出法の場合は，属性も含む）を手に入れるのはほぼ不可能だろう。例えば，皆さんは日本の国民一人ひとりに連絡が取れるような状況だろうか。もう少し範囲を狭くして，皆さんが住む地域の住民一人ひとりに連絡が取れるような状況だろうか。このようなことはまず一般には不可能である。せいぜい，自分が通う大学で所属するサークルやゼミのメンバーに連絡を取れるぐらいではないだろうか。このように，母集団が大きくなると，ランダム・サンプリングの方法は分かっても，実際にそれを実行するのは非常に難しく，調査を実行すること自体，かなりの負担になることが容易に想像できる。そこで，このような負担をできるだけ軽くする方法として「多段抽出法」がある。

多段抽出法は，母集団を複数の大グループに分け，その複数の大グループから無作為にいくつかの大グループを抽出する方法である。抽出された大グループ内において，さらに細かい複数の中グループに分け，そこから無作為にいくつかの中グループを抽出する。抽出された各中グループ内において，さらに細かい複数の小グループに分け，そこから無作為にいくつかの小グループを抽出するという作業を繰り返し，最後に選ばれたグループの中から調査対象を無作為に抽出する。例えば，大学生の食生活に関して，全国から無作為に選ばれた1,000人の大学生を対象にインタビュー調査したいとする。多段抽出法では，以下のように行う。

① 47都道府県から，無作為に10都道府県を選ぶ。
② 選ばれた10都道府県の中から，それぞれ無作為に5大学を選ぶ。
③ 選ばれた5大学から，それぞれ無作為に20人を選ぶ。

この方法によって，1,000人の大学生がランダム・サンプリングによって抽出できることが分かる（10都道府県×5大学×20人＝学生1,000人）。図5-4にこ

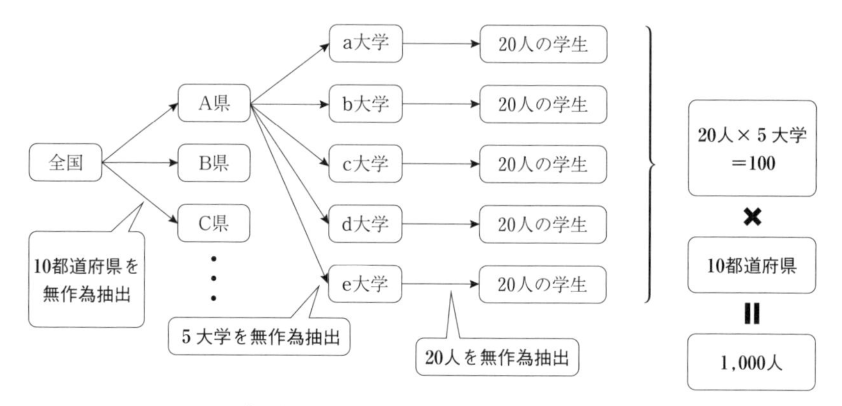

図5－4　多段抽出法（全国から1,000人の学生を抽出する場合）

の例を分かりやすく描いている。このように，**最初から母集団の全てを対象に無作為抽出することはほぼ不可能に近いが，（ランダムに選ばれた）複数の小さなグループ内**（会社，大学，ゼミ，部活，サークルなど）**であれば，連絡先が把握できている可能性が高いため，ランダム・サンプリングが実施しやすくなる。**

最後に「単純無作為抽出法」,「系統抽出法」,「層化抽出法」,「多段抽出法」のメリットとデメリットを表5－3にまとめておく。

第5章のまとめ

- 統計学（**推測統計**）では，どんなに全体像が大きくても，その中からうまく選ばれた一部のデータを使えば，かなりの精度で全体像を推測することが可能である。**この部分から全体を推測する方法を「統計的推論」**と呼ぶ。
- 全体をすみずみまで調査・観測することが（ほぼ）不可能である対象のことを「**母集団**」と呼び，その中の一部のデータのことを「**標本**」と呼ぶ。
- **母集団から，無作為（ランダム）に対象を選び，十分な大きさの標本が得られれば，その標本の構成は，母集団の構成とほぼ同じになる**（例：図5－2のエアコンの保有台数）。このように標本を抽出する方法を「**ランダム・サンプリング**」と呼ぶ。
- ランダム・サンプリングにはいくつか方法がある。

表5－3　各ランダム・サンプリングのメリットとデメリット

	メリット	デメリット	実施効率	抽出精度
単純無作為抽出法	完全なランダム・サンプリングが実施できる	母集団が大きくなると，実施が難しくなる（手間や時間がかかる）	△	◎
系統抽出法	単純無作為抽出よりは手間がかからない	通し番号に規則性があると，抽出精度が下がる	△	○
層化抽出法	特性の比率や，層ごとの分布が大きく異なる場合に，抽出精度が高くなる	層化したい母集団の特性をあらかじめ把握しておかなければならない	○	○
多段抽出法	母集団の全ての連絡先を把握しておかなくてもよい。実施費用を抑えられる	各抽出段階において，層ごとに分布のバラつきが大きく異なると，抽出精度が下がる	◎	△

単純無作為抽出法：「乱数表」などを使い，対象を1つずつランダムに抽出していく。

系統抽出法：最初の対象だけランダムに選び，あとはあらかじめ決めたルールで抽出する。

層化抽出法：事前に層（グループ）に分けて，ランダムに対象を抽出する。他の方法に比べ，母集団の属性比率が整いやすい。

多段抽出法：ランダム・サンプリングを，いくつかの段階に分けて実施する。母集団の対象すべてにアクセスできない場合に用いられるため，最も現実的な方法。

Column ⑦　世の中の標本調査は，どれくらい信頼できるのか

「街頭で50人に聞きました」「社長100人に電話で聞きました」「インターネットで500世帯に調査しました」。皆さんがテレビや新聞で見聞きする調査には，その結果とともに，どういった対象にどのように調査したかが示される。調査の目的はさまざまだが，そのほとんどが母集団から抽出された標本に基づいた調査であると言える。本章において，母集団のサイズが大きく，全ての対象を調査しきれない場合でも，そこから得られた（十分な大きさの）標本によって母集団の特徴を推測することが可能となると述べた。なぜなら**ランダム・サンプリングを行うと，標本の構成は，母集団の構成に近いものになる**からだ。これが分かっていると，世の中で行われているさまざまな（標本に基づいた）調査において，その結果の信頼性は，ランダム・サンプリングが実行できているかどうかに大きく依存していることが分かる。もしランダム・サンプリングがされていなければ，結果に大きなバイアスがかかることになる。例えば，「スマホの一日の利用時間」を調査するために，「インターネットで300世帯に調査した結果，１日〇〇時間も使っているという驚きの結果が分かりました」と発表されたとする。しかし，**インターネット調査の場合，普段よくインターネットを利用する層が多く回答していると考えられる**ため，そのような層は，スマホの利用時間も多い傾向があると予想される。この調査の目的は，母集団である「国民」のスマホの利用時間であったにもかかわらず，その標本からは「日常的にインターネットの利用が多い国民」のスマホの利用時間を調査して報告してしまった可能性がある。つまり，母集団の構成と標本の構成が異なるため，結果にバイアスが発生しているのだ。

このように，**世の中の調査結果を判断する場合，標本の抽出方法をよく確認し，母集団はどういった対象で，標本の構成は母集団のそれと近いものであるかどうかを事前に調べる必要がある**。そうでないと，調査結果だけを見ていたら，間違った理解をしてしまうし，そのような調査結果に基づいて間違った政策を行ってしまう可能性すら考えられる。

参考文献

Newton 別冊『統計と確率　改訂版』ニュートンプレス，2018年。
栗原伸一『入門　統計学――検定から多変量解析・実験計画法まで』オーム社，2011年。

西内啓『統計学が最強の学問である』ダイヤモンド社，2013年。
伊藤公一朗『データ分析の力——因果関係に迫る思考法』光文社，2017年。

練習問題

問題1
以下の①～⑤の空欄を埋めなさい。
（①　　　　）とは，部分から全体を推論する方法のことである。全体のことを（②　　　　），部分のことを（③　　　　）と呼び，全体をすみずみまで調査・観測することが不可能な場合に用いられる。このとき，（④　　　　）に対象を選び，十分な大きさの（③　　　　）が得られれば，その構成は，（②　　　　）の構成とほぼ同じになる。この方法を（⑤　　　　）と呼ぶ。

問題2
下の乱数表より，自分の誕生日（月を横軸，日の下1桁を縦軸）をもとに，単純無作為抽出法で10個の標本を選びなさい（数値が右下の「98」まできたら，左上の「30」に戻る）。

	1	2	3	4	5	6	7	8	9	10	11	12
1	30	75	0	88	57	16	50	39	30	68	4	41
2	28	51	2	37	30	93	13	26	44	55	6	85
3	15	30	90	2	19	75	20	67	66	24	47	46
4	74	4	56	93	51	0	66	16	92	58	1	80
5	0	44	13	63	50	17	2	25	70	12	25	90
6	91	71	88	62	19	73	56	81	11	9	94	85
7	11	43	39	95	88	48	58	70	96	0	87	93
8	22	5	94	71	70	60	68	25	74	19	71	53
9	78	24	17	41	55	90	38	8	12	79	22	5
0	93	16	43	12	96	90	85	70	93	76	81	98

問題3
本書で紹介した系統抽出法を用いて，100万世帯から200個の標本を取り出すとき，以下の表の空欄を埋めなさい。

標本番号		初期振り分け番号
001	17	17
002		
003		
004		
005		
⋮	⋮	⋮
198		
199		
200		

第6章
統計的推論に不可欠な分布
――標本分布を理解しよう――

本章のねらい

母集団から得られた標本によって母集団の特性を調べるには，まず得られた標本の分布の特性をしっかりと理解しておく必要がある。この標本の分布とは，正確には「標本平均」の分布のことを指す。標本平均の分布は，母集団からとってくる標本の大きさから影響を受け，それは，「大数の法則」や「中心極限定理」という標本理論において重要な性質へとつながる。また，母集団の平均の範囲を推定したり（＝信頼区間の推定），異なる2つの母集団の特性に差があるか（＝差の検定）を客観的に調べたりする統計的推論においても，この標本分布が非常に重要な役割を担っている。

1　母集団から出てきたデータの分布

なぜ標本分布が重要なのか

前章において，母集団がどんなに大きくても，うまくランダム・サンプリングができれば，そこから得られた標本は，母集団とほぼ同じ構成となることを説明した。そして標本が母集団と同じような構成をしているのであれば，母集団の特性も標本から推測することが可能となる。この**標本（の分布）を用いて母集団の特性を推論することを，統計的推論**と呼ぶ。**統計的推論の主な目的は「信頼区間の推定」と「仮説検定」**である。

信頼区間とは，母集団の特性（平均やバラつきなど）の範囲を，確率を使って推測したものである。例えば「この番組の平均視聴率は，95％の確率で15.2％～18.6％の間である」や「○○大学の学生のランチの平均利用金額は，95％の確率で350円～520円の間である」のように推論する。一方で，仮説検定とは，異なる2つの母集団の特性に差があるかどうかを，確率的に検証したりすることだ。例えば「省エネエアコンを使っている世帯と，普通のエアコンを使っている世帯で，電気使用量に差が出るかどうか」や「資格を持っている学生と，持っていない学生で，就職率に差があるかどうか」などについて，「95％の確かさで，両者に差があると言える」というように判定する。

さて，この統計的推論を行うためには，まず母集団から得られた標本の分布の特徴を正しく理解しておく必要がある。はじめに，母集団と標本のそれぞれの「平均」と「標準偏差」の区別から説明していこう。

母集団と標本それぞれにおける「平均」と「標準偏差」

母集団から抽出された標本を用いると，母集団の平均やバラつきなどの特性が推論できる。しかしながら，標本のサイズは母集団のサイズに比べると小さいため，**得られた標本の平均（標本平均）と母集団の平均が常にぴったりと一致するとは限らず，少なからず乖離が生じることもある**と考えるのが自然である（このような乖離を「**標本誤差**」と呼ぶ）。例えば，統計学の期末試験で，500人の受講者の平均点（母集団の平均点）が80点だったとする。この500人の中からランダムに選んだ30人の平均点が，80点と一致するかどうかを考えてみるとよいだろう。80点となるかもしれないが，82点や77点などになるかもしれない。また，95点や62点など，大きく乖離する可能性もゼロとは言い切れない。また，新たに別の30人を選んで平均点を出した場合，これも80点になるとは限らないし，さらに最初の30人の点数と一致するとも限らない（最初の30人の平均点が82点，次の30人の平均点が73点だとすると，標本誤差はそれぞれ2点と −7 点となる）。このことは，母集団の他の特性（標準偏差など）についても同様に言える。そのため，母集団と標本の特性は，それぞれしっかりと区別して考える必要がある。

本章以降では，母集団と標本でそれぞれ平均と標準偏差などを分けて説明していくので，まずこの節では，これらの統計量（基本的な統計学のテキストでは，「統計量」は確率変数の場合，「統計値」は実際に観測された値である実現値の場合に使われる言葉だが，本書では確率を明確に定義しないため，これ以降，「統計量」と「統計値」については区別しないこととする。同じ意味だと考えてほしい。後述の「推定量」と「推定値」も同様）の意味と表記の違いを明確にしておきたい。少し記号を用いるが，難しくはないし，ほとんどの統計学の教科書で共通して使われる記号なので，本書で学習後，次のレベルの教科書に取り組む際にもスムーズに移行できると思う。

統計学では一般に，母集団の統計量はギリシャ文字で表し，標本の統計量はアルファベットで表す。母集団と標本の平均を，それぞれ「**母平均 $\boldsymbol{\mu}$**（ミュー)」と「**標本平均 $\bar{\boldsymbol{x}}$**（エックスバー)」呼び，一般的には次のような式で計算される。

$$母平均：\mu = \frac{\sum_{i=1}^{N} x_i}{N}$$

$$標本平均：\bar{x} = \frac{\sum_{i=1}^{n} x_i}{n}$$

ここで，x は観測されたデータ，i は i 番目のデータであることを表している。平均は，第2章で紹介したように「**全部足してデータ数で割る**」ことによって計算できる。足し算を表す $\sum_{i=1}^{m}$（シグマ）記号が出てきているが，これは「**$\boldsymbol{m}$ 個あるデータをすべて足し合わせる**」という意味だ。例えば，5個のデータ（x_1，x_2，x_3，x_4，x_5）があった場合，

$$\sum_{i=1}^{5} x_i = x_1 + x_2 + x_3 + x_4 + x_5$$

と表現される。さて，母平均と標本平均の式は一見同じように見えるが，実は足し合わせるデータの数が異なる。**母平均の $\boldsymbol{N}$ は，母集団に含まれる「全てのデータ」**である。前章の関東地方の視聴率の例だと，関東地方の1,800万世帯が N になる。しかし，視聴率の例での議論を思い出してもらえれば分かるが，一般的に母集団に含まれる対象を全て観測することは困難な場合が多

い。これに対して，**標本平均の n は，母集団からランダム・サンプリングによって抽出された「一部のデータ」**である。視聴率の例だと，900世帯が n になる。また，先ほどの統計学の期末試験の例だと，500人の受講者全員（N）から計算したものが母平均 μ で，ランダムに抽出された30人（n）から計算したものが標本平均 $\bar{x}$ となる。

次に，標準偏差だが，これは母集団と標本でそれぞれ「**母標準偏差 σ**（シグマ）」と「**標本標準偏差 s**（エス）」と呼ばれ，一般的には次のように計算される。

$$母標準偏差：\sigma=\sqrt{\frac{\sum_{i=1}^{N}(x_i-\mu)^2}{N}}$$

$$標本標準偏差：s=\sqrt{\frac{\sum_{i=1}^{n}(x_i-\bar{x})^2}{n}}$$

標準偏差は，第3章で紹介したように，**データの平均値からの離れ具合を平均化した統計値**だ。こちらについては，前述の平均と同じくデータの数が違うこと（N と n）に加え，もう1つ大きな違いがある。それは，母標準偏差では「**母平均 μ からの離れ具合**」を表しているのに対して，標本標準偏差では「**標本平均 $\bar{x}$ からの離れ具合**」を表している（実は，統計量の性質上，標本標準偏差は，母標準偏差よりも小さくなる傾向がある。これは母標準偏差の推定量に関わる問題なので，後の第3節（113頁）と ***Column*** ⑧で扱う）。一般に，母平均を直接計算することは難しいため，母標準偏差も，直接計算できることはあまり多くないだろう。それに対して，標本平均は手に入りやすいため，標本標準偏差は計算することが可能だ。

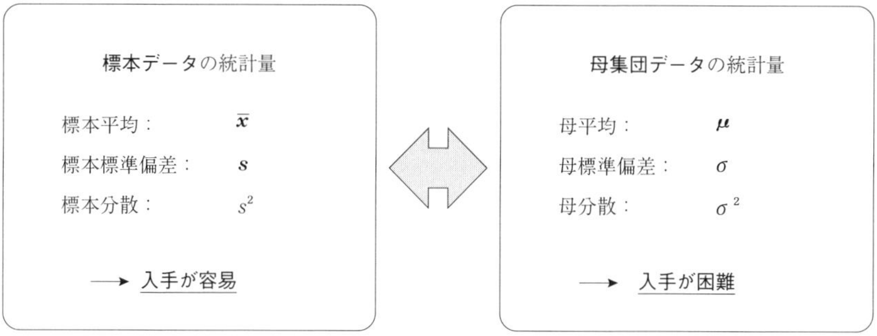

標本データの統計量		母集団データの統計量	
標本平均：	$\bar{x}$	母平均：	μ
標本標準偏差：	s	母標準偏差：	σ
標本分散：	s^2	母分散：	σ^2
→ 入手が容易		→ 入手が困難	

図６－１　母集団と標本の統計量の対応関係

標準偏差の２乗である分散についても区別しておこう（第10章で使用する）。分散はそれぞれ「**母分散 σ^2（シグマ２乗）**」と「**標本分散 s^2（エス２乗）**」で，次のように計算される。

$$母分散：\sigma^2=\frac{\sum_{i=1}^{N}(x_i-\mu)^2}{N}$$

$$標本分散：s^2=\frac{\sum_{i=1}^{n}(x_i-\bar{x})^2}{n}$$

母集団の統計量と，標本の統計量の対応をまとめたのが図６－１である。

本節の最後に，母集団と標本における統計量の最も大きな違いを述べておく。それは，**母集団の統計量は定数**（１つの決まった値）なのに対して，**標本の統計量は変数**（決まった値をとらない）ということだ。つまり，

母平均，母標準偏差，母分散　⇒　定数

標本平均，標本標準偏差，標本分散　⇒　変数（または確率変数）

このことを説明するために，もう一度，統計学の期末試験の例を用いる。母集団である受験者500人全員から計算した統計量（例えば母平均）はただ１つだけである。一方で，もしランダム・サンプリングで，30人の標本を選び出す作

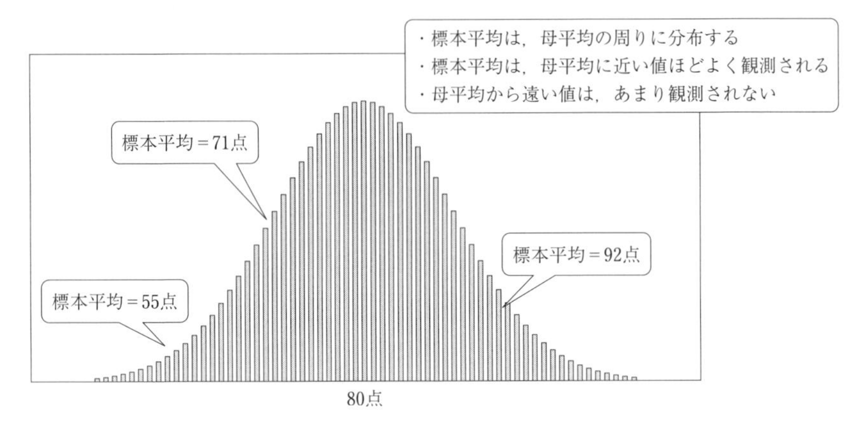

図6－2　母平均（定数）と標本平均（変数）の関係

業を3回行えたとして，1回目の30人，2回目の30人，3回目の30人でそれぞれ標本平均を計算した場合，3つの標本平均はどれも同じ値をとるだろうか。同じ値をとることもあるだろうが，たいていは異なる値をとることの方が多いだろう。異なる値をとる原因はさまざまだが，期末試験の場合，標本の中に，たまたま点数のすごく高い（低い）人がわずかに含まれていれば，平均値の性質上，その人たちの点数に引っ張られやすくなる。また，いくらランダム・サンプリングでも，常に標本の構成を母集団の構成と一緒にすることは難しい。さらに，選ばれた回答者が点数を偽って回答（実際の点よりも高い点数を回答）することなども考えられるだろう。

このように，**標本統計量は（標本ごとに）同じような値をとりやすいが，決まった値をとらずにバラつく。また，それらは，母集団の母数に近い値をとりやすい**という性質がある。期末試験の平均点を例にすれば，仮にたくさんの標本平均が計算できた場合（30人の標本をたくさん集められたと想像してほしい），それらは母平均の周辺にバラついて分布する。そしてその場合，母平均に近い値は多く観測され，母平均から離れるほど観測されにくくなることは，直感的に分かるだろう（図6－2参照）。このように，標本によって値が異なる標本統計量のバラつきを表したものを「**標本分布**」と呼ぶ。この標本分布は，母集団の特性に対する統計的推論（「信頼区間の推定」や「仮説検定」）において不可欠な分布だ。この標本分布については，次節以降でくわしく勉強していこう。

2　もし何度も標本をとることができるなら

標本分布

第Ⅰ部では，学食でのランチの平均利用金額やテーマパークでの待ち時間など，個々のデータの分布を例に，平均や標準偏差 S. D. などの統計量や正規分布について扱ってきた。第Ⅰ部で扱った内容の多くは，いわゆる記述統計の範囲になるため，各データの分布を例に説明してよかったのだが，第Ⅱ部以降の推測統計で扱う標本分布は，そのような個々のデータの分布とは少し異なる。**統計学（特に推測統計）に苦手意識を感じている人や，勉強したけどよく分からなかったという人たちは，この個別データの分布と標本分布の違いをよく理解していなかったのではないかと考える。**そこで，推測統計のメインテーマである信頼区間の推定（第7章）や仮説検定（第8章，第9章）に入る前に，ここでまず，前節でご紹介した「標本分布」についてしっかりと理解してもらうために，もう少しページを割いて説明していきたい。

さて，推測統計では，母集団の特性である母平均や母標準偏差などを，標本データを用いて推測する。しかしながら，標本特性である標本平均や標本標準偏差などは，前述の期末試験の平均点のように（図6－2），**何度も30人の標本がとれた場合，標本平均はそれぞれ異なる値をとることが**普通だ。そうであれば，1回だけの調査で得られた標本データから，どうやってこの統計学の期末試験の母平均を推測すればよいのだろうか。もちろん講義担当の先生に直接聞けば，平均点ぐらいなら教えてもらえるだろうが，ここでは，それができないような状況を想定してほしい。

多くの調査に共通することだが，**母集団からランダム・サンプリングによって標本を抽出することを何度もくりかえすのは，時間や労力の面からあまり現実的とは言えず，ほとんどの標本調査は1回だけ**だ。例えば，第5章で取り上げたテレビの視聴率調査だと，関東地方の1,800万世帯から，ランダム・サンプリングによって900世帯の大きさの標本を１つだけ抽出し，その１つの標本データから母集団全部の世帯の視聴率を推測していく。また，ここでの統計学の期末試験の例においても，受験者500人から，大きさ30人の標本が１つだけ入手できる場合を考えていく。

それでは，この１つの標本（30人）から母集団（500人）の母平均を推測するにはどのようにすればよいだろうか。直感で分かった人もいるかもしれないが，**標本から計算した標本平均 $\bar{x}$ を母平均 μ の候補**（統計用語で推定値）**とする**方法がある。つまり，大きさ30人の標本の平均点（標本平均）を，500人の母集団の平均点（母平均）の推定値とみなすのである。視聴率の例だと，900世帯の平均視聴率を，1,800万世帯の平均視聴率の推定値だとする（視聴率の平均は「比率：全世帯のうち，何割の世帯が視聴していたか」ともいう)。このように，**母平均の値を，ただ１点の値から推定することを，統計学では「点推定」**という。

さて，「点推定」による母数の推測は非常にシンプルであり，母平均が１つの値で推定できたように思い，そのまま信用してしまうかもしれない。しかし，前節で説明したように，**標本平均とは，別の標本をとれば，その平均が変わってしまう「変数」**なのである。そうであれば，**母平均の推定量として，標本平均の１点だけしか採用しないことは，どれくらい信用できるものなのか**，ということを考える必要がある。この疑問に答えるために，ふたたび「標本分布」についてもう少しくわしく見ていこう。

ここで仮に，期末試験の受験者500人（母集団）から，30人の標本を何回もとることができた場合を考えてみよう。30人の標本それぞれについて標本平均を計算できるが，それらは変数であるため，異なる値をとって分布する。何度も標本を抽出できた場合，そのヒストグラムは，図６－３のように母平均を中心とした左右対象のなめらかな形になるだろう。これがいわゆる「**標本分布**」と呼ばれるものだ。つまり，**標本分布とは，母集団から抽出した１つの標本の中の，個々のデータの分布ではなく，（何度も標本が得られた場合）それぞれの標本ごとに計算される「標本平均」の分布**なのである。

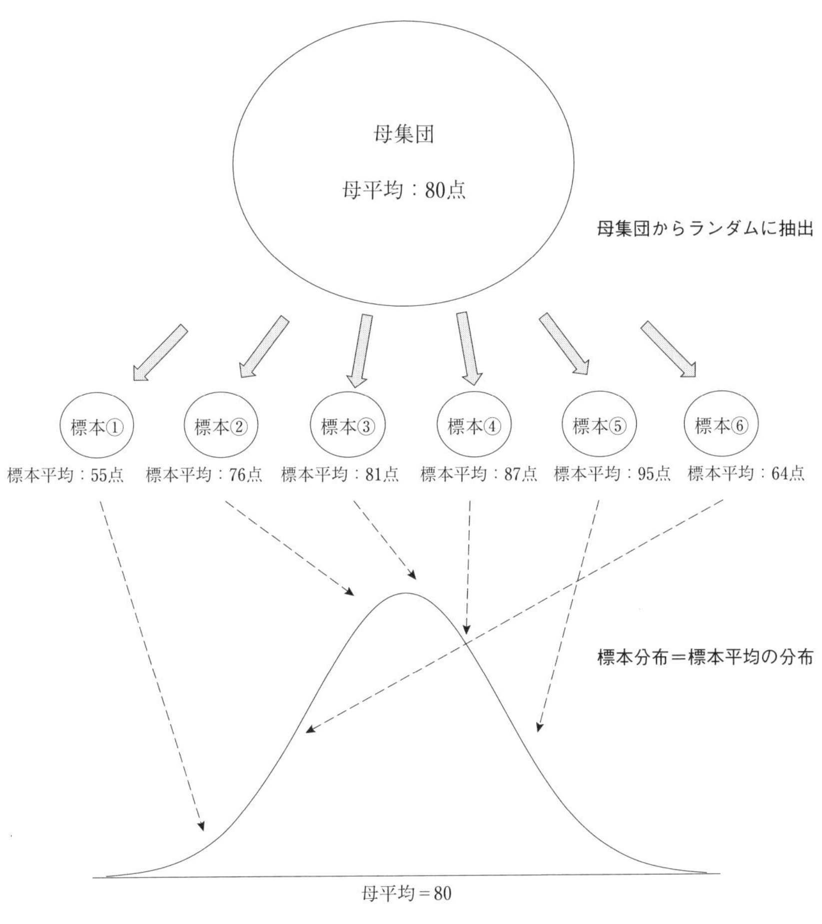

図6－3　標本分布（標本平均の分布）

ここで，私たちが本当に知りたいのは，標本ごとに異なる値をとる標本特性（標本平均など）ではなく，ただ1つの値をとる母集団の特性（母平均など）だ。それを推論するために，ランダム・サンプリングで標本を抽出し，その標本特性に基づいて推定する。しかしながら，私たちが調査できる回数は1回だけの場合がほとんどだ。それでは，たった1回の調査の標本から計算された標本平均の値を母平均の推定値として見なすことは，よい推論だと言えるだろうか。

図6－3を例にすると，もし標本③がたまたま入手できるたった1つの標本だったとすれば，その標本平均は81点であり，母平均の80点とたった1点しか違わない。この場合は，標本平均の値は，母平均の「点推定値」としてとてもふさわしい値になる。しかし，たまたま得られた1つの標本が，常に母平均に非常に近い値になるとは限らない。もし標本①がたった1つ得られた標本だったとすれば，その標本平均（55点）は母平均の80点から25点も離れた値になってしまい，よい推定値とは言えないだろう。それでは，どうすればよい推定ができるのだろうか。実は，標本分布が持つ非常に便利な法則が，その解決方法の1つとなる。

標本サイズを大きくすると，標本分布のバラつきが小さくなる――大数の法則

前節では，母平均の推定量として，標本平均をつかうことが好ましいことが分かったが，標本平均は標本ごとに変動し，母平均の周りに分布するため，ぴったり当たる場合もあれば，大きく外れる場合もある。実はこの解決策として，2つの方法がある。それは，

①　1つの標本に含まれるデータの数を増やす（標本サイズを大きくする）。
②　1点だけを母平均の推定値とするのではなく，幅を持って推定する。

2つ目の方法は，統計的推論の1つである「**区間推定**」だ。この方法については，第7章で詳しく紹介するので，ここでは1つ目の方法を説明する。

まず，1つ目の方法の説明に入る前に，標本データを扱う場合によく混同する2つの用語について，その違いを明確にしておきたい。それが「**標本サイズ（標本の大きさ）**」と「**標本数**」だ。**標本サイズとは1つの標本に含まれるデータの数**のことだ。期末試験の例だと，1つの標本に30人が含まれているため，標本サイズは30となる。一方で，**標本数は，いくつ標本があるのか**を表したものだ。同じ期末試験の例だと，母集団である500人から，ランダム・サンプリングによって標本を得た回数が5回であれば，標本数は5となる（図6－4参

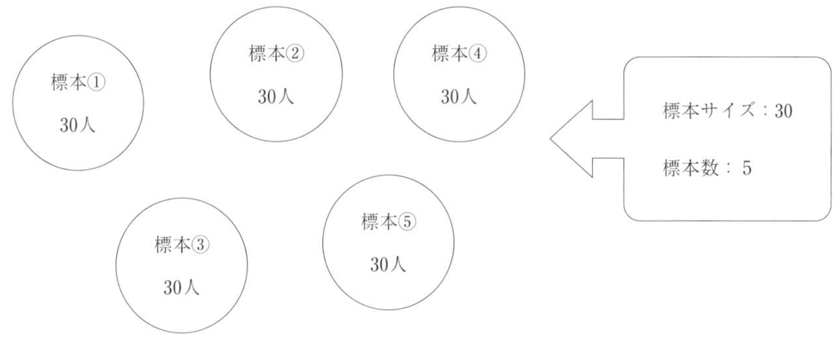

図6－4　標本サイズと標本数

照)。**よく間違いがちなのが，1回の調査で得られた1つの標本に含まれるデータの数に対して「標本数」と言ってしまうことだ**。例えば，500人から30人の標本を1つ抽出した時に，この30人を「標本数」と言うのは間違った表現なのである（ちなみに，この場合の標本数は1，標本サイズが30というのが正確な表現になる)。

実は，この「標本サイズ」と「標本分布のバラつき」との間には，とても重要な法則がある。それは次のようなものだ。

重要な法則　標本サイズが大きくなると，標本分布のバラつきが小さくなる。

これはどういうことかというと，1つの標本に含まれるデータの数を多くすれば，そのような標本をたくさん抽出できた場合に描ける，標本分布（標本平均の分布）の左右への広がりは小さくなり，母平均の推定精度が上がるということを意味している。

具体的に見てみよう。図6－5は，母集団500人の受験者の中から，ランダム・サンプリングで得られる1つの標本のサイズを，1人，5人，30人，100人，500人と増やしていった場合の標本分布の形状をそれぞれ表している。図から明らかなように，標本サイズが増えるに従って，標本分布が母平均80点の周辺に集中して分布するようになっている。そして当然のことだが，母集団の

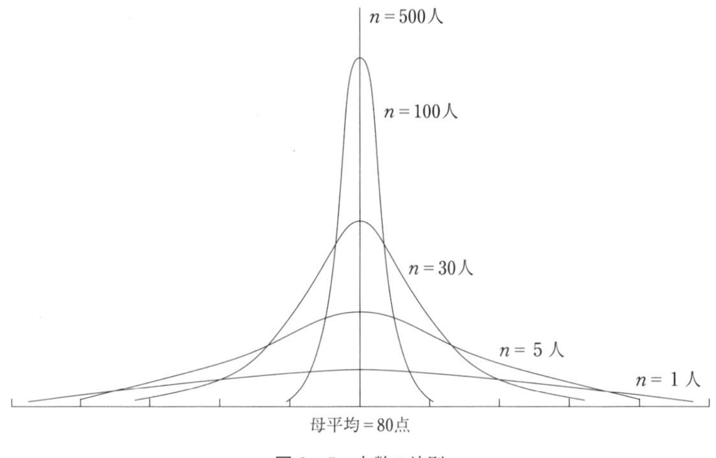

図６－５　大数の法則

500人全員から調査できれば，母平均と標本平均は一致する（標本誤差がゼロ）。つまり，**標本サイズが増えれば増えるほど，１回に得られる標本の標本平均が，母集団の母平均からズレる可能性が小さくなり**（標本誤差が小さくなる），**標本平均が母平均のよい「点推定量」となる**。実はこれは，標本分布の特徴である「**大数の法則**」と呼ばれるもので，前述の「重要な法則」を言い換えて，次のようになる。

大数の法則　**標本サイズが大きくなるにつれて，１つの標本から計算される標本平均 $\bar{x}$ の値が，母平均 μ に近づく**

この大数の法則は，皆さんにも直感的に理解できるのではないだろうか。調査を行う場合，その調査の精度を高めるためにまず考えるのは「**できるだけ多くのデータを入手すること**」だろう。期末試験の平均点を調査したい場合，１人や５人のような少ない人数に聞くより，30人や100人などのように，できるだけ多くの人に聞こうとするだろう。また，ゼミや卒論などでアンケート調査をする場合にも，同じように，できる限りたくさんの人から回答を集めようとするはずだ。

3　標本分布のバラつきの程度をどのように評価するのか

標本平均の標準偏差

大数の法則を使えば，標本サイズが大きくなるほど，標本分布のバラつきが小さくなり，標本の平均値が，母平均のよい推定値になることが確認できた。また，図6－5で，標本サイズを大きくしていったときに，標本分布のバラつきが小さくなっていくのを視覚的に表現した。一方で，この標本分布のバラつき具合は，具体的な数値によって評価することもできる。

標本分布のバラつきとは，標本平均の分布のバラつきのことなので，その大きさは標本平均の標準偏差を計算することによって示すことができる。標本平均の標準偏差は，母集団の標準偏差，すなわち，母標準偏差σを「標本サイズnの平方根」で割った次の式によって計算することができる。

$$\text{標本平均の標準偏差} = \frac{\sigma}{\sqrt{n}}$$

例として，受験者500人の中から選んだ30人の標本において，その母標準偏差が5点であれば，標本平均の標準偏差は約0.913 $\left(=\frac{5}{\sqrt{30}}\right)$となる。少しややこしいかもしれないが，この標本平均の標準偏差とは，**「標本平均の平均」からの各標本平均の離れ具合**を表した統計量だ。ちなみに，ふつうに標本標準偏差と表記されている場合は，標本平均からの各データの離れ具合を表した統計量だ。個々のデータの分布と，標本分布（標本平均の分布）の違いが分かっていればイメージしやすいのではないかと思う。

さて，この**標本平均の標準偏差**は，推測統計では非常に重要な統計量だ。それは，**この統計量が，「推定量の精度」を表している**からだ。この式をよく見てみると，分母が$\sqrt{n}$（標本サイズnの平方根）になっているので，標本サイズを大きくすれば，標本平均の標準偏差が小さくなることが分かる。例えば，$s=1$ として，分母の n を4から9に増やせば，標本平均の標準偏差は0.50から約0.33に減少する。もう少し言えば，標本サイズが4倍になれば，標本誤差は半分になる。また，これを視覚的に表現したのが，図6-5である。つまり，標本サイズが増えるにしたがって（$n=1$，$n=5$，$n=30$，$n=100$，$n=500$），標本分布のバラつきが小さくなっていく。**標本平均の分布のバラつきが小さくなると（=標本平均の標準偏差が小さくなる），1回だけの標本から計算した標本平均が，母平均から大きく乖離する可能性が小さくなる。これは，母平均の推定量である標本平均の推定の精度が高まることを意味している。**

標本平均の標準偏差は，本章で扱った母数の「点推定」における推定の精度以外に，母数の「**区間推定**」においても非常に重要な役割を持っている。この「区間推定」ついては，次の第7章でくわしく紹介する。

標本平均の標準偏差の推定値

前節では「標本平均の標準偏差」を示したが，標本平均の標準偏差を知るには，分子の母標準偏差 σ を知っておく必要がある。しかしながら，標本平均の議論と同様に，σ は母集団の特性なので，ほとんどの場合知ることはできない。そこで，代わりに標本標準偏差 s を使った以下のような「標本平均の標準偏差の推定値」（標準的なテキストでは，これを「標本標準誤差」と呼ぶ）が用いられる。

$$\textbf{標本平均の標準偏差の推定値}=\frac{\boldsymbol{s}}{\sqrt{\boldsymbol{n}}}$$

さて，第1節（102頁）で，標本標準偏差 s は次のようになっていた。

$$標本標準偏差：s=\sqrt{\frac{\sum_{i=1}^{n}(x_i-\bar{x})^2}{n}}$$

実は，標本平均と違い，標本標準偏差 s の方は，そのままでは母標準偏差 σ の推定量として使えない。なぜなら，**s の中には標本平均 $\overline{x}$ が含まれており，これ自体がバラつきを持って分布するから**だ（σ の中には母平均 μ が含まれるが，これは定数なので分布しない）。その結果，標本標準偏差 s の方が，母標準偏差 σ よりも小さくなってしまう（*Column* ⑧を参照）。そのため，σ の推定量には，この標本平均 $\overline{x}$ のバラつきまで考慮する必要が出てくる。実は，母標準偏差 σ の推定値として標本標準偏差 s を用いる場合は，以下のように，分母を n ではなく，$n-1$ で割ったものに変えて用いる。

$$
\text{母標準偏差の推定値：}\hat{s}=\sqrt{\frac{\sum_{i=1}^{n}(x_i-\overline{x})^2}{n-1}}
$$

これより，標本平均の標準偏差の推定値は，標準偏差の推定値 $\hat{s}$ を使った以下のような計算式になる。

$$
\textbf{標本平均の標準偏差の推定値}=\frac{\hat{s}}{\sqrt{n}}
$$

ただし，この**第Ⅱ部では，標本サイズが大きいケースである「大標本」を想定している**ので，推定値として標本標準偏差 s と母標準偏差の推定値 $\hat{s}$ のどちらを使っても，それほど大きな差が出ない（推定値の式で，n が十分に大きければ，n と $n-1$ のどちらを使っても，それほど大きな差は出なくなる）。そのため，「大標本」のケースでは，s と $\hat{s}$ を区別しなくてもそれほど問題にはならない。ただし，第Ⅲ部で扱う，標本サイズが小さいケース（「小標本」）の統計的推論では，s と $\hat{s}$ の値に差が出やすくなるので，推定量 $\hat{s}$ を使わなければいけなくなる。とりあえず，この**第Ⅱ部では，標本平均の標準偏差の推定値は，s と $\hat{s}$ のどちらでも用いることができる**，と考えて読み進めてほしい。

第6章のまとめ

- 母集団の特性を，標本から推測することを，統計的推論という。

- 統計的推論の主な目的は「信頼区間の推定」と「仮説検定」である。
  - ・信頼区間の推定：母集団の特性を，幅を持って推定する→第７章
  - ・仮説検定：２つの母集団の特性に差があるかどうかなどを検証する→第８，９章
- 母集団と標本の特性は異なる。また，母集団の特性は定数だが，標本の特性は変数である。

母平均：$\mu = \frac{\sum_{i=1}^{N} x_i}{N}$，標本平均：$\bar{x} = \frac{\sum_{i=1}^{n} x_i}{n}$

母標準偏差：$\sigma = \sqrt{\frac{\sum_{i=1}^{N}(x_i - \mu)^2}{N}}$，標本標準偏差：$s = \sqrt{\frac{\sum_{i=1}^{n}(x_i - \bar{x})^2}{n}}$

- 標本分布とは，「標本平均」の分布である。
- 標本平均と母平均との乖離を「標本誤差」と呼び，この標本誤差への対策は２つある。
  - ・１つの標本に含まれるデータの数を増やす→大数の法則
  - ・１点だけを母平均の推定値とするのではなく，幅を持って推定する→信頼区間の推定
- 大数の法則：標本サイズが大きくなるにつれて，１つの標本から計算される標本平均 $\bar{x}$ の値が，母平均 μ に近づく。
- 標本分布のバラつきは，標本平均の標準偏差によって，具体的な数値で表される。

標本平均の標準偏差$= \frac{\sigma}{\sqrt{n}}$

- 標本平均の標準偏差の推定には，以下の推定値が用いられる

$\left(\text{母標準偏差の推定値：}\hat{s} = \sqrt{\frac{\sum_{i=1}^{n}(x_i - \bar{x})^2}{n-1}}\right)$

標本平均の標準偏差の推定値$= \frac{\hat{s}}{\sqrt{n}}$

- ただし，大標本（n が30以上）の場合は，以下の式を使ってもよい。

$$\left(標本標準偏差：s=\sqrt{\frac{\sum_{i=1}^{n}(x_i-\overline{x})^2}{n}}\right)$$

$$標本平均の標準偏差の推定値=\frac{s}{\sqrt{n}}$$

Column ⑧　標準偏差の推定量

母集団の分布の散らばりを示す，母標準偏差 $\sigma\left(=\sqrt{\frac{\sum_{i=1}^{N}(x_i-\mu)^2}{N}}\right)$ を知るためには，母平均 μ が分かっていなければならない。しかし，一般的に母集団の全てのデータを観測することが難しいことは，これまで何度も述べた。そのため，母平均 μ の代わりに，標本平均 $\overline{x}$ を使って推定する。しかしながら，厳密には，単純に母平均 μ を標本平均 $\overline{x}$ に置きかえた標本標準偏差 $s=\sqrt{\frac{\sum_{i=1}^{n}(x_i-\overline{x})^2}{n}}$ を，母標準偏差 σ の推定量と見なすことには問題がある。どうしてかというと，s に含まれる標本平均 $\overline{x}$ 自身がそもそも分布をもってバラついてしまうからだ。そのため，このバラつきを考慮して σ を推定する必要があり，標本標準偏差 s に，標本平均の標準偏差である $\frac{\sigma}{\sqrt{n}}$ を加えたものを推定量として用いる。

このことを，標準偏差を2乗した分散の形で確かめてみる（平方根をとれば標準偏差に戻る）。母分散 σ^2 の計算式における μ を $\overline{x}$ に置きかえて，さらに $\frac{\sigma^2}{n}$ を加えると，次のようになる。

$$\sigma^2=\frac{1}{n}\sum_{i=1}^{n}(x_i-\mu)^2=\frac{1}{n}\sum_{i=1}^{n}(x_i-\overline{x})^2+\frac{\sigma^2}{n}$$

この式を整理していくと，

$$\left(1-\frac{1}{n}\right)\sigma^2=\frac{1}{n}\sum_{i=1}^{n}(x_i-\overline{x})^2$$

$$\frac{n-1}{n}\sigma^2=\frac{1}{n}\sum_{i=1}^{n}(x_i-\overline{x})^2=s^2$$

となります。これより，$\sigma^2=n/(n-1)s^2$ なので，母分散は標本分散より大きくなることがわかる（平方根をとれば，母標準偏差は標本標準偏差よりも大きいことも言える）。上の式をさらに次のように整理すれば，母分散の推定量が出てくる。

$$\sigma^2=\frac{1}{n-1}\sum_{i=1}^{n}(x_i-\overline{x})^2=\hat{s}^2$$

つまり，母分散が標本分散よりも大きくなるため，標本分散 s を $n-1$ で割ることで調整をしているのだ。

最後に平方根をとれば，母標準偏差の推定量も出てくる。

$$\sigma=\sqrt{\frac{\sum_{i=1}^{n}(x_i-\bar{x})^2}{n-1}}=\hat{s}$$

参考文献

小島寛之『完全独習　統計学入門』ダイヤモンド社，2006年。
西内啓『統計学が最強の学問である』ダイヤモンド社，2013年。
東京大学教養学部統計学教室『統計学入門』東京大学出版会，1991年。
鳥居泰彦『はじめての統計学』日本経済新聞社，1994年。
森棟公夫・照井伸彦・中川満・西埜晴久・黒住英司『統計学　改訂版』有斐閣，2015年。
豊田利久・大谷一博・小川一夫・長谷川光・谷﨑久志『基本統計学（第3版）』東洋経済新報社，2010年。

練習問題

問題1

以下の文章の①～⑤の空欄を埋めなさい。

母集団から，ランダムに得られた標本から計算された平均値を（①　　　　）と呼ぶ。その一方で，母集団の平均値は（②　　　　）と呼ぶ。母集団からは何度も標本を得ることができ，それぞれの標本から（①　　　　）を計算したとき，その分布を（③　　　　）と呼ぶ。1つの標本に含まれる標本サイズを大きくしていくと，（③　　　　）のバラつきは（④　　　　）となり，（①　　　　）は（②　　　　）と一致する。これを（⑤　　　　）と呼ぶ。

問題2

次の3つの標本は，正規分布（母平均76，母標準偏差7.66）からランダムに得られたものである。それぞれの標本の標本平均と標準偏差を計算しなさい（空欄を埋めなさい）。

	標本サイズ		
	30	100	300
標本平均	77.4	75.6	76.2
標準偏差	6.87	7.53	7.79
標本平均の標準偏差推定値			

問題 3

正規分布（母平均5.5，母標準偏差2.1）からランダムに得られた以下の30個のデータから，標本平均と標準偏差を計算しなさい。また，標本平均の標準偏差の推定値も計算しなさい。

4	4	6	7	7	4
7	6	4	4	2	7
5	5	10	10	5	10
7	6	4	7	3	4
7	7	3	3	5	7

問題 4

平均 9，標準偏差3.5の正規分布からランダムに得られた10個のデータがある。

8.3	3.7
8.1	12.2
5.8	8.8
2.2	11.4
8.9	5.6

標本標準偏差 s と，母標準偏差の推定量 $\hat{s}$ をそれぞれ計算しなさい。

標本標準偏差：$s=\sqrt{\frac{\sum_{i=1}^{n}(x_i-\bar{x})^2}{n}}$

母標準偏差の推定量：$\hat{s}=\sqrt{\frac{\sum_{i=1}^{n}(x_i-\bar{x})^2}{n-1}}$

第7章
正解はこのあたりなのか
――母平均の区間推定――

本章のねらい

「このドラマの最終回の視聴率はどのくらいだったのだろうか」「出口調査の結果，この候補者の得票率はどのくらいになりそうか」「世論調査では，この政策（案）の支持率はどの程度か」「プリウスの実際の燃費はどれくらいか」。標本分布の特徴の1つである大数の法則を用いれば，標本平均は母平均のよい推定量（点推定）となることは，前章で明らかになった。しかしながら，標本サイズが大きくても，標本に母集団の一部のデータしか用いていない限り，標本平均と母平均のズレ（標本誤差）がゼロになるわけではない。この章では，母集団の特性を，得られた標本から幅を持って推定する「区間推定」について紹介する。統計的推論の主目的の1つであるこの考え方を使えば，母集団の特性が，95%（もしくは99%）の確率である範囲に入ると推論することが可能となる。

1　日常的に使われる「点推定」と，あまり使われない「区間推定」

標本平均と母平均にはズレがある

第6章では，標本サイズが大きくなれば，標本平均が母平均のよい推定量（＝点推定量）になるという，大数の法則について解説した。この法則に基づいた推定は非常に便利で，多くの人が日常的に，特に意識せずに使っていると思う。例えばテレビ番組を観ていると，たまに「街頭で50人に聞いた結果，朝食を必ず食べる人は7割（70%）でした」というような調査の結果を聞くことがあるだろう。そして，皆さんは，テレビでこのような結果を聞いた際，「日本の国民の70％は朝食をしっかり食べているのか」と思ってしまわないだろうか。

標本分布の考え方をすでに理解している皆さんは，約１億2,000万人の国民からたった50人に聞いた結果であれば，また別の50人に聞けば違う結果が出そうだし，さらに別の50人に聞けば……，というように想像されることだろう。確かに，大数の法則からすれば，１つの標本から計算した標本平均「70％」（標本比率とも呼ぶ）という値は，１億2,000万人に聞いたときの母平均のよい推定値だ。しかしそれでも，**標本誤差（母平均と標本平均との乖離）はゼロとは言えず，いくぶんズレる可能性があると考えるのが自然**である（ただそれ以前に，この結果は，調査方法自体に問題があることに気づいた方も多いのではないだろうか。それは，本来，日本の国民からランダムに50人選ぶべきところを，「街頭」というある１地点のみで行っているために，ランダム・サンプリングになっていないことである。そのため，第５章での内容を思い出してみると，標本の構成が，母集団の構成とズレている可能性が考えられる）。

区間推定がなぜ重要なのか

「朝食を必ずとっているか」のような，直接自分に関係しないような質問（自身の食生活の参考にするかもしれないが，行動するかどうかは任意）であれば，それほど結果に神経質にならなくてもよいのではないか，と思うかもしれない。それでは，もう少し自身に関係してくるような別の例で考えてみよう。あなたが住む市町村（人口数万人以上を想定）で，現在，導入が検討されている新たなゴミの分別ルールについて，「この案を支持しますか」という質問を，市町村の住民からランダムに選んだ100人に行ったところ，指示した人の割合は「54％」だった，というケースならどうだろう。あなたが住む地域の新ルールだから，それが導入されれば，住民であるあなた自身の日常生活にも直接関係してくる。先ほどとは違い，少し真剣に判断する必要があるのではないだろうか。

さて，「支持率54％」だから，過半数以上が新たなゴミ分別ルールに賛成している。実施側の立場に立ってみれば，ランダムに選んだ住民からの調査結果で「過半数」以上の賛成が得られるのであれば，導入を前向きに検討しよう，という後押しと解釈してしまうかもしれない。

しかし，ランダム・サンプリングで100人から回答を得たとしても，別の100人なら59%かもしれないし，また別の100人なら44%と過半数を下回る可能性だって考えられる。そのため，**1回の調査でたまたま出てきた**「住民の54%が賛成している」という結果の54%だけを強調しすぎるのがよくないことは，皆さんならお分かりだと思う。このように**1点だけを母集団の推定量に用いることを，統計学では「点推定」と呼ぶ**。そして，この54%が「点推定値」となる。

もし標本分布の考え方を知らなければ，皆さんもこの「点推定値」である54%を信じてしまうのではないだろうか。だが，大きなサイズの母集団に比べて，私たちが得る標本はそのうちの一部にしか過ぎず，標本平均と母平均の乖離（標本誤差）が発生する可能性はどうしても残ってしまう。そこで，**統計的推論では，各標本の標本平均のバラつき（標本平均の標準偏差）を用いて，母集団の平均（母平均）がほぼ間違いなくこの範囲に入るだろうと**，ある程度の幅をもって推定する。これを「**区間推定**」，あるいは「**信頼区間の推定**」と呼ぶ。

「ほぼ」間違いなくというのは，区間推定を用いた際の母数の的中率に，95%や99%が採用されることが多いためだ。そのため，**5%や1%は「はずれる」可能性があることに注意が必要**だ。ただ，点推定のように「この値になりそうだ」と1点だけを主張するよりは，「この値からこの値の間になりそうだ」と主張する方が，説明が親切だし，調査結果自体も信用してもらいやすくなるのではないだろうか。報道関係の調査機関やアンケート調査会社などは，この「区間推定」の考えを熟知しているため，調査の際は（公表するかは別として）必ず区間推定を行っている。

さて，少し結論の先取りになるが，先ほどの例で，新しいゴミの分別ルールについて，**100人の回答結果**から，支持率が「54%」になっていたが，これを区間推定すると，「**95%の確率で，この新しい分別ルールの（母集団の）支持率は44.2%から63.8%になる**」と推定できる（くわしくは後述の比率の区間推定のところで説明する）。この結果を見ると，「**支持率が過半数である50%を下回る可能性も捨てきれない**」と判断できる。

ちなみに，世論調査などの重要な調査では，1,000人程度を標本サイズに選ぶ場合がほとんどである。このサイズだと，ほぼ正確な推論ができることが分かっているからだ（もちろん，これ以上標本サイズを増やしてもよいのだが，1,000人を超えると，あまり推定の精度が上がらなくなるので，手間と費用を考えると，このサイズが妥当になる）。ここで，同じゴミの分別ルールについて，**1,000人から回答を得たところ**，支持率が同じ「54%」になったとする。これを区間推定すると「**95%の確率で，この新しい分別ルールの支持率は50.9%から57.1%になる**」と推定できる。すると，今度は，「**支持率が過半数を下回る可能性はほぼない**」となり，100人のときとは異なる主張になる。

いかがだろうか。区間推定の重要性が何となく分かるようになったのではないだろうか。今まで何となく信じていた「点推定」による主張が，ちょっと疑わしく思えてきたのではないだろうか。それでは次に，実際の区間推定のやり方について，紹介していきたい。

2　実際に区間推定をしてみる

標本分布のもう1つの便利な性質——中心極限定理

母集団が正規分布していれば，当然，そこからランダムに抽出された標本データ（標本平均ではありません）も正規分布に従う。正規分布に従うデータには，いくつか便利な特徴があることは，第4章で説明した。その中の1つに，次のようなものがあった（平均値をμ，標準偏差S.D.をσで表記）。

正規分布の特徴②

$(\mu-\sigma)$〜$(\mu+\sigma)$ の範囲の相対度数を足し合わせると，0.6827（68.27%）となる。

$(\mu-2\sigma)$〜$(\mu+2\sigma)$ の範囲の相対度数を足し合わせると，0.9545（95.45%）となる。

$(\mu-3\sigma)$〜$(\mu+3\sigma)$ の範囲の相対度数を足し合わせると，0.9973（99.73%）

となる。

この特徴は，データが正規分布していれば，その平均から，±標準偏差の個数分の範囲にどれだけのデータが入っているのかが分かる，というものだ。例えば，平均±標準偏差2個分の範囲内には，約95%のデータが入る。実は本章で紹介する，「区間推定」でも，似たような考え方を使うが，この特徴は，データの分布が正規分布になることが分かっている場合にしか使えないので，注意する必要がある。

第Ⅱ部で扱う標本分布は「標本平均の分布」だ。これは，あるサイズの標本がたくさん得られたとき，それぞれの標本から1つだけ計算される標本平均の散らばりを表したものだった。標本分布が正規分布（または，それに近い形のもの）であれば，上記の特徴を使って，母集団の特性を幅を持って推定することが可能になる。ここでは，証明は省略するが，母集団の分布が正規分布の場合，次のようなことが明らかになっている。

「母集団が正規分布していれば，そこから無作為に得られた標本から計算された標本平均の分布も，正規分布となる。」

この性質は大変便利だが，母集団が正規分布（とその他一部の分布）の場合にしか成立しないことに注意が必要だ。しかし，実際には，母集団の分布が正規分布となるかどうか分からないのが現実だろう。この問題について，標本分布には，第6章の大数の法則とあわせて，もう1つ便利な性質がある。それが「中心極限定理」と呼ばれる，以下のような定理だ。

中心極限定理（central limit theorem）

母集団の分布がどのような分布であっても，標本サイズを大きくしていくと，標本平均の分布は（近似的に）正規分布となる。

何だか難しそうな名前がついてはいるが，つまりは，**標本サイズが大きければ，たとえ母集団の分布が正規分布でなかったとしても，標本平均の分布は正規分布になる**（正規分布に近いものになる），ということを言っている。この定理の証明は難解なので，本書では省略するが，どのような数値データであっても，平均と標準偏差（分散）があれば必ず成り立つことが分かっている。

つまり，「中心極限定理」があるために，十分な標本サイズが確保できてさえいれば，私たちは，**母集団の分布が分からなくても，そこからランダムに抽出した標本をもとに計算した標本平均の分布は正規分布に従う**，と考えて話を進めることが可能になっているのだ。そして，前述の正規分布の特徴②を使えば，母集団の特性（母平均や母標準偏差など）が約95％の確率で，どの範囲からどの範囲の間に含まれているのかを推測することができるのである。それでは，次にいよいよ「区間推定」の方法を解説していこう。

プリウスの実燃費はどのくらいか

皆さんは車の燃費について気にしたことはあるだろうか。近年は，地球温暖化対策などのため，ガソリン消費量を抑制することを目的に厳しい燃費基準が設けられたため，ほとんどの車で燃費が大幅に改善した。また，最近の乗用車の多くは，エコドライブ推進のため，運転者が現在の燃費（瞬間燃費や平均燃費など）を確認できる機能を備えており，以前よりも自身の車の燃費を把握しやすくなっている。

さて，燃費のよい乗用車で，すぐに思い浮かぶのは，トヨタ自動車が販売している「トヨタ・プリウス（PRIUS）」ではないだろうか。電気とガソリンを使い分けて走行するトヨタ・プリウス（初代モデルは1997年発売）は，ハイブリッド車の代表格として，現在，世界93カ国で販売されている。ハイブリッド車は，燃費はよいが，その分本体価格が高いというイメージがあったが，最近では車体価格も下がり，免税・減税制度も適応されたため，ここ何年かで急速に普及が進んだ。また，燃費性能に関しても大幅に改善されてきており，2015年に発売された4代目モデルでは，最もよいもので 40.8 km/ℓ（JC08 モード燃費）

となっている。ガソリン乗用車の平均燃費が21.9km/ℓ（JC08モード燃費，2016年時点，国土交通省HPより）であることから，プリウスは，一般のガソリン車と比較して，2倍くらい燃費がよいことが分かる。

ただし，ここで気を付けなくてはならないのは，自動車会社によって公表されている燃費（一般にカタログ燃費と呼ぶ）と，実際に購入して走ったときの燃費（実燃費と呼ぶ）との違いだ。皆さんの中にも，実際の燃費が，車のカタログに書かれている燃費と大きく違っていて，ショックを受けた人もいるかもしれない。実は，カタログ燃費というのは，国が決めた試験方法に従って計測された値で，実際には，車を試験室内で固定した状態で，決められた走行パターンに沿って走らせて燃費を計測している。この時の走行パターンとは「平坦でまっすぐな道を，渋滞のない状況で，エアコンやオーディオ，ライトなどを一切使わずに走行」という，車にとってはベストな状態で走らせているため，よい燃費が出やすいのだ。

しかし，日常的に運転する場合は，こんなベストな状態で走ることはほとんどない。信号で止まらなくてはいけないし，上り道や下り道，カーブなどもたくさんある。また，エアコンやカーナビなども使用するはずだ。さらに，乗り方も人それぞれだ。そのため，実燃費はどうしてもカタログ燃費を下回る。実燃費データを会員から収集している「e燃費」によると，実燃費は，平均でカタログ燃費から6～7割程度落ちるそうだ（また，カタログ燃費が高いほど，実燃費との乖離が大きくなる傾向にある)。カタログ燃費40.8km/ℓのプリウスの実燃費は，おおよそ23〜24km/ℓと言われている。つまり，カタログ燃費の6割弱だ。これだと確かに，40.8km/ℓを期待して購入した方にはショックなことかもしれない。

それでは，もしプリウスに乗っているドライバーを，ランダムに30人選び，実燃費データを収集できたとする。そして，30人の実燃費の平均値が23.1km/ℓであったとする。この結果から，プリウスの実燃費の平均値は23.1km/ℓと推測してよいだろうか。ここで注意しなければいけないのが，この実**燃費データは，母集団（全国のプリウスの所有者）すべてから集めたものではなく，あくまでその一部である標本データ**であるということだ。そのため，そこから計算した標本平均には，母平均からのズレ（標本誤差）が少なからず発生するはずだ。そうであれば，実燃費の標本平均は23.1km/ℓであると「点推定」の値のみを見るよりは，実燃費の母平均は，この値からこの値の間になる，と標本誤差まで考慮した「区間推定」の値を参考にしておいた方が，買ってからさらにショック（カタログ燃費からの乖離が最初のショック）を受けることも少なくなるはずだ。それでは，30人の標本データから，プリウスの実燃費（母平均）は，実際にどのぐらいの幅で推定されるのだろうか。順を追って説明していきたい。はじめに，区間推定の「幅」と「標本サイズn」の関係から見ていこう。

標本サイズを大きくすれば，予測の幅も小さくできる

幅を使った予測といえば，第4章で，正規分布に従うデータx（平均μ，標準偏差σ）について，以下の特徴があることを紹介した。

正規分布の特徴②

$(\mu-2\sigma)$〜$(\mu+2\sigma)$の範囲の相対度数を足し合わせると，0.9545（95.45%）となる。

これは,

観測されるデータ x の95.45%は，$\mu\pm2\sigma$ の範囲内に入る。

又は,

データ x が観測された時, 95.45%の確率で, それが $\mu\pm2\sigma$ の範囲内に入る。

ということを意味している（前者は「相対度数」，後者は「確率」で表現）。

この特徴は，第Ｉ部でご紹介したデータセットの特徴を把握する際にはとても便利なのだが，この**第Ⅱ部における「区間推定」や，後の第9章で紹介する「差の検定」のような統計的推論では，相対度数（確率）の大きさの部分によりフォーカスするため，小数点を残しておくよりは，区切りのよい95%を使って表現するのが慣例**となっている。そこで，標準偏差 σ の前の部分の数字を修正して，確率部分の小数点（0.45%）を省いておく。

ここで，第4章で紹介したように，正規分布では，平均 μ と標準偏差 σ が分かっていると，あるデータの値（や範囲）がとる相対度数（確率）の大きさを知ることができる（第4章の(4-1)式を利用)。これを利用して，上記の特徴②における $\mu\pm2\sigma$ の区間内の相対度数（確率）の大きさが，「95%」になるように調整すればよいのである。具体的には，**「2σ」のところを，「1.96σ」とすると，$\mu\pm1.96\sigma$ の範囲に入るデータの割合が，ぴったり「95%」になる**（図7－1を参照)。

このようにすれば，正規分布の特徴②は次のように修正される。

正規分布の特徴②′——個々のデータ x

$(\mu-1.96\sigma)\sim(\mu+1.96\sigma)$ の範囲の相対度数を足し合わせると，0.95 (95%) となる。

さて，この特徴は，「個々のデータ x」（平均 μ，標準偏差 σ）に関するものだったが，ここで私たちが対象としているのは，母集団からランダムに抽出され

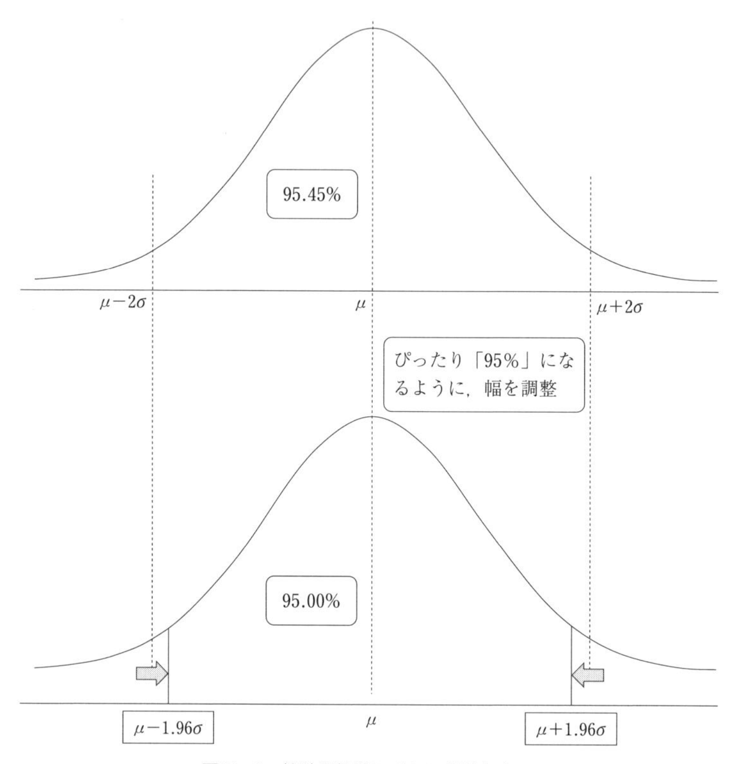

図7-1　統計的推論には95%が使われる

た標本の「標本平均 $\bar{x}$」（平均 μ，標準偏差 $\frac{\sigma}{\sqrt{n}}$）だ。標本サイズ n が大きい場合，中心極限定理により，標本平均 $\bar{x}$ は正規分布に従うと考えてよいことから，上記の特徴②′を「標本平均 $\bar{x}$」に適応させて書き直すと，次のようになる。

正規分布の特徴②″——標本平均 $\bar{x}$

$\left(\mu-1.96\frac{\sigma}{\sqrt{n}}\right)\sim\left(\mu+1.96\frac{\sigma}{\sqrt{n}}\right)$ の範囲の相対度数を足し合わせると，0.95（95%）となる。

この特徴は，

観測される標本平均 $\bar{x}$（標本サイズ：n）の95％が，$\mu \pm 1.96\frac{\sigma}{\sqrt{n}}$ の範囲内に入る。

又は

標本平均 $\bar{x}$（標本サイズ：n）が1つ得られたとき，95％の確率で，その値が $\mu \pm 1.96\frac{\sigma}{\sqrt{n}}$ の範囲内に入る。

ということを意味している。これを不等式で表すと次のようになる。

$$\mu - 1.96 \times \frac{\sigma}{\sqrt{n}} \leq \bar{x} \leq \mu + 1.96 \times \frac{\sigma}{\sqrt{n}} \tag{7-1}$$

さて，それでは少し練習してみよう。仮に，母集団の平均 μ が20で，標準偏差 σ が5であることが分かっていたとする。ここで，母集団は正規分布だとする（よって，123頁で紹介したように，そこから抽出された標本の標本平均の分布も正規分布する）。最初に，標本サイズが1つの場合（$n=1$）を考えてみよう。この場合，観測されたデータ自体が標本平均になる（$x=\bar{x}$）。この標本平均が95％の確率でとる範囲は，上の(7-1)式を使って次のように計算できる。

$$20 - 1.96 \times \frac{5}{\sqrt{1}} \leq \bar{x} \leq 20 + 1.96 \times \frac{5}{\sqrt{1}}$$

$$20 - 9.8 \leq \bar{x} \leq 20 + 9.8$$

$$10.2 \leq \bar{x} \leq 29.8$$

つまり，標本サイズが1つの場合は，その標本平均（といっても，そのままのデータだが）は，95％の確率で，10.2から29.8の範囲のいずれかの値をとると予測できる。しかし，予測の範囲としては広すぎるだろう。それでは，もう少し標本サイズを増やして4個にしてみよう。

$$20-1.96\times\frac{5}{\sqrt{4}}\leq\bar{x}\leq 20+1.96\times\frac{5}{\sqrt{4}}$$

$$20-4.9\leq\bar{x}\leq 20+4.9$$

$$15.1\leq\bar{x}\leq 24.9$$

標本サイズが4つの場合，その標本平均は，95％の確率で，15.1から24.9の範囲のいずれかの値をとると予想で決まる。さらに，標本サイズを増やして，25個（$n=25$）や100個（$n=100$）とすると，それぞれの標本平均は95％の確率で以下の範囲に入る（上を参考に計算してみてほしい）。また，標本サイズ1の場合と4の場合も一緒に並べておく。

標本サイズ1の場合：$10.2\leq\bar{x}\leq 29.8$
標本サイズ4の場合：$15.1\leq\bar{x}\leq 24.9$
標本サイズ25の場合：$18.4\leq\bar{x}\leq 21.6$
標本サイズ100の場合：$19.2\leq\bar{x}\leq 20.8$

さてどうだろう。**標本サイズが1，4，25，100と大きくなるに従って，標本を採ってきたときに得られる標本平均の予測範囲が，だんだんと狭くなっていくのが確認できる。**

さて，この特徴は，これから観測されるデータやその平均値をかなり正確に予測することができるという意味で，とても有益なものだと言える。しかし，ちょっと思い出してほしいのだが，**この特徴が使えるのは「母平均μや母標準偏差σが分かっている場合だけ」**だ。だが，現実にはそういったケースは稀である。実際，標本平均（や標準偏差）がどのような値になるかを予測するよりは，むしろ逆に，それら標本統計量を使って，母平均（や母標準偏差）を推測することを目的とすることがほとんどだ。そして，その方法を紹介するのが，この第Ⅱ部の目的である。

では，どうして先に母平均μや母標準偏差σが分かっているケースでの特徴を紹介したのかというと，実は**この特徴をうまく利用すれば，標本から計算できる標本平均 $\bar{x}$ と標本標準偏差 s さえ分かっていれば，母平均 μ や母標準偏差 σ が入っている範囲を（ある一定の確率で）推測することができるからだ。**

信頼区間を使って，母平均 μ を区間推定する

それでは，未知の母平均 μ を「区間推定」してみよう。ここで，第4章第3節で紹介した標準正規分布を少し思い出してほしい。標準正規分布は，正規分布の基本形とも言われ，各値に対応する相対度数（確率）の大きさを，複雑な計算をすることなく知ることができる（「標準正規分布表」を使って知ることができるが，本書では，平均が0，標準偏差が1の正規分布であるということだけを知っていてもらえれば十分だ）。平均 μ，標準偏差 σ の正規分布に従う変数 x について，

$$z=\frac{x-\mu}{\sigma}$$

という変換をした後の変数 z が従う分布が，平均0，標準偏差1の「**標準正規分布**」となる。また，この変換を「**標準化**」と呼んだ。

さて，**中心極限定理より，標本サイズが大きい場合，母集団の分布がどのようなものであれ，標本から計算される標本平均の分布（標本分布）は正規分布に従う。**第Ⅱ部では，標本サイズが大きい場合を想定しているため，標本分布は正規分布（に近い形）であると考えることができる。そうであれば，標本平均も「標準化」することで，標準正規分布に従うことになる。

母平均 μ，母標準偏差 σ であれば，標本平均 $\bar{x}$ の平均と標準偏差はそれぞれ μ と $\sigma/\sqrt{n}$ となる。これより，標本平均 $\bar{x}$ の標準化は次のようになる。

$$z_{\bar{x}}=\frac{\bar{x}-\mu}{\sigma/\sqrt{n}}$$

ここで，先ほどの(7-1)式を，両辺から母平均 μ を引いて，さらに両辺を $\sigma/\sqrt{n}$ で割ると，次のようになる。

$$-1.96 \leq \frac{\bar{x}-\mu}{\frac{\sigma}{\sqrt{n}}} \leq 1.96 \tag{7-2}$$

これは，**標準化された標本平均** $\boldsymbol{z_{\bar{x}}=\frac{\bar{x}-\mu}{\frac{\sigma}{\sqrt{n}}}}$ **が，95％の確率で，−1.96から1.96の範囲内に入る**，ということを意味している。ちなみに，

$$-2.58 \leq \frac{\bar{x}-\mu}{\frac{\sigma}{\sqrt{n}}} \leq 2.58$$

とすると，これは，標準化された標本平均 $z_{\bar{x}}=\frac{\bar{x}-\mu}{\frac{\sigma}{\sqrt{n}}}$ が，99％の確率で，−2.58から2.58の範囲に入る，ということを意味している。

さて，ここで，標本平均を標準化した(7-2)式を見てほしい。この不等式には，私たちが知りたい母集団の平均 μ が含まれている（標準偏差 σ もだが，ここでは，σ については分かっている，もしくは標本標準偏差 $s=\sqrt{\frac{\sum_{i=1}^{n}(x_i-\bar{x})^2}{n}}$（もしくは，母標準偏差の推定量 $\hat{s}=\sqrt{\frac{\sum_{i=1}^{n}(x_i-\bar{x})^2}{n-1}}$）で置きかえられるケースを想定する。母標準偏差 σ の区間推定については第10章で扱う）。そのため，(7-2)式を整理することにより，(7-1)式の標本平均 $\bar{x}$ が95％の確率で含まれる区間と同じように，母平均 μ に関する区間を表すことができる。具体的には，以下のように整理する。

$$-1.96 \leq \frac{\bar{x}-\mu}{\frac{\sigma}{\sqrt{n}}} \leq 1.96$$

$$-1.96 \times \frac{\sigma}{\sqrt{n}} \leq \bar{x}-\mu \leq 1.96 \times \frac{\sigma}{\sqrt{n}}$$

$$-\bar{x}-1.96 \times \frac{\sigma}{\sqrt{n}} \leq -\mu \leq -\bar{x}+1.96 \times \frac{\sigma}{\sqrt{n}}$$

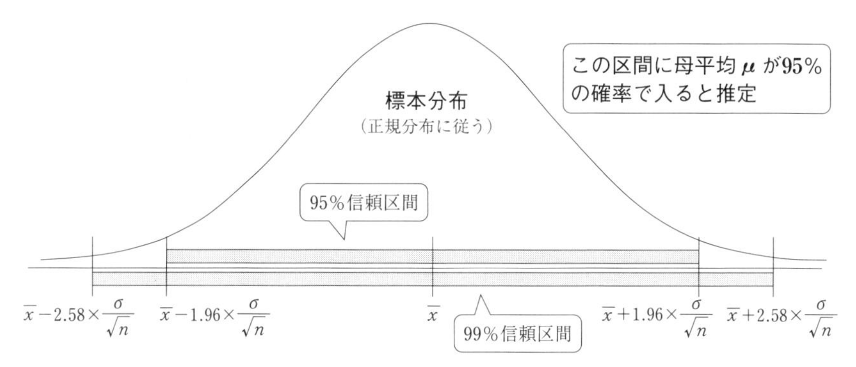

図7－2　95%信頼区間のイメージ

$$\bar{x}+1.96\times\frac{\sigma}{\sqrt{n}}\geq\mu\geq\bar{x}-1.96\times\frac{\sigma}{\sqrt{n}}$$

$$\boldsymbol{\bar{x}-1.96\times\frac{\sigma}{\sqrt{n}}\leq\mu\leq\bar{x}+1.96\times\frac{\sigma}{\sqrt{n}}} \tag{7-3}$$

この(7-3)式は，**標本平均 $\boldsymbol{\bar{x}}$ と母標準偏差 $\boldsymbol{\sigma}$，標本サイズ $\boldsymbol{n}$ が分かっているとき，**（私たちが知りたい母集団の性質の1つである）**母平均 $\boldsymbol{\mu}$ が，95%の確率で，$\boldsymbol{\bar{x}-1.96\times\frac{\sigma}{\sqrt{n}}}$ から $\boldsymbol{\bar{x}+1.96\times\frac{\sigma}{\sqrt{n}}}$ の範囲に入る**，ということを意味する。この(7-3)式を，母平均 μ の「**95%信頼区間**」と呼ぶ（実は，もう少し正確に表現する必要があるのだが，それについては後述する）。

図7－2は，この95%信頼区間のイメージを描いたものだ。標本平均 $\bar{x}$ を中心に，$\pm1.96\times\frac{\sigma}{\sqrt{n}}$ の範囲内に，95%の確率で母平均 μ が含まれていると推論する。ちなみに，「99%信頼区間」は次のようになる。

$$\bar{x}-2.58\times\frac{\sigma}{\sqrt{n}}\leq\mu\leq\bar{x}+2.58\times\frac{\sigma}{\sqrt{n}}$$

ここで，**信頼区間における95%や99%のことを，「信頼係数」と呼ぶ**。信頼係数は，母数が信頼区間の中に含まれるかどうかの的中率を表している。そのため，**信頼係数を大きくすれば，信頼区間の幅も広くなる**。

プリウスの実燃費を区間推定してみる

それでは，「95％信頼区間」を使って，プリウスの実燃費（母平均μ）を区間推定してみよう。プリウスを所持しているドライバーから，ランダムに選んだ30人（標本サイズ：n）の実燃費の平均値（標本平均：$\overline{x}$）が23.1 km/ℓであった。また，母標準偏差σは4.0 km/ℓだと分かっているとする（σの代わりに，30人の標本から計算できる標本標準偏差$s=\sqrt{\frac{\sum_{i=1}^{n}(x_i-\overline{x})^2}{n}}$を使っても構わない）。中心極限定理より，実燃費の平均燃費$\overline{x}$は正規分布（に近い形）になるため，プリウスの実燃費の母平均μは，上の(7-3)式の不等式に当てはめると，

$$23.1-1.96\times\frac{4.0}{\sqrt{30}}\leq\mu\leq 23.1+1.96\times\frac{4.0}{\sqrt{30}}$$

$$23.1-1.96\times 0.730\leq\mu\leq 23.1+1.96\times 0.730$$

$$23.1-1.431\leq\mu\leq 23.1+1.431$$

$$21.67\leq\mu\leq 24.53$$

となる。つまり，**プリウスの実燃費の母平均μは，95％の確率で「21.67 km/ℓから24.53 km/ℓの間である」と推測される**。これより，ランダムに抽出した30人のデータから，実燃費の母平均は，おおよそ21.7〜24.5 km/ℓのあたりだと予測ができるわけだ。このとき，21.67や24.53のような95％信頼区間の両端の値のことを「**信頼限界**」と呼ぶ。

同じように，99％信頼係数を使って，区間推定をすると，

$$23.1-2.58\times\frac{4.0}{\sqrt{30}}\leq\mu\leq 23.1+2.58\times\frac{4.0}{\sqrt{30}}$$

$$23.1-2.58\times 0.730\leq\mu\leq 23.1+2.58\times 0.730$$

$$23.1-1.884\leq\mu\leq 23.1+1.884$$

$$21.22\leq\mu\leq 24.98$$

となる。図7-2でも示したが，99％信頼区間（$21.22<\mu<24.98$）の方が，95％信頼区間（$21.67<\mu<24.53$）よりも，推定の幅が少し狭くなっている。**狭めの**

区間（信頼区間）を推定しておけば，その分，母平均が含まれる確率（信頼係数）も大きくなるのは当然のことである。

3　区間推定の的中率

信頼係数95%の本当の意味

さてここで，信頼区間における信頼係数95%の解釈について，もう少し丁寧に解説しておく必要がある。プリウスの例では，実燃費の信頼区間について，「95%の確率で21.67 km/ℓから24.53 km/ℓの間に入る」という説明をしたが，正確に表現すれば，次のようになる。

「ランダム・サンプリングを何度も繰り返し実行できたとして，得られた複数の標本（30人の実燃費データ）それぞれについて，95%信頼区間を計算すれば，その中に，プリウスの本当の実燃費（母平均）が含まれる割合は95%になる」。

どうだろうか。イメージしづらいかもしれないので，図を使いながら解説してみたい。

まず，**母平均μは，「固定された1つの値」**であるのに対して，**標本平均$\bar{x}$は，「さまざまな値をとりえる変数」**だということを思い出してほしい。母集団の全データの平均が母平均であるため，母平均は必ず1つの決まった値になる。一方の標本平均は，母集団から抽出した一部のデータから計算されるため，標本ごとに値が違ってくる。先ほどの実燃費の例だと，プリウスを所有している全ドライバー（母集団）の実燃費の平均値が母平均なので，値は1つだけ存在する。一方で，母集団から抽出された標本（30人）の実燃費の平均値は，もし別の30人の標本をとれば，また別の値をとりえるので，1つの決まった値にはならない。

さて，**標本平均が，標本ごとにさまざまな値をとるのであれば，標本から計**

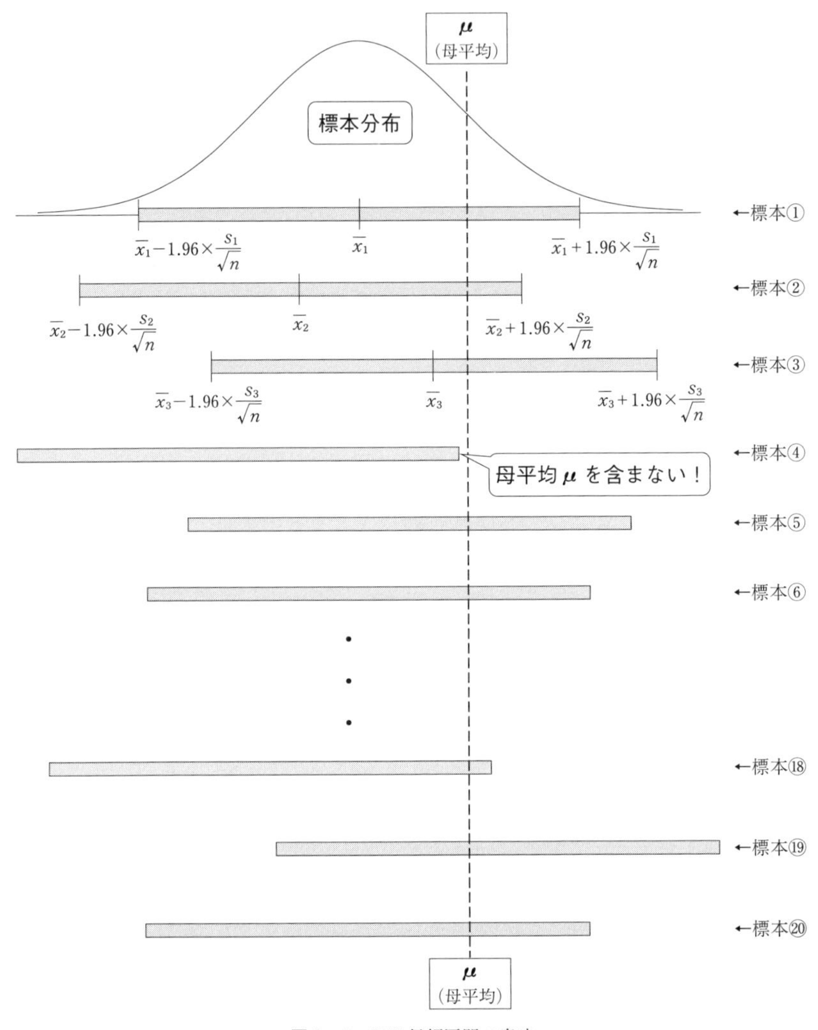

図7－3　95％信頼区間の意味

算される「95％信頼区間」の幅も，標本ごとに違ってくる，ということは容易に想像できるだろう。図7－3は，母集団からランダム・サンプリングを20回行い，20個の標本が入手できたとき，そこから計算される20個の95％信頼区間と，母平均μとの関係を表したものだ（もちろん現実には，1つの標本からの信頼区間しか得られない場合がほとんどだが，95％信頼区間の意味を捉えるために，あえてたくさん標本がとれると考えている）。

標本①〜標本⑳のそれぞれの95％信頼区間は，別々の標本なので，それぞれ違った区間をとる。ここで，縦の点線が本当の平均である母平均μを表しており，これはたった1つの値しかとらない。それぞれの標本から得られた95％信頼区間にこの母平均μが含まれているかどうかを見てみると，ほぼすべて，信頼区間の中に母平均の値が入っている。しかし，標本④の信頼区間のみ，母平均μを含んでいない。つまり，20本の信頼区間のうち，母平均μが区間の外側に出てしまったものが1本だけあったことになる。これを逆に考えると，**「20本中19本の信頼区間が，母平均μを含んでいた」ため，母平均μの区間推定の的中率は95％だと言える。実はこれが信頼係数95％の本当の意味**なのだ。簡単に言えば，信頼係数95％とは「**区間推定の的中率**」のことなのである。

選挙の「当確」と「当選」はどう違うのか——比率の信頼区間

2016年6月，選挙権年齢が20歳から18歳に引き下げられてから初めての国政選挙である衆議院議員通常選挙（参院選）が行われた。年齢の引き下げの目的は，投票率が低い若年層の意見をより多く取り入れようとするものだった。実際，2016年6月の参院選における18歳の投票率は51.17％と，過半数を超えており，最近の国政選挙における20代の投票率が30％〜40％と低迷している状況（2014年の衆議院議員総選挙では，32.58％）からすれば，高い数値が出た（ただし，全年齢の投票率54.70％には届かなかったが）。本書の読者も，高校3年生（18歳）や大学1年生のときに，実際に投票に行ったのではないだろうか。

さて，国政選挙や議員選挙，自治体の首長選挙などの結果は，その後の国民の暮らし方や働き方などに大きく影響してくるため，自然と関心も高くなる。特に国政選挙では，テレビの報道各社が，選挙当日の夕方から選挙の特別番組（選挙特番）を組み，独自の調査に基づいた結果から，競って選挙速報を伝える。こういった選挙特番を観ていると，まだ開票作業がすべて終わっていないにもかかわらず（開票率が数％でも），小気味よいアラーム音とともに「〇〇地区，

××党，△△氏，当選確実」といったテロップが入ってくるのを見たことがあるのではないだろうか。「当選確実」，いわゆる「当確」の情報は，あたかも候補者が「当選」したように伝えられる。しかし，開票作業が終わっていないのに，どうして「当確」が出せるのだろうか。

実は，**「当確」とは，実際の投票用紙の集計作業から分かる「当選」とは違い，報道各社が独自に行う出口調査のデータから，統計的推論によって導き出した結果**にすぎない。各社の調査は投票中に行われるため，開票作業を待たずして結果を示すことができるのだ。そして，重要なことは，統計的推論の結果であるため，当然のことだが，**「当確」には外れる可能性も含まれている**。そのため，**たとえ「当確」が伝えられたとしても，その候補者は，結果的に「落選」することもある，**ということに注意しなければならない。

それでは，「当確」の判定はいったいどのように行うのだろうか。最初に，その判断材料データである出口調査からみていく。出口調査とは，報道各社にアルバイトで雇われた人たちが，投票所の出口付近で待機し，投票を終えて出てきた人にアンケートを行う調査のことだ。アンケートでは，「誰に投票したのか」「（比例区で）どの党に投票したのか」「性別」「年齢」などを聞く。報道各社は，この出口調査から，候補者や政党の得票率，性別や年齢別の投票率などの情報を得ることができる。

選挙権のある全有権者を母集団とすると，出口調査のデータはその一部を利用しているため，標本データと言える。そのため，標本データ（出口調査のデータ）の構成が，母集団（全有権者）と同じような構成になるために，第５章で紹介したランダム・サンプリングを用いる必要がある。出口調査で実際によく用いられるのが「２段抽出法」で，これは以下のようにして行う。

出口調査におけるデータのとり方（２段抽出法）

１段階目：都道府県内の投票所から，ランダムに複数の投票所を選ぶ（例：100カ所）。

２段階目：１段階目で選んだ投票所において，投票を終えた人からランダムに複数人選び，「誰に投票したか」などのアンケートを行う（例：30人）。

この２段抽出法は，第５章で紹介した多段抽出法を，２段階で実施したものだ。例として，１段階目で100カ所，２段階目で30人を選んだ場合，合計で3,000人の有権者から情報を得ることができる。ここで，アンケートの回答者だけでなく，投票所もランダムに選ぶ理由としては，地域によって，候補者や支持政党などに偏りがある可能性があるため，そういった偏りを防ぐためだ。

次に，出口調査データのうち，候補者の得票率に注目する。**得票率とは，投票した人のうち，ある候補者に投票した人の割合（比率）**を表したものだ。具体的には以下のように計算する。

（出口調査における）ある候補者の得票率

＝(ある候補者へ投票した人数)/(出口調査の全対象者)×100　　(7-4)

例として，出口調査で合計1,000人にアンケートを行い，ある候補者に投票した人数が550人であれば，この候補者の得票率は55%（＝550/1000×100）となる。

ここで，前の(7-4)式は，**ある候補者に投票した人を「1」，投票しなかった人を「0」としたときの平均値**になっているのに気づいただろうか。例を使

表７－１　候補者Ａへの投票行動（10人）

	1	2	3	4	5	6	7	8	9	10
投票行動	投票した	投票した	投票してない	投票してない	投票してない	投票した	投票してない	投票した	投票した	投票した
1 or 0	1	1	0	0	0	1	0	1	1	1

って見ていこう。いま，10人の調査対象者がいて，候補者Ａに投票した人が６人，投票しなかった人が４人だったとする。それぞれの投票行動を「１」と「０」で表すと，表７－１のようになる。この「１」と「０」を全て足し合わせて，調査対象人数10人で割ると，次のようになる。

$$\frac{1+1+0+0+0+1+0+1+1+1}{10}=\frac{6}{10}=0.6$$

これは，候補者Ａへ投票した人数を全て足し合わせて，調査対象人数で割っているため，**「足して全体数で割る」平均値と同じ計算**になる。そして，この計算は，候補者Ａへ投票した人数（６人）を，調査対象人数（10人）で割ったものなので，前の(7-4)式と同じく，得票率を求める計算になっている（100をかけてパーセンテージにする必要はあるが）。

このように，**ある行動をとった場合を「１」，それ以外の行動をとった場合を「０」としたデータの平均値を「比率」**と呼ぶ。「ある候補者に投票した／しなかった」「この政策を支持する／支持しない」「エコドライブをしている／していない」「朝食を毎日とる／とらない」など，**「する」or「しない」の２つの結果に分かれたデータを集めた際，それぞれの選択肢の平均値は，全て「比率」**と呼ばれる（日常的に使う場合には，得票率，支持率，割合など，比率にはさまざまな表現がある）。

ここで，「１」or「０」（「する」or「しない」）しかとらないデータは，正規分布には従わない（ベルヌーイ分布という別の分布に従う）。しかしながら，このようなデータをいくつか集めた結果から計算する**「比率」は，標本平均でもある**

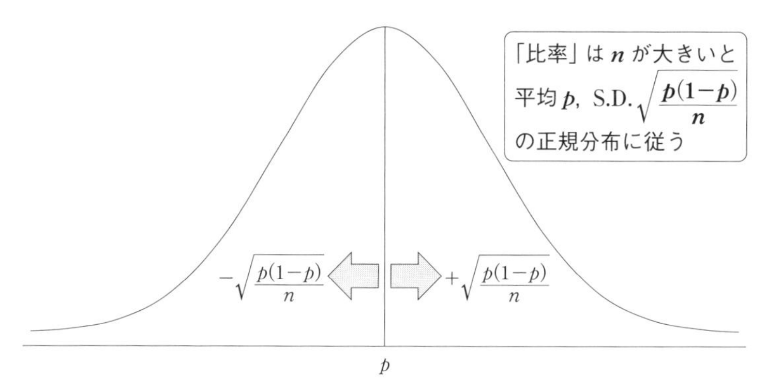

図7－4 「比率」は正規分布に従う（標本サイズnが30以上）

ことから，標本サイズが十分にある（30個以上）場合には，中心極限定理を適用でき，正規分布に従うと考えることができる（正確には，「比率」は2項分布という分布に従うが，標本サイズが大きくなると，正規分布の形状に近づく）。そのため，母平均の区間推定と同じように，母集団の比率（母比率）についても，95％信頼区間を推定することが可能となる。

区間推定をするためには，まず「比率」の平均と標準偏差が必要となる。「1」と「0」だけのデータセット（標本サイズをnとする）のうち，「1」だけを足し合わせて標本サイズnで割ったものを，pとする。つまりは，「比率」のことだ。比率そのものが平均でもあるので，母集団の比率（母集団全てのデータが得られたケース）は，そのままのpとなる。

さて，標準偏差だが，これは$\sqrt{\frac{p(1-p)}{n}}$となる（「比率（平均）」の標準偏差）。もし，**標本サイズnが30以上であれば，「比率」は，図7－4のような，平均p，標準偏差$\sqrt{\frac{p(1-p)}{n}}$の正規分布に近い形状をとる。**

さてここで，選挙におけるある候補者の本当の得票率が「母比率p」に対応する。しかし，母比率pは，全ての有権者にアンケートをしないと知ることはできない。そのため，報道各社は，出口調査のデータから計算した「標本比率p」を使い，以下のように母比率pの信頼区間を推定するのだ。

母比率（本当の得票率 p）の95％信頼区間の推定

Step 1　ある候補者の本当の得票率（母比率）が p であるのに対して，出口調査で得られた得票率（標本比率）を $\hat{p}$ とする。また，標本サイズ（出口調査でアンケートした人数）を n とする。

Step 2　標本比率 $\hat{p}$ と，その標準偏差（つまり，「0」と「1」のデータセットの標本標準誤差）$\sqrt{\frac{\hat{p}(1-\hat{p})}{n}}$ を利用すると，母比率 p の95％信頼区間は，以下のように推定される。

$$\hat{p}-1.96\times\sqrt{\frac{\hat{p}(1-\hat{p})}{n}}\leq p\leq\hat{p}+1.96\times\sqrt{\frac{\hat{p}(1-\hat{p})}{n}} \qquad (7\text{-}5)$$

それでは，例として，出口調査で100人を対象にした結果64人が候補者Ｂに「投票した」と答えたとする。候補者Ｂの本当の得票率 p の95％信頼区間は次のように計算される。

100人中64人が候補者Ｂに投票したので，標本比率 $\hat{p}$ は，

$$\hat{p}=\frac{64}{100}=0.64$$

である。これより，標本比率 $\hat{p}$ の標準偏差 $\sqrt{\frac{\hat{p}(1-\hat{p})}{n}}$ は，

$$\sqrt{\frac{\hat{p}(1-\hat{p})}{n}}=\sqrt{\frac{0.64(1-0.64)}{100}}=\frac{\sqrt{0.64\times0.36}}{10}=\frac{\sqrt{0.2304}}{10}=\frac{0.48}{10}=0.048$$

となる。これより，(7-5)式を利用すると，95％信頼区間は次のようになる。

$$\hat{p}-1.96\times\sqrt{\frac{\hat{p}(1-\hat{p})}{n}}\leq p\leq\hat{p}+1.96\times\sqrt{\frac{\hat{p}(1-\hat{p})}{n}}$$

$$0.64-1.96\times0.048\leq p\leq0.64+1.96\times0.048$$

$$0.546\leq p\leq0.734$$

つまり，候補者Bの本当の得票率pは，95%の確率で54.6%から73.4%の間に入っている，と推定できる。

さて，**選挙で「当選」するには，過半数の得票率があればよいので，私たちの興味は，候補者の得票率が50%を上回るかどうかにある。**これは，出口調査データから，上の手順で推定した候補者の信頼区間において，その下限値が「50%を超えているかどうか」を確認すればよいのだ。その結果，もし下限値が50%を超えているのであれば，その候補者に「当確」を出してもよいと判断する。

ある候補者に「当確」を出すかどうかの判断方法（95%信頼区間を使う場合）

(7-5)式の下限値 $\hat{p}-1.96\times\sqrt{\dfrac{\hat{p}(1-\hat{p})}{n}}$ が次のとき，「当確」を出してもよいと判断，

$$\hat{p}-1.96\times\sqrt{\frac{\hat{p}(1-\hat{p})}{n}}>0.5$$

先ほどの例では，下限値が0.546なので，候補者Bの本当の得票率は過半数を超えており，「当確」を出してもよいと判断できることが分かる。

いかがだろうか。投票終了後の開票作業がほとんど進んでいなくても，報道各社が候補者に「当確」を出せる理由が分かったのではないだろうか。**開票前に行った出口調査の結果から，統計的推論**（比率の信頼区間の推定）**を行えば，開票作業が終わるのを待たずして「当確」を出すことも可能**なのだ。

先ほどの例で，候補者Bの本当の得票率pを，54.6%～73.4%の間であると推定した。この場合，95%信頼区間の下限値である54.6%が，50%を上回っている（0.546>0.500）ため，候補者Bには「当確」を出してもよいと判断することができる。**ただし，「当確」は，あくまで95%信頼区間に基づいた推定であるため，たとえ下限値が0.5以上で「当確」を出したとしても，5%は外れる**（「落選」する）**可能性を含んでいるということには注意が必要**だ。

最後に，第1節（120頁）で取り上げた例を思い出してほしい。ある市町村

(数万人以上を想定) で導入が検討されている「新しいゴミの分別ルール」について，ランダムに選んだ住民100人に「あなたはこの案を支持しますか」と聞いたところ，支持した人の割合は「54%」だった。このとき，住民全員の支持率 p が50%以上だと言ってよいかを，p の95%信頼区間を用いて判断してみよう。

この例も，選挙の「当確」と同じように，p の95%信頼区間の下限値が50%を上回っていれば，住民の過半数以上が「新たなゴミの分別ルール」に賛成しているということができる。さて，ランダムに選んだ100人 ($=n$) の支持率は $\hat{p}=0.54$ で，その支持率 $\hat{p}$ の標準偏差は $\sqrt{\dfrac{\hat{p}(1-\hat{p})}{n}}=0.0498$ だ。これより，住民全員の支持率 p の95%信頼区間は，

$$\hat{p}-1.96\times\sqrt{\frac{\hat{p}(1-\hat{p})}{n}}\leq p\leq\hat{p}+1.96\times\sqrt{\frac{\hat{p}(1-\hat{p})}{n}}$$

$$0.54-1.96\times0.0498\leq p\leq0.54+1.96\times0.0498$$

$$0.442\leq p\leq0.638$$

となる。つまり，住民による「新たなゴミの分別ルール」の本当の支持率 p は，95%の確率で44.2%～63.8%の間にあると推定される。しかしながら，その支持率の下限値0.442が，過半数である0.5を下回ってしまう。つまり，この調査結果からは，「新たなゴミの分別ルール」については，住民の過半数以上の賛成が得られていない，と判断されるのだ。

いかがだろうか。100人を対象とした調査から，支持率が「54%」だったからといって，安易に，住民の過半数以上の賛成が得られていると判断することはできないことが分かったのではないだろうか。

このように，**私たちが直接知ることができない母集団の母数を，幅をもたせて推定する「区間推定」を用いることで，例えば，0.5のように「母数がある値であるかどうか」を，信頼区間の中にその値が含まれているか否かで検証することも可能となる。**次の第8章では，区間推定と並び，統計的推論の2大看板の1つである「仮説検定」について紹介する。

第7章のまとめ

- 標本分布の便利な性質の1つに「**中心極限定理**」がある。これは，**母集団の分布がどのような分布であっても，標本サイズを大きくしていくと，標本平均の分布は（近似的に）正規分布に従う**，ことを保障してくれる。
- 標本サイズが十分に大きいとき，母平均μと母標準偏差σが分かっているなら（σが分からない場合は，標本標準偏差sで代用），中心極限定理により，標本平均$\bar{x}$は，95%の確率で以下の不等式の範囲になると予測できる（nは標本サイズ）。

$$\mu-1.96\times\frac{\sigma}{\sqrt{n}}\leq\bar{x}\leq\mu+1.96\times\frac{\sigma}{\sqrt{n}} \quad (7\text{-}1)$$

- 現実には，母平均μや母標準偏差σは分からないので，標本を使ってこれらを推定する。このとき，得られた標本平均の誤差まで考慮し，母平均μを幅をもたせて推定することを「**区間推定**」と呼ぶ。そのときの推定された区間を「**95%信頼区間**」と呼ぶ。
- 母標準偏差σが分かっているとき（もしくは，標本標準偏差sで置きかえ可能な場合），標本平均$\bar{x}$を使って，**母平均μを，以下の95%信頼区間によって推定することができる。**

$$\bar{x}-1.96\times\frac{\sigma}{\sqrt{n}}\leq\mu\leq\bar{x}+1.96\times\frac{\sigma}{\sqrt{n}} \quad (7\text{-}3)$$

- 選挙の得票率や，政策の支持率など，母集団の「比率」pを推定したい場合，標本比率$\hat{p}$を使って，以下の「**母比率の95%信頼区間**」を用いることができる（ただし，標本サイズnが30以上の場合）。

$$\hat{p}-1.96\times\sqrt{\frac{\hat{p}(1-\hat{p})}{n}}\leq p\leq\hat{p}+1.96\times\sqrt{\frac{\hat{p}(1-\hat{p})}{n}} \quad (7\text{-}5)$$

Column ⑨　MPG イリュージョン

本章でプリウス（PRIUS）の燃費を取り上げたので，燃費に関する少し興味深い研究を紹介する。近年，乗用車も環境に気をつかうエコカー主導の時代となり，新車販売台数の統計を見ても，燃費のよいコンパクトカーやハイブリッド車などの販売が好調なのが分かる。皆さんも，車を買いかえる際には，環境のことも考慮して，燃費も判断材料の1つにされるのではないだろうか。しかし，この車の燃費（km/ℓ）は，少し誤解を招きやすい指標になっている。

例えば，燃費が7km/ℓと18km/ℓの車のうち，どちらがガソリンを節約できるか。と問われると，迷わず後者の18km/ℓだと答えるはずだ。しかし，燃費が7km/ℓ→9km/ℓへの買いかえと，燃費が18km/ℓ→42km/ℓへの買いかえでは，どちらがガソリンの節約になるかと問われると，どうだろうか（走行距離，乗り方などは変化しないとする）。多くの人は，後者の18km/ℓ→42km/ℓと答えるかもしれないが，正解は，どちらも同じ節約額となる（100km走行すると，どちらも約3.174ℓの節約）。

これは，アメリカのデューク大学のラリック（Richard P. Larrick）教授が，2008年に *Science* 誌に発表したもので，**多くの人々は，ガソリンの燃費（km/ℓ）の改善に対して，比例関係で節約（燃費が1単位改善すると，常に一定量ガソリンが節約）できると錯覚している**ことから，燃費が「7km/ℓ→9km/ℓへの買いかえ」を過小評価，「18km/ℓ→42km/ℓへの買いかえ」を過大評価している傾向を明らかにした研究だ（実際は，燃費の逆数（ℓ/km）に対して比例関係）。アメリカの燃費がMiles Per Gallon（MPG）であることから，この現象は“**MPG イリュージョン**”と呼ばれている。この現象により，自動車の販売が，非常に燃費のよいプリウスなどのハイブリッドカーと，非常に燃費の悪いハマーなどの車に2極化する現象が観察されており，自動車の省エネ化への弊害の1つとなっていると指摘されている。

参考文献

栗原伸一『入門　統計学――検定から多変量解析・実験計画法まで』オーム社，2011年。
小島寛之『完全独習　統計学入門』ダイヤモンド社，2006年。
蓑谷千凰彦『推測統計のはなし』東京図書，1997年。
大屋幸輔『コア・テキスト統計学』新世社，2012年。

豊田利久・大谷一博・小川一夫・長谷川光・谷﨑久志『基本統計学（第３版）』東洋経済新報社，2010年。

練習問題

問題１

以下の文章の①～④の空欄を埋めなさい。

母集団から，ランダムに100個のデータを観測し，その平均（標本平均）を母集団の平均（母平均）だと考えることを（①　　　　）推定と呼ぶ，これに対して，この標本平均のバラつきまで考慮し，ある程度の幅を持って推定することを，母平均の（②　　　　）推定，あるいは（③　　　　）の推定と呼ぶ。

標本サイズ n が十分に大きいとき，標本平均 $\bar{x}$ と標本標準偏差 s から計算される以下のような区間を，母平均の（④　　　　）と呼ぶ。

$$\bar{x}-1.96\times\frac{s}{\sqrt{n}}\leq\mu\leq\bar{x}+1.96\times\frac{s}{\sqrt{n}}$$

問題２

ある大学において，学食でのランチの利用金額を調査するため，学食利用者の中からランダムに選んだ学生200人にインタビューを行った。その結果，平均金額は482.0円，標準偏差は76.5円であった。学生の学食でのランチの利用金額の95％信頼区間を求めなさい。

問題３

じゃんけんは，理論上，グー，チョキ，パーの３種類の手が等確率に出るゲームとなっている。ランダムに選ばれた200人にじゃんけんをしてもらい，それぞれが出した手の比率（標本平均）が表に示されている。これを用いて以下の問いに答えなさい。

	比　率
グー	0.38
チョキ	0.29
パー	0.33

①理論上，グーが出る確率はいくらか？

②表のグーが出る比率（標本平均）を用いて，母比率の95％信頼区間を計算しなさい。

問題4
選挙において，3人（Aさん，Bさん，Cさん）の候補者が立候補した。出口調査において，150人に誰に投票したのかを聞いた結果が表に示されている。以下の問いに答えなさい。

	得票率（平均値）	標準偏差
Aさん	0.57	
Bさん	0.26	
Cさん	0.17	

①それぞれの候補者の標準偏差を求めなさい（小数点以下第3位まで）。
②候補者Aさんの得票率の95％信頼区間を求めなさい。
③②の結果より，候補者Aさんに「当確」を出してもよいだろうか。理由も答えなさい。

第8章
本当に差はあるのか
――仮説検定の基本――

本章のねらい

統計的推論の2大代表格は「区間推定」と「仮説検定」だ。本章では，「仮説検定」の基本的なアイデアを紹介し，第7章の「区間推定」との関係について解説する。区間推定と同じく，仮説検定も，標本データを用いて母集団の特性である母数（母平均や母標準偏差など）を推論する方法の1つだが，区間推定が母数の取り得る値の範囲を推定しているのに対して，仮説検定は，母集団の特性がある特定の値をとるかどうかを客観的に示す方法である。

1　こうなってほしくない結果を否定する

帰無仮説と対立仮説

ここで，統計的推論について振り返っておこう。まず前提として，私たちがふだん目にするデータの背後には，実は膨大なデータ（母集団）があって，その中のほんの一部のデータ（標本データ）だけが観測できているという考えから始まる。そして，実際に観測できる標本データから，その背後に広がる母集団の特徴をどうにか推測できないだろうかという疑問から，第7章の「区間推定」と，本章で紹介する「仮説検定」が生み出された。「区間推定」は，得られた標本データに基づいて，母集団の特性（母平均など）がほぼ間違いなく（95% or 99%）この範囲に入るだろうと，ある程度の幅を持って推定する方法だが，それに対して，**「仮説検定」は，母集団の特性である母平均などが，ある特定の値をとるかどうかを検証する方法**だ。

それでは，仮説検定について，第７章の選挙の得票率を例として説明してみたい。出口調査で，100人を対象にどの候補者に投票したかを聞いた結果，候補者Ｂに「投票した」と回答したのが64人だった（つまり，得票率は64%）。このとき，候補者Ｂに「当確」を出しても大丈夫だろうか。もし「当確」を出したいのであれば，母集団の得票率が50%を上回っている必要がある。逆に50%を下回れば「当確」を出すべきではないだろう。

ここで，調査対象の100人の回答は，有権者全体のほんの一部の標本データである。そのため，別の100人に調査をすれば違った得票率になるだろうし，さらに別の100人に調査すれば，前の２回とはまた違う得票率になるかもしれない。第７章では，このような標本ごとの得票率のバラつきを考慮し，観測できた１回の標本データから，本当の得票率がほぼ間違いなく含まれるであろう区間（95% or 99%信頼区間）を推定し，その下限値が0.5を上回っていた場合に「当確」を出すということを紹介した。ここでは，同じ問いに対して，仮説検定を用いて検証してみよう。

仮説検定では，いったん成り立ってほしい仮説と相反する仮説を立て，それを否定（棄却）することで，成り立ってほしい仮説を証明する，というちょっと面倒くさそうな方法をとる。このような方法を数学では背理法と呼ぶ。この選挙の「当確」判断の是非を問う例の場合，「当確」を出してよいこと（つまり，本当の得票率が0.5以上である）を証明したいので，それと相反する，「当確」

を出してはいけない（本当の得票率が0.5未満である）という仮説を否定すればよい。このような，**成り立ってほしい仮説と相反する仮説のことを，統計学では「帰無仮説」と呼ぶ**。ちなみに，**成り立ってほしい方は「対立仮説」と呼ぶ**。それでは，どのようにしてこの「帰無仮説」を否定すればよいのだろうか。

仮説検定の方法

「当確」を出すことができないのは，本当の得票率 p（母比率）が0.5未満になっているときだ。それでは，仮に**候補者Bの本当の得票率 $\boldsymbol{p}$（母比率）が0.45だと仮定しよう**。これは成り立ってほしくない仮説なので，「帰無仮説」となる。母標準偏差 σ は帰無仮説のもとでの p（$=0.45$）より，$\sqrt{\frac{p(1-p)}{n}}=\sqrt{\frac{0.45(1-0.45)}{100}}\cong 0.0497$ となるため（区間推定では，本当の得票率 p の標準偏差は未知だとして，出口調査での得票率 $\hat{p}$ の標準偏差を使ったが，ここでは帰無仮説が正しい状況での標準偏差なので，計算可能なことに注意），95％の確率で標本が取り得る得票率 $\hat{p}$ の範囲は，以下のように標準化した形から計算することができる（出口調査の対象が30人以上のため，得票率は正規分布すると考えてよい）。

$$-1.96\leq\frac{p-\hat{p}}{\sigma}\leq 1.96 \tag{8-1}$$

$$p-1.96\sigma\leq\hat{p}\leq p+1.96\sigma$$

$$p-1.96\times\sqrt{\frac{p(1-p)}{n}}\leq\hat{p}\leq p+1.96\times\sqrt{\frac{p(1-p)}{n}}$$

$$0.45-1.96\times 0.0497\leq\hat{p}\leq 0.45+1.96\times 0.0497$$

$$0.353\leq\hat{p}\leq 0.547$$

さて，出口調査で100人に聞いたところ，候補者Bに投票したという人の割合（標本比率）は0.64だった。しかし，この0.64は，上の範囲には含まれていない。実はこれが仮説の是非を判断する重要な意味を持っているのである。こ

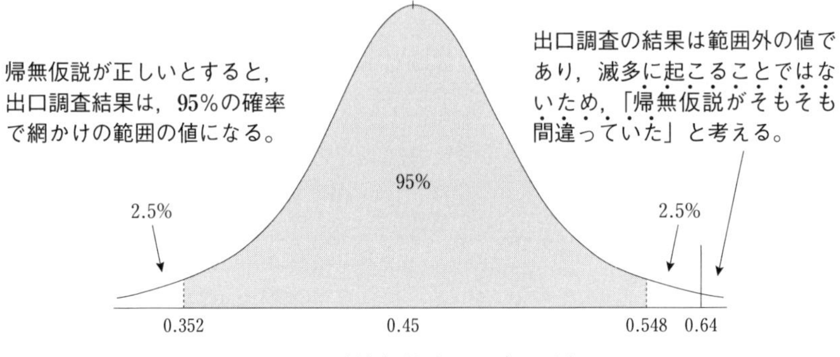

図8-1　帰無仮説（p=0.45）の分布

のことをもう少しくわしく書くと，**帰無仮説として本当の得票率0.45だと仮定すると，出口調査で100人に聞けば，95%の確率で得票率は0.352から0.548の間の値をとるにもかかわらず，実際の出口調査では，その範囲外である0.64という得票率が出てしまったということである**（図8-1を参照）。

これは，本当の得票率が0.45だとしたら，めったに起きないことが，1回の出口調査で起こってしまったことを意味する。つまり，**帰無仮説が正しいときなら，滅多に起きないようなことが起こってしまったので，そもそも最初に立てた仮説が間違いだったんじゃないか，と判断して，帰無仮説を否定するのだ。**

このようにして帰無仮説を否定することを，統計学では「**棄却する**」という。帰無仮説が棄却されたということは，本当の得票率は0.45ではなかったということを意味する。つまり，本当の得票率はp以外の値になるという「対立仮説」の方が証明されたのだ。このように，**成り立ってほしくない仮説（帰無仮説）のもとでの母数の推定量（$\hat{p}$）の分布に，一定の確率以下でしか観測された値（上の例では，候補者Bの得票率0.64）が含まれないことを判断基準として帰無仮説を棄却する方法を，統計学では「仮説検定」と呼ぶ。**

2　棄却されずに残った母数の集まりが信頼区間

仮説検定における信頼区間の意味

さて，仮説検定によって，本当の得票率 p が0.45ではないことが分かったが，それでも母数が0.5以上であるとは言い切れていない。なぜなら**0.45は棄却できたが，これはあくまで $\boldsymbol{p}$ が0.45でなく，それ以外の値をとることを主張しているだけで，当確を出すことができない $\boldsymbol{0.45<p<0.5}$ の範囲の値はまだ検証できていないからだ。**上の仮説検定では，標本比率が0.64だったので，母数も0.45よりは高いことが予想される。そこで今度は，次の3つの値が本当の得票率（母比率）だと言えるか，仮説検定をしてみよう。

$$p=0.49,\ \ p=0.54,\ \ p=0.60$$

1つ目の0.49は，先ほどの0.45と同じく棄却されれば，「当確」は出せない。一方で，2つ目と3つ目の0.54と0.60では，もし帰無仮説が棄却されなければ「当確」と判断してもよいだろう。

それでは，上と同じように，帰無仮説のもとで，標本が取り得る得票率 $\hat{p}$ の95%の範囲を計算してみると，それぞれ以下のようになる。

帰無仮説 $\boldsymbol{p=0.49}$

$$p-1.96\times\sqrt{\frac{p(1-p)}{n}}\leq\hat{p}\leq p+1.96\times\sqrt{\frac{p(1-p)}{n}}$$

$$0.49-1.96\times0.050\leq\hat{p}\leq0.49+1.96\times0.050$$

$$0.392\leq\hat{p}\leq0.588$$

帰無仮説 $\boldsymbol{p=0.54}$

$$0.54-1.96\times0.0498\leq\hat{p}\leq0.54+1.96\times0.0498$$

$$0.442\leq\hat{p}\leq0.638$$

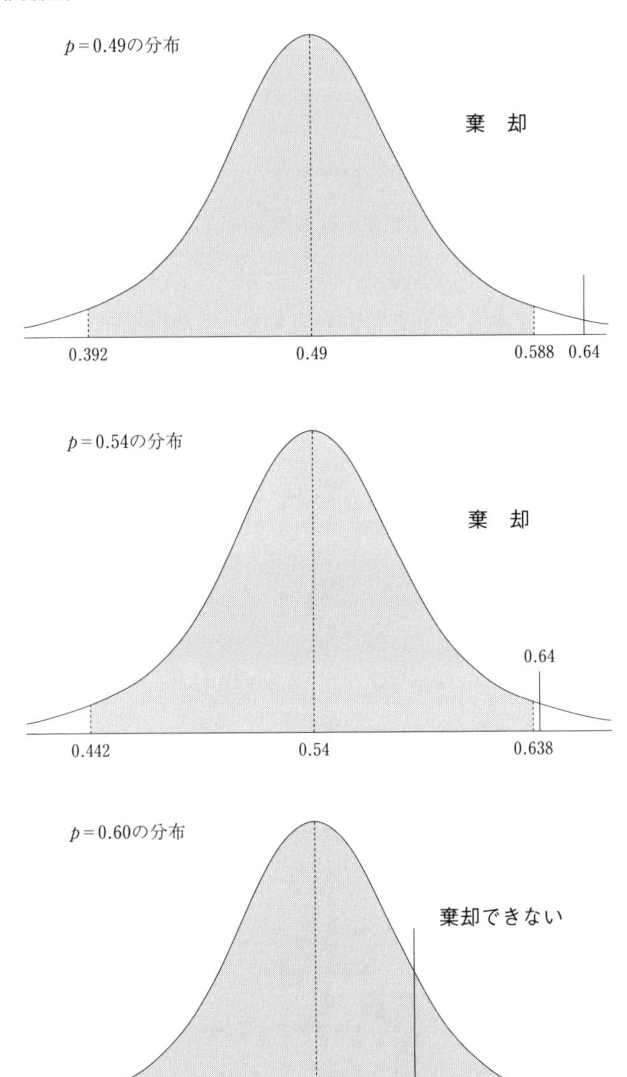

図8-2　帰無仮説（$p=0.49$, $p=0.54$, $p=0.60$）での，それぞれの検定結果

帰無仮説 $p=0.60$

$$0.60-1.96\times0.049\leq\hat{p}\leq0.60+1.96\times0.049$$

$$0.504\leq\hat{p}\leq0.696$$

さて，３つの区間のうち，出口調査で得られた候補者Ｂの得票率0.64を含むのは，帰無仮説において，母数pを0.60とした分布のケースのみである（図８－２の下図）。このケースでは帰無仮説は棄却できない。一方で，帰無仮説において母数pを0.49と0.54とした分布では，0.64を含まないため（図８－２の上図と中図），帰無仮説は棄却される。これより，候補者Ｂの本当の得票率（母比率）は，少なくとも0.54よりは大きそうだと言えるため（0.5を超えているので）「当確」を出してもよいと判断する。ただし，**５％は外れる可能性が残っていることに注意が必要だ。**

さて，この例のように，母数pを0.45，0.49，0.54，0.60のように値を大きくしていくと，**ある値以上になれば，仮説検定をしても帰無仮説が棄却されなくなっている**ことに気づくと思う。図８－２より，そのある値はおおよそ0.54付近だと予想できる。つまり，0.54より大きな母数を帰無仮説にすれば，棄却されなくなるのである。ただし，大きすぎると再び棄却されるようになる。図８－３は，母数pが0.70，0.74，0.80の３つのケースを帰無仮説として，仮説検定を行った結果を表したものだ。図より，母数pが0.70の分布では，出口調査での標本比率 $\hat{p}=0.64$ は含むため，帰無仮説は棄却されないが，0.74と0.80のケースでは，ともに0.64を含まないため，棄却という結果になっている。つまり，本当の得票率pは，少なくとも0.74よりは大きくはないという判断ができる（ただし，これも５％の確率で外れる可能性を含む）。

以上のことをまとめると，次のようになる。それは，仮説検定を，各母数について小さい値から順番に実行していくと，おおよそ0.54を超えたあたりから，帰無仮説が棄却されなくなり，おおよそ0.74を超えたあたりから，再び帰無仮説が棄却されるようになる。つまり，棄却されなかった0.55から0.74の範囲に候補者Ｂの本当の得票率pがあると予想できる（もちろん，0.5を超えた範囲の

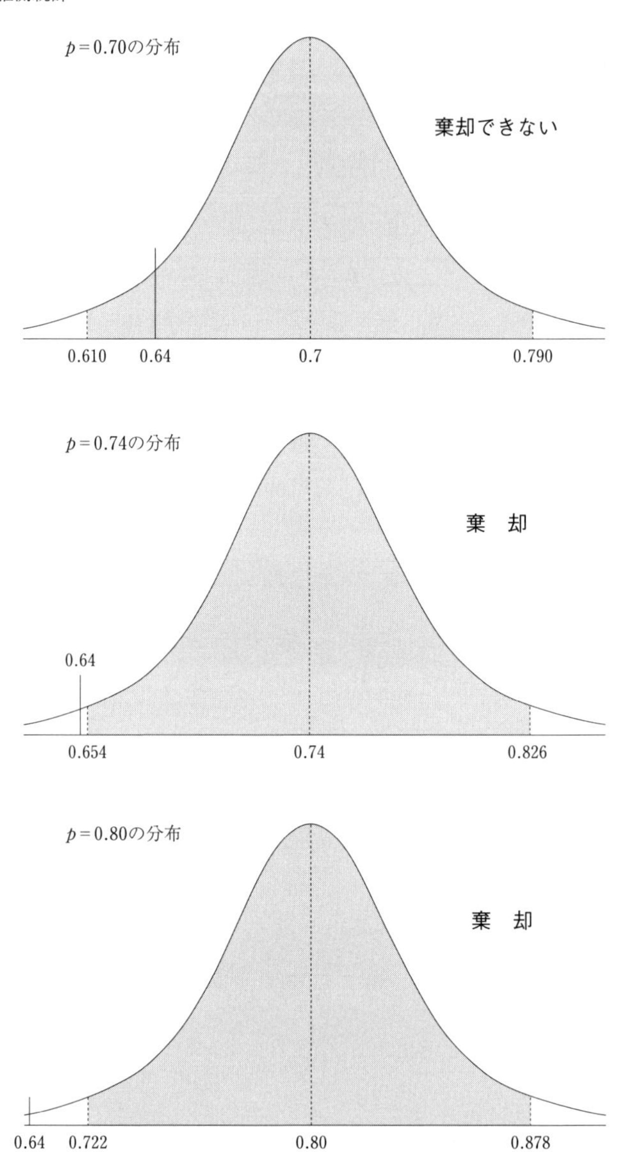

図8-3　帰無仮説（p=0.70, p=0.74, p=0.80）での，それぞれの検定結果

値なので，「当確」と判断できる）。

では，**この棄却されずに残ったものの集まり**，とは何だろうか。実はこれが，第7章で説明した**区間推定における「信頼区間」**なのだ。第7章では，出口調査の結果，候補者Bの得票率 $\hat{p}$ が0.64となり，この観測されたデータに基づいて，可能性として残る本当の得票率 p の取りえる範囲を示したのが，次の95%信頼区間だった。

$$\hat{p}-1.96\times\sqrt{\frac{\hat{p}(1-\hat{p})}{n}}\leq p\leq\hat{p}+1.96\times\sqrt{\frac{\hat{p}(1-\hat{p})}{n}}$$

$$0.64-1.96\times0.048\leq p\leq0.64+1.96\times0.048$$

$$0.546\leq p\leq0.734 \tag{8-2}$$

さて，上で行った仮説検定で棄却されなかった範囲を再び示すと，0.55から0.73だった。実はもう少し細かく仮説検定を行っていくと，棄却されない範囲はちょうど(8-2)式と一致する。つまり，**信頼区間とは，「仮説検定」を全ての母数に対して実行し，その結果，棄却されずに残ったものの集まりである**，と言えるのだ。言い方を変えれば，**信頼区間とは，母数として否定しきれない仮説の範囲である**，とも言えるのだ。

標準化の形から直接検定する方法

上で説明したように，仮説検定を行うには，母集団が正規分布に従っていて（もしくは，正規分布に近い），その母数をある値だと仮定（帰無仮説）したときの分布から，データの取り得る範囲（95% or 99%）を計算し，その中に観測データが含まれるかどうかによって仮説の成否を判断した。もしその範囲に観測データが含まれていなければ帰無仮説を棄却し，含まれていれば棄却できない（採択する）という結果となる。

さて，上では，仮説検定と区間推定との関係を示すために，このような観測データが取りえる範囲を計算する仮説検定の方法を紹介したが，実際には，わざわざ範囲を計算しなくても，データを標準化した数値である(8-1)式から，

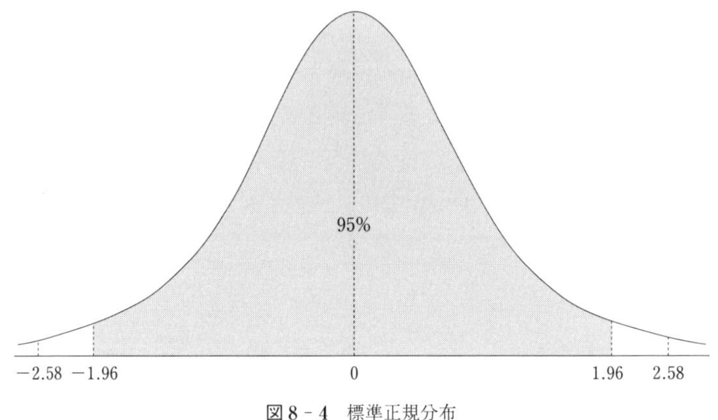

図8－4　標準正規分布

(帰無仮説のもとで）観測データが発生する確率が，一定の値（5％ or 1％）以下になるかどうかを判断して検定することも可能である。

母集団の平均をμ，母平均μの標準偏差を$\frac{\sigma}{n}$とすると（nは標本サイズ），標本データから計算した標本平均$\bar{x}$を標準化したz $\left(=\frac{\bar{x}-\mu}{\sigma/n}\right)$は，標本サイズが十分に大きい場合，平均０，S. D. １の標準正規分布に従った（中心極限定理より）。そして，このzが以下の範囲をとる確率が95％であった。

$$-1.96 \leq \frac{\bar{x}-\mu}{\sigma/n} \leq 1.96 \text{ もしくは，} -1.96 \leq z \leq 1.96 \qquad (8\text{-}3)$$

これを図で表したのが，図８－４である（ちなみに，zが99％の確率でとる範囲は$-2.58 \leq z \leq 2.58$）。さて，いま母標準偏差σが分かっている（もしくは標本から推定できる）として，母平均μがある値であるかどうかを仮説検定したい。

その方法は，まず**標本調査（十分に大きな標本サイズ）によって得られたデータから計算した標本平均$\bar{x}$から，それを標準化したz $\left(=\frac{\bar{x}-\mu}{\sigma/n}\right)$を計算し，その$z$の値が(8-3)式の範囲に入るかどうかによって判断すればよい。**

もしzが$-1.96 \leq z \leq 1.96$の範囲に入るのであれば，帰無仮説は棄却されず，

反対に z が範囲外の値をとるのであれば，それは帰無仮説のもとでは滅多に起こりえない（5％の確率でしか起こりえない）ことが起こったとして，帰無仮説を棄却する。

それでは，先ほどの出口調査の結果をこの方法で検定してみよう。100人の出口調査で得られた候補者Bの得票率 $\hat{p}$ は0.64だった。帰無仮説は，この候補者Bの本当の得票率 μ が0.45と設定していた。そのため，帰無仮説のもとでの μ の標準偏差は $0.0497\left(=\sqrt{\frac{p(1-p)}{n}}=\sqrt{\frac{0.45(1-0.45)}{100}}\right)$ なので，得票率 $\hat{p}$ を標準化した値 $z=\frac{\hat{p}-\mu}{\hat{\sigma}}$ を計算すると次のようになる。

$$z=\frac{\hat{p}-\mu}{\hat{\sigma}}=\frac{0.64-0.45}{0.0497}\cong 3.823(\geq 1.96)$$

よって，z は(8-3)式の範囲には入らないため，本当の得票率が0.45という帰無仮説は棄却される。この結果は（当然だが）第1節の結果と一致する。表8-1は，本当の得票率 μ を0.01ずつ増やしていき，それぞれの μ に対応する z の値を示したものである。表より，本当の得票率 μ が0.54までは，z の値が(8-3)式の範囲外（1.96より大きい）となるため，帰無仮説は棄却される。さらに，μ が0.74以上の場合も，z の値が範囲外（-1.96 より小さい）のため，

表8-1　帰無仮説のもとでの（それぞれの μ に対応する）z の値

本当の得票率 μ	z
0.45	3.958
0.46	3.750
0.47	3.542
0.48	3.333
0.49	3.125
0.50	2.917
0.51	2.708
0.52	2.500
0.53	2.292
0.54	2.083
0.55	1.875
0.56	1.667
0.57	1.458
0.58	1.250
0.59	1.042
0.60	0.833
0.61	0.625
0.62	0.417
0.63	0.208
0.64	0.000
0.65	−0.208
0.66	−0.417
0.67	−0.625
0.68	−0.833
0.69	−1.042
0.70	−1.250
0.71	−1.458
0.72	−1.667
0.73	−1.875
0.74	−2.083
0.75	−2.292
0.76	−2.500
0.77	−2.708
0.78	−2.917
0.79	−3.125
0.80	−3.333

帰無仮説が棄却されるので，0.54以下と0.74以上は，本当の得票率μであるとは言えない。一方で，μが0.55から0.73では，zは(8-3)式の範囲内（−1.96から1.96の間）に入るため，帰無仮説は棄却されない。そのため，本当の得票率μはこの範囲にあると言える。そしてもちろん，**この棄却されずに残る範囲は，(8-2)式にある95%信頼区間と一致する。**

第8章のまとめ

- 「**仮説検定**」とは，母集団の特性が，ある特定の値をとるかどうかを検証する方法である。
- 仮説検定では，成り立ってほしい仮説とは相反する仮説を立て，それを棄却することで，成り立ってほしい仮説を証明する。相反する仮説のことを「**帰無仮説**」，成り立ってほしい仮説を「**対立仮説**」と呼ぶ。
- 正規分布する（もしくは正規分布に近い形）の母集団の平均をμ，標準偏差をσとする（σは分かっている，もしくは標本から推定可能だとする）。μがある値であるかどうか（帰無仮説が正しいかどうか）を，この母集団から観測されたデータxに基づいて検定する場合，**帰無仮説が正しいもとで，xが，観測データが95%の確率で含まれる以下の範囲に入っていれば，帰無仮説を棄却せず，入っていなければ帰無仮説を棄却する。**

$$\mu-1.96\times\sigma\leq x\leq\mu+1.96\times\sigma$$

もしくは，**標準化したデータz $\left(=\frac{x-\mu}{\sigma}\right)$の値が，以下の範囲に入っていれば帰無仮説は棄却せず，入っていなければ帰無仮説を棄却する。ただし，5%は外れる可能性があることに注意する。**

$$-1.96\leq z\leq 1.96$$

- 母平均 μ の仮説検定（標本サイズが十分に大きいとき）
  標本サイズ n が十分に大きい場合，中心極限定理より，標本平均 $\bar{x}$ の分布は正規分布に（近いものに）なる。**μ がある値であるという仮説**（**帰無仮説**）**を検定**する。標本データの標準偏差を s とすると，標本平均 $\bar{x}$ の標準偏差は $\frac{s}{\sqrt{n}}$ で表される。これより，**$\bar{x}$ が95%の確率で含まれる以下の範囲に入っていなければ帰無仮説を棄却し，入っていれば帰無仮説を採択する。**

$$\mu - 1.96 \times \frac{s}{\sqrt{n}} \leq \bar{x} \leq \mu + 1.96 \times \frac{s}{\sqrt{n}}$$

もしくは，**標準化した z** $\left(= \frac{\bar{x} - \mu}{s/\sqrt{n}} \right)$ が，以下の範囲に入っていれば帰無仮説は棄却せず，入っていなければ帰無仮説を棄却する。ただし，５%は外れる可能性があることに注意する。

$$-1.96 \leq z \leq 1.96$$

- 上記のような方法で，**母数がとりえる全ての値に対して，帰無仮説を実施し，棄却されずに残った母数の集まりが「95%信頼区間」**である。もしくは，**95%信頼区間とは，**（**５%は外れる可能性は残るが**）**母数として否定しきれない仮説の範囲**であるとも言える。

Column ⑩　有意差と有意水準

本章では，仮説検定の方法として，標本平均（標本比率）が95％の確率で入る範囲を計算し，帰無仮説が正しいとき（母数がある値だと仮定したとき）に，調査や実験で得られた標本平均がその区間に入るかどうかで，帰無仮説を棄却できるかどうかを判定する，という方法を紹介した。

考え方としては，帰無仮説が正しいときでも，標本データから計算した平均は，必ずしも帰無仮説で設定した母平均と一致するわけではなく，**偶然のバラつき**によって，母平均からズレる可能性は十分に考えられる。そこで，仮説検定では，そういった母平均からのズレの可能性も考慮して，それでも**偶然のバラつきで生じたとは考えにくい差**であったなら，帰無仮説は間違いであったと判定しようと考える。その偶然のバラつきで生じたとは考えにくい差のことを，統計学では「(統計的) **有意差**」と呼ぶ。

そして，この有意差の基準が，本章でたびたび記述した５％外れる可能性が残るという「５％」だ。つまり，帰無仮説で設定した母平均と，調査や実験から得られた標本平均がズレていたとき，そのズレが「５％」以下の確率でしか起こり得ないこと（＝偶然のバラつきで生じたとは考えにくい差）であれば，帰無仮説を棄却する。この「５％」という基準を，統計学では「**有意水準**」と呼ぶ。なぜ「５％」かというと，現代の推測統計学の確立者である，ロナルド・フィッシャーが「５％で判断するのが便利である」と言っていたことに由来するそうだ。他にも，より外れる可能性の低い「１％」が有意水準として使われることがあるが，どちらを使うのかについては分析者が判断する。

参考文献

小島寛之『完全独習　統計学入門』ダイヤモンド社，2006年。
P. G. ホーエル『入門数理統計学』浅井晃・村上正康訳，培風館，1978年。
栗原伸一『入門　統計学――検定から多変量解析・実験計画法まで』オーム社，2011年。
大屋幸輔『コア・テキスト統計学』新世社，2012年。
森棟公夫・照井伸彦・中川満・西埜晴久・黒住英司『統計学　改訂版』有斐閣，2015年。
鳥居泰彦『はじめての統計学』日本経済新聞社，1994年。
豊田利久・大谷一博・小川一夫・長谷川光・谷﨑久志『基本統計学（第３版）』東洋経済新報社，2010年。

練習問題

問題1

スマートフォンで利用できる，ある人気アプリの利用率が「60%である」という主張がある。これが本当かどうかを調べるために，ランダムに500人から利用状況を聞いたところ，271人が利用していると答えた。このアプリの利用率が60%であると言えるかどうかを調べなさい。

問題2

じゃんけんは，理論上，グー，チョキ，パーの3種類が等確率に出るゲームとなっている。ランダムに選ばれた200人にじゃんけんをしてもらい，それぞれが出した手の比率（標本平均）は表の通りである。他の手に比べて「グーが出やすい」という主張を，仮説検定によって検証しなさい。

	比　率
グー	0.38
チョキ	0.29
パー	0.33

問題3

ある大学の学食において，新しいランチ定食の値段を決めなければならない。430円が候補であるが，これは，学生のランチでの利用金額が400円以上であることを想定した値段設定である。この想定が正しいことを調べるため，学生300人にアンケートを行ったところ，ランチの平均利用金額は418.5円，標準偏差は96.8円であった。学生のランチでの平均利用金額は400円以上であると言えるかどうかを，仮説検定によって検証しなさい（金額は全て税込とする）。

問題4

あるパン屋において，「1kgのパン」が売られているとする。本当に1kgかどうかを調べるために，150日間，毎日そのパンを買い続けて重さを記録したところ，150日のパンの重さの平均が975gで，標準偏差が45.2gであった。このパン屋の「1kgのパン」は，本当に1kgだと言えるかどうかを，仮説検定によって検証しなさい。

第9章
ふんわりアクセルは燃費を向上させるのか
――2グループの平均の差の検定――

本章のねらい

第8章で紹介した「仮説検定」が最も活躍するのは，2つのグループの結果に差（違い）があるかどうかを検証する場合である。例えば，新しい薬の効果を検証するため，新薬を投与したグループと，既存薬を投与したグループの平均治癒時間に差があるかどうかや，自動車の発進時にゆっくりと加速する「ふんわりアクセル」は本当に燃費を向上させるか，また，新しい教育プログラムが学生の学習意欲や学力向上に効果があるのかどうか，YouTuberが商品紹介を行うと，その商品の売り上げが上がるのかどうか，政策変更によって人々に行動変化をもたらすのかどうかなど，世の中のさまざまな疑問に対して「仮説検定」はその答えを示してくれる。本章では，具体例を用いながら，利用頻度の高い2グループの平均の差の検定方法について紹介する。

1　2グループの差を客観的に検証する

最もよく使われる仮説検定

第8章では，「仮説検定」の基本を紹介した。そこでは，主に**標本平均が母平均などの定数と同じであるかどうかを，統計的に検証する方法**で話を進めてきた。そこでは，ある候補者の得票率から「当確」を出してもよいかを調べるため，本当の得票率（母比率）が「当確」の判断基準である50%を上回っているかどうかを検証するために，母比率が50%という帰無仮説の下で，95%の確率で得票率がとり得る範囲を計算し，その中に，出口調査で得られた得票率（標本比率）が入るかどうかをもとに検定を行った（実際には，0.45や0.49，0.54

など，それぞれの値で仮説検定を行い，帰無仮説が棄却されない範囲を計算し，それが信頼区間であることまで示した）。

しかし，実際に仮説検定を行う場合，このような標本平均と母平均とを比較するようなやり方はあまり使われることはなく，どちらかというと，**本章で紹介する，2つのグループの母数の違いを検証する場面で使われることの方が多い**のだ。母数の違いとは，例えば2グループそれぞれの母平均の違いなどを指しており，**2グループの母平均に差がないという帰無仮説をつくり，実験や調査などで得られたそれぞれのグループの平均値**（標本平均）**を用いて帰無仮説を棄却することができれば，本当に差がある**と主張することができる。

具体例――「ふんわりアクセル」は燃費を向上させるのか

具体例を使って説明してみよう。皆さんは「ふんわりアクセル」という言葉を聞いたことがあるだろうか。これは，車の発進時に，急加速を行わずゆっくりとアクセルを踏んで発進する（発進時に5秒ほどかけて時速20 kmまで加速する）ことを表す。この「ふんわりアクセル」により，運転時の燃料消費量をおよそ10％程度減らすことができると言われており，地球温暖化問題において，二酸化炭素排出量の多い乗用車部門における有効な手段の1つと考えられている。表9－1は，日本国内で，ある特定の車に乗っているドライバーをランダムに

表9-1　2グループの平均燃費の比較

	平均燃費(km/ℓ) $\bar{x}$	標準偏差(S. D.) s	標本サイズ n
①「ふんわりアクセル」実施グループ	16.25	5.64	100
②「ふんわりアクセル」未実施グループ	14.87	5.39	400

500人選んで，車の運転と燃費について調査を行い，そのうち「ふんわりアクセル」を実施しているグループ（①）と実施していないグループ（②）に分けた際，各グループの実際の燃費の平均値（標本平均 $\bar{x}$）と，その標準偏差 s を表したものである（架空のデータである）。

表9-1より，「ふんわりアクセル」を実施しているグループ①の平均燃費の方が，実施していないグループ②よりも，1.38 km/ℓ（=16.25−14.87 km/ℓ）燃費がよいことが分かる。これより，「ふんわりアクセル」を実施した方が，燃費がよくなる，と言いたいところだが，これはあくまで標本調査であるため，そこから得られた標本平均である平均燃費はバラつき（分布）を持つ（第6章で扱ったように，別の500人で調査すれば，それぞれのグループで，表9-1とは異なる平均燃費になるだろうし，さらに別の500人で調査すれば……と考えたことを思い出してほしい）。それでは，どのようにすれば，上の2つのグループの平均燃費に差があると言えるのだろうか。それを客観的に示す方法が，仮説検定で最もよく用いられる**2グループの「平均の差の検定」**である。

2グループの平均の分布と帰無仮説

2グループの平均の差の検定を行う際には，その分布の形状が分かっていなければならない。それにはまず，表9-1の2グループそれぞれの平均燃費（標本平均）が，どのようなバラつき方（分布の仕方）をしているのかを見ておく必要がある。表9-1より，**それぞれのグループの標本サイズ n は十分に大きいため**，第7章で扱った**中心極限定理を適用すると，平均燃費（標本平均）**

①「ふんわりアクセル」実施グループ

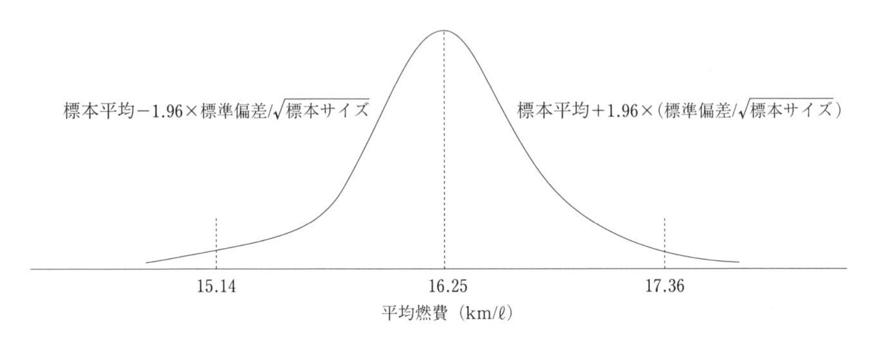

②「ふんわりアクセル」未実施グループ

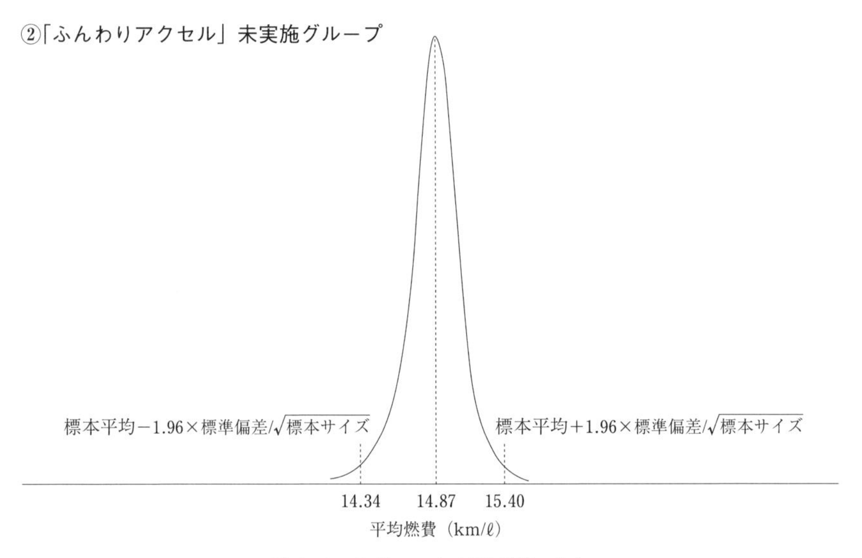

図9－1　2グループの平均燃費の分布

の分布は正規分布（に近いもの）になる。図9－1は，それぞれのグループの平均燃費 $\bar{x}$ の分布を表している。上側が「ふんわりアクセル」実施グループ，下側が「ふんわりアクセル」未実施グループの分布だ。気づいたと思うが，分布の広がりが上下で異なっている。これは標本サイズ（n）の違いからくる平均燃費の標準偏差（標本平均のS. D.）の大きさの違いによるものだ。平均燃費（標本平均）の標準偏差，データの標本標準偏差 s を使って，以下のように計算した。

$$平均燃費の標準偏差=\frac{s}{\sqrt{n}}$$

これより，実施グループと未実施グループの平均燃費の標準偏差は，それぞれ以下のように計算できる（図9-1の実施グループと未実施グループの標本標準偏差をそれぞれ$s_{①}$，$s_{②}$，また，標本サイズをそれぞれ$n_{①}$，$n_{②}$とする）。

① 実施グループ：$\frac{s_{①}}{\sqrt{n_{①}}}=\frac{5.64}{\sqrt{100}}=\frac{5.64}{10}=0.564$

② 未実施グループ：$\frac{s_{②}}{\sqrt{n_{②}}}=\frac{5.39}{\sqrt{400}}=\frac{5.39}{20}=0.270$

実施グループが0.564，未実施グループが0.270なので，前者の方が平均燃費のバラつきが大きく（分布の広がりが大きく）なる。図9-1において，実施グループの分布の広がりが（未実施グループよりも）大きくなっている理由である。

図9-1には，平均燃費±1.96×(標準偏差/$\sqrt{標本サイズ}$)の値も表している。この範囲は，第7章で紹介した，本当の燃費μ（母平均）の95%信頼区間である。それぞれのグループの平均燃費（$\bar{x}_{①}$，$\bar{x}_{②}$）を，本当の燃費（$\mu_{①}$，$\mu_{②}$）とすると，信頼区間は以下のようにして計算する。

① 実施グループの母平均$\boldsymbol{\mu}_{①}$の95%信頼区間

$$\bar{x}_{①}-1.96\times\frac{s_{①}}{\sqrt{n_{①}}}\leq\mu_{①}\leq\bar{x}_{①}+1.96\times\frac{s_{①}}{\sqrt{n_{①}}}$$

$$16.25-1.96\times0.564\leq\mu_{①}\leq16.25+1.96\times0.564$$

$$15.14\leq\mu_{①}\leq17.36$$

② 未実施グループの母平均$\boldsymbol{\mu}_{②}$の95%信頼区間

$$\bar{x}_{②}-1.96\times\frac{s_{②}}{\sqrt{n_{②}}}\leq\mu_{②}\leq\bar{x}_{②}+1.96\times\frac{s_{②}}{\sqrt{n_{②}}}$$

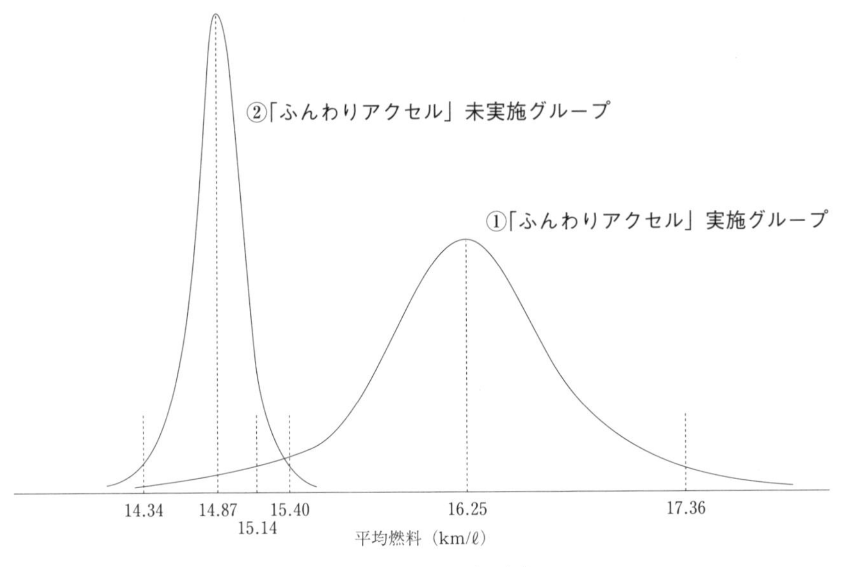

図９－２　２グループの分布

$$14.87-1.96\times0.270\leq\mu_{②}\leq14.87+1.96\times0.270$$
$$14.34\leq\mu_{②}\leq15.40$$

つまり，５％は外れる可能性があるが，それぞれのグループの本当の燃費は，この範囲のどこかの値になるのだ。図９－２は，図９－１の２つの分布を重ねて示したものである。この図より，２つの分布は互いに重なり合う部分も多く，１回の調査から得られたそれぞれのグループの平均燃費には1.38 km/ℓという差が見られたが，本当の差は，もっと大きかったり小さかったりする可能性も捨てきれないわけだ（極端に言えば，未実施グループの方が燃費がよくなる可能性もある）。

それでは，どうすればこの２つのグループの平均燃費に差があると言えるのだろうか。ここで，もし**２グループの95％信頼区間が，互いに重なり合わないならば，ほぼ間違いなく差があると言えるだろう**。しかし，現実問題，**それぞれの平均値がそんなに離れることはめったにないし，もし互いの信頼区間が重**

ならないぐらい離れているのであれば，そもそも統計的な検証などしなくても，誰が見ても明らかに違いがあると言えることの方がほとんどだろう。そのため，**平均値の差の検定を行う場面では，2つのグループの平均値が標準偏差2個分も離れていないような状況（それぞれの分布が重なる状況）で，いかにして統計的に差があるかどうかを見つけるか**が重要なポイントになる。

仮説検定では，**母数がある値であるかどうかを検証する**方法だった。それでは，この例で仮説検定を行う場合，「**ある値**」とはどんな値になるのだろうか。結論を先に言えば，それは「**0（ゼロ）**」である。仮説検定の際には，はじめに母数に対して帰無仮説を設定する必要があった。ここでの母数は，それぞれのグループの本当の燃費（$\mu_{①}$，$\mu_{②}$）である。**この2グループの母数に対して，別々に帰無仮説を立てて検定するのは大変めんどうだが，2グループの母数の差の分布を利用すれば，これまでの検定のやり方がそのまま適応できる。**

それでは，母数の差に対して，どのような帰無仮説を立てればよいのだろうか。帰無仮説とは，こうあってほしくない仮説だった。ここでは，「ふんわりアクセル」をした方が燃費が良くなることを言いたいので，それとは逆のことを帰無仮説にする。つまり，**「ふんわりアクセル」をしても燃費がよくならない＝「ふんわりアクセル」をしてもしなくても，燃費には差がない**，と言えばよいのだ。そのため，母数に対して以下のような帰無仮説を設定する。

帰無仮説

2つのグループの燃費（母平均）に差はない＝0（ゼロ）である。

記号を使って表せば，以下のようになる。

帰無仮説

$$\boldsymbol{\mu}_{①}=\boldsymbol{\mu}_{②} \text{ もしくは，} \boldsymbol{\mu}_{①}-\boldsymbol{\mu}_{②}=0 \qquad (9\text{-}1)$$

この母数が等しい（母数同士の差がゼロである）ということは，別の言い方を

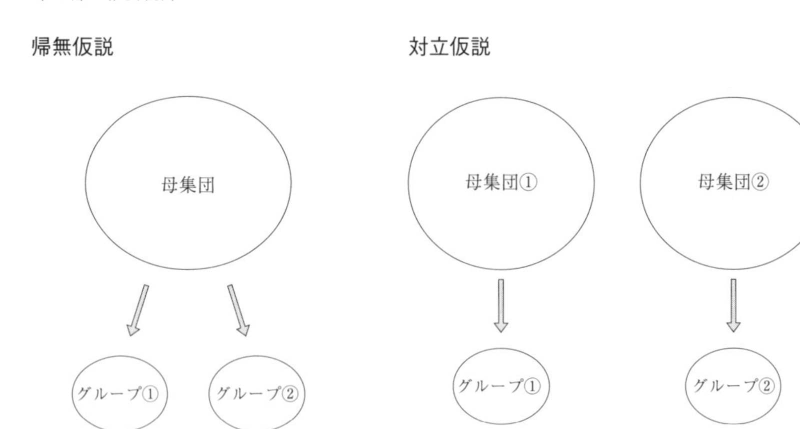

図 9 - 3　帰無仮説（平均の差の検定）

すれば，もし**帰無仮説が正しければ，2グループはそれぞれ同じ母集団から得られた標本である**，ということを意味する。そして，もし**帰無仮説が成り立たない場合（対立仮説）であれば，2グループはそれぞれ別々の母集団から得られた標本であると言える**。(図 9 - 3 参照)。

調査によって得られた2つのグループの平均燃費の差（$\bar{x}_{①}-\bar{x}_{②}$）は 1.38 km/ℓ だった。これは，帰無仮説が正しいとき（$\mu_{①}-\mu_{②}=0$）にどのぐらい起こりえることなのだろうか。滅多に起こりえないことならば，2グループの平均にはそもそも差があった（＝異なる母集団を持つ）と言えるが，そうではなく，たまたま起こりえるようなことであれば，平均に差がないことを否定できないだろう。それを判定する方法として，第8章では，帰無仮説が正しいもとで，標本平均が95％の確率で取りえる範囲を計算して，その中に標本平均が含まれなければ帰無仮説を棄却し，含まれれば棄却できないことを説明した。平均の差の検定でも同様に，以下のようにして行う。

帰無仮説が正しいとき（$\boldsymbol{\mu}_{①}-\boldsymbol{\mu}_{②}=0$），標本平均の差（$\bar{\boldsymbol{x}}_{①}-\bar{\boldsymbol{x}}_{②}$）が95％の確率

で取りえる範囲を計算し，その範囲に調査で得られた標本平均の差（ここでの例では，1.38 km/ℓ）が含まれていなければ帰無仮説を棄却し，含まれていれば帰無仮説を棄却できない，と判断する。

2グループの平均の差の分布——正規分布の再生性

それでは，上の例で，帰無仮説が正しいとき（$\mu_{①}-\mu_{②}=0$）に，標本平均の差（$\bar{x}_{①}-\bar{x}_{②}$）が95％の確率で取りえる範囲を計算してみよう。前述のように，2グループの標本サイズは十分に大きいため，それぞれの標本平均 $\bar{x}_{①}$，$\bar{x}_{②}$ は正規分布（に近いもの）になる。では，この標本平均の差の分布は，どのような分布になるのだろうか。実は（ランダムに標本をとる調査や実験であれば），**正規分布に従うデータ同士を足したり，引いたりした結果も，同じく正規分布に従うのだ**。これは「**正規分布の再生性**」として知られているものだ。

正規分布の再生性

別々の正規分布に従う2つのデータ $\boldsymbol{x}_1$，$\boldsymbol{x}_2$（平均 $\boldsymbol{\mu}_1$，$\boldsymbol{\mu}_2$，標準偏差 $\boldsymbol{\sigma}_1$，$\boldsymbol{\sigma}_2$）の和や差の分布は，再び正規分布に従う。

和の分布：x_1+x_2 は，平均 $\mu_1+\mu_2$，標準偏差 $\sqrt{\sigma_1^2+\sigma_2^2}$ の正規分布に従う。

差の分布：x_1-x_2 は，平均 $\mu_1-\mu_2$，標準偏差 $\sqrt{\sigma_1^2+\sigma_2^2}$ の正規分布に従う。

図9－4は，2つのデータの差の分布を表している。

この「正規分布の再生性」を用いると，「ふんわりアクセル」の実施グループと未実施グループの標本平均 $\bar{x}_{①}$，$\bar{x}_{②}$ は，それぞれ平均 $\mu_{①}$，$\mu_{②}$，標準偏差 $\sqrt{\frac{\sigma_{①}^2}{n_{①}}}$，$\sqrt{\frac{\sigma_{②}^2}{n_{②}}}$，の正規分布となるため，**2つのグループの標本平均の差**（$\bar{x}_{①}-\bar{x}_{②}$）**は，平均 $\mu_{①}-\mu_{②}$，標準偏差 $\sqrt{\frac{\sigma_{①}^2}{n_{①}}+\frac{\sigma_{②}^2}{n_{②}}}$ の正規分布に従う**。ここで，$\sigma_{①}$，$\sigma_{②}$ はそれぞれのグループの母標準偏差である（現実には母標準偏差が分かっていることは稀なので，検定の際には，標本標準偏差 $s_{①}$，$s_{②}$ を用いる）。

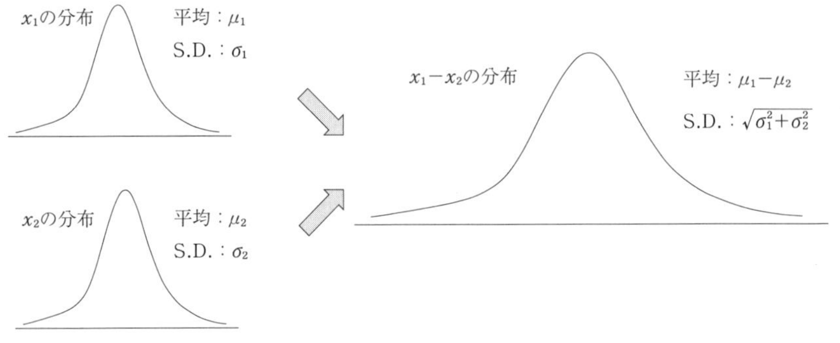

図9－4　別々の正規分布に従う2つのデータ（x_1，x_2）の差の分布

2　実際に差があるのか検定してみる

平均の差の検定

2グループの平均の差の分布が，正規分布に従うことが分かったので，帰無仮説が正しいとき（$\mu_{①}-\mu_{②}=0$）に，標本平均の差（$x_{①}-x_{②}$）が95%の確率で取りえる範囲を計算し，実際の標本平均の差である1.38 km/ℓがその範囲に含まれるのかどうかを確かめてみよう。それぞれのグループの標本標準偏差$s_{①}$，$s_{②}$を用いると，95%の確率で標本平均の差が取りえる範囲は次のように計算できる（帰無仮説が正しいとき，2グループの母平均の差がゼロである（$\mu_{①}-\mu_{②}=0$）ことに注意する）。

標本平均の差が95%の確率で取りえる範囲

$$(\mu_{①}-\mu_{②})-1.96\times\left(\sqrt{\frac{s_{①}^2}{n_{①}}+\frac{s_{②}^2}{n_{②}}}\right)\leq(\bar{x}_{①}-\bar{x}_{②})$$

$$\leq(\mu_{①}-\mu_{②})+1.96\times\left(\sqrt{\frac{s_{①}^2}{n_{①}}+\frac{s_{②}^2}{n_{②}}}\right)$$

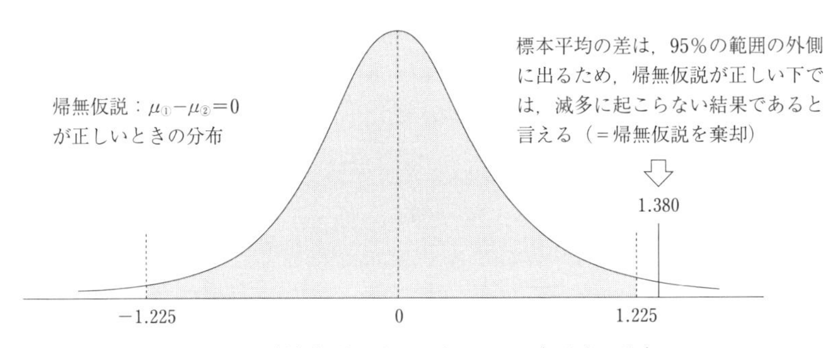

図9－5　帰無仮説が正しい（$\mu_{①}-\mu_{②}=0$）ときの分布

$$-1.96\times\left(\sqrt{\frac{31.810}{100}+\frac{29.052}{400}}\right)\leq(\bar{x}_{①}-\bar{x}_{②})\leq1.96\times\left(\sqrt{\frac{31.810}{100}+\frac{29.052}{400}}\right)$$

$$-1.96\times(0.625)\leq(\bar{x}_{①}-\bar{x}_{②})\leq1.96\times(0.625)$$

$$-1.225\leq(\bar{x}_{①}-\bar{x}_{②})\leq1.225 \quad (9\text{-}2)$$

この(9-2)式の範囲が意味することは，**もし「ふんわりアクセル」を実施するグループと，実施しないグループの本当の燃費（母平均）に差がなかったとしても，調査や実験によって得られた標本同士の平均燃費（標本平均）には，たまたま −1.225 km/ℓ から 1.225 km/ℓ の範囲でズレが生じることは十分にありえることである**。

さて，実際に調査で得られた2グループの平均燃費の差は 1.38 km/ℓ だったので，(9-2)式の範囲に含まれない（図9－5参照）。つまり，**調査によって得られた2グループの平均燃費の差（1.38 km/ℓ）は，帰無仮説が正しい下では，めったに起こりえない結果である（5％以下の確率でしか起こらない）**と言える。そのため，**帰無仮説である2グループの燃費に差がない（$\boldsymbol{\mu}_{①}-\boldsymbol{\mu}_{②}=0$）とは言えず，帰無仮説は棄却される，**という判断になる（つまり，2グループの燃費には差がある＝2グループの母集団は異なる）。

また，第8章で説明したが，標本平均の差が正規分布に従うことを利用すれば，標準化して検定することも可能です。標本平均の差 $\bar{x}_{①}-\bar{x}_{②}$ は，平均 $\mu_{①}-\mu_{②}$，母標準偏差 $\sqrt{\frac{\sigma_{①}^2}{n_{①}}+\frac{\sigma_{②}^2}{n_{②}}}$ の正規分布に従うため，標準化すれば，平均0，標準偏差1の標準正規分布に従う。その z が95％の確率でとる範囲が以下となる。

$$-1.96 \leq z \leq 1.96,\quad ここで,\quad z=\frac{(\bar{x}_{①}-\bar{x}_{②})-(\mu_{①}-\mu_{②})}{\sqrt{\frac{\sigma_{①}^2}{n_{①}}+\frac{\sigma_{②}^2}{n_{②}}}} \tag{9-3}$$

標準化した値を使って仮説検定をする方法は難しくはない。まず**標本調査（十分に大きな標本サイズ）によって得られたデータから計算した標本平均の差から，帰無仮説のもと（$\boldsymbol{\mu_{①}-\mu_{②}=0}$）で z を計算し，その z の値が(9-3)式の範囲に入るかどうかによって判断すればよい。もし z が(9-3)式の範囲に入るのであれば，帰無仮説は棄却されず，反対に z が範囲外の値をとるのであれば，それは帰無仮説の下では滅多に起こりえない（5％の確率でしか起こりえない）ことが起こったとして，帰無仮説を棄却する。**

帰無仮説（$\mu_{①}-\mu_{②}=0$）の下で，標準化した値 z を計算すると，次のようになる（母標準偏差 $\sigma_{①}$，$\sigma_{②}$ の代わりに標本標準偏差 $s_{①}$，$s_{②}$ を用いる）。

$$z=\frac{(\bar{x}_{①}-\bar{x}_{②})-(0)}{\sqrt{\frac{s_{①}^2}{n_{①}}+\frac{s_{②}^2}{n_{②}}}}=\frac{(1.38)-(0)}{\sqrt{\frac{31.810}{100}+\frac{29.052}{400}}}\cong 2.208$$

よって，z は(9-3)式の範囲に含まれないため，2グループの平均の差はゼロであるという帰無仮説は棄却される。当然だが，上の結果と一致する。

本章では，「ふんわりアクセル」の実施グループと未実施グループの平均燃費という実際の例を使って平均値の差の検定を紹介してきたが，この方法は，他にも非常にたくさんのケースに応用可能である。例えば，教育の分野において，新しい教育プログラムを小学校に導入しようとする際，事前にその効果を確かめる必要があるはずだ。その際，ある学校（もしくは複数校）で試験的に①

新しい教育プログラムを実施するグループと，②実施しないグループを作って，その新プログラムの教育効果（成績や授業への参加度など）があるのかどうかについて，各グループの平均値から，仮説検定（2グループの平均の差の検定）によって調べることが可能である。

同じように，医療分野で新薬の効果を確かめたい場合，①新薬を服用するグループと，②既存薬を服用するグループで，症状の改善に差が見られたかどうかの判断に，仮説検定を用いることもできる。また，マーケティングの分野において，テレビCMより費用の安いネット広告は，商品の知名度を高めたり，売り上げ増加に貢献できるのかどうかなどの調査に用いることができる。

「対応あり」と「対応なし」

2グループの平均の差の検定を行う場合，対象とする標本データがどのような**「対応関係」**になっているのかによって，検定における計算が若干異なる（といっても，手順自体が大きく変わるわけではない）。対応関係とはどういうことかというと，例えば，この章で用いた「ふんわりアクセル」は燃費を向上させるのかについて検証したい場合，①「ふんわりアクセル」の実施グループと未実施グループに分け，異なる人たち同士を比較する方法と，②同じ人たちを対象に2カ月間の実験を行い，「ふんわりアクセル」を行わない走行の1カ月の燃費と，「ふんわりアクセル」を行った走行の1カ月の燃費を比較する方法がある。前者のように，**異なる人同士を比較する場合を「対応のない2グループ」**と呼び，後者のような，**同じ人をビフォアー・アフターで比較する場合を「対応のある2グループ」**と呼ぶ（図9-6参照）。

この対応関係の違いによって，平均の差の検定の計算に違いが生じてくる。それぞれの対応関係における違いを標準化した値zによって表すと，以下のようになる。

「対応のない2グループ」の場合：正規分布する2つの母集団（それぞれ母平均μ_1，μ_2，母標準偏差σ_1，σ_2）から観測されたn_1，n_2個の標本データから，各グループの標本平均$\bar{x}_1$，$\bar{x}_2$を計算すると，平均の差の検定に用いるzは，

「対応のない2グループ」

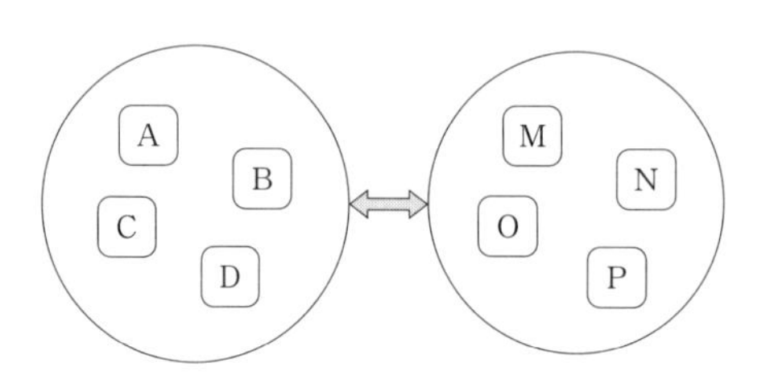

グループ間は異なる人同士。グループをひとまとめにして，グループ同士で比較

「対応のある2グループ」

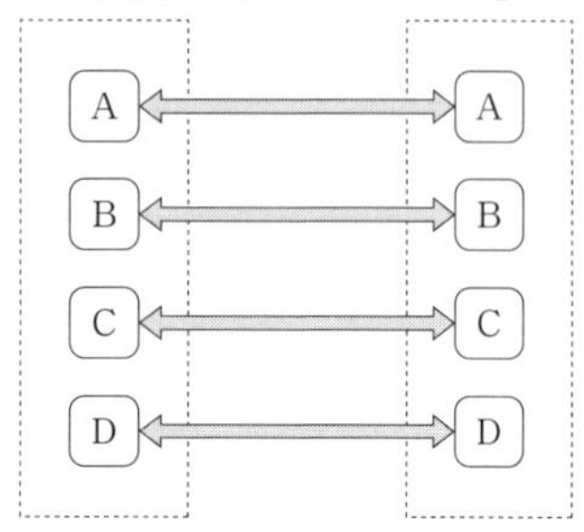

それぞれをペアとして，ビフォアー・アフターで比較

図9-6　2グループの対応関係

$$z=\frac{(\overline{x}_1-\overline{x}_2)-(\mu_1-\mu_2)}{\sqrt{\dfrac{\sigma_1^2}{n_1}+\dfrac{\sigma_2^2}{n_2}}} \tag{9-4}$$

となる。

「対応のある2グループ」の場合：2グループでペアとなるデータ同士の差を d とし，その標本平均を $\overline{d}$，母平均を μ，母標準偏差を σ とする。さらに，データ $\overline{d}$ の数を n とすると，平均の差の検定に用いる z は，

$$z=\frac{\overline{d}-\mu}{\dfrac{\sigma}{\sqrt{n}}} \tag{9-5}$$

となる（「対応あり」の(9-5)式のくわしい説明は，具体例とあわせて第12章で行う）。

(9-4)式，(9-5)式ともに，帰無仮説が正しいとき（前者は $\mu_1-\mu_2=0$，後者は $\mu=0$）の z の値を計算し，z が(9-3)式で表した -1.96 から 1.96 の範囲の外側にあれば帰無仮説を棄却し，範囲の内側にあれば棄却することができないと判断する（検定の際には，母標準偏差 σ は分からないことの方が多いので，代わりに標

本標準偏差 s を使う)。このように，「対応あり」と「対応なし」における検定の計算方法の違いは，分析の対象データによって判断する必要があることに注意が必要である。

第9章のまとめ

- 2グループの平均の差の検定とは，2グループの母平均を $\boldsymbol{\mu}_1$，$\boldsymbol{\mu}_2$ としたとき，$\boldsymbol{\mu}_1=\boldsymbol{\mu}_2$ が成立するかどうかを，標本データを用いて統計的に検証する方法である。その際，帰無仮説は以下のようになる。

帰無仮説：$\boldsymbol{\mu}_1=\boldsymbol{\mu}_2$ もしくは，$\boldsymbol{\mu}_1-\boldsymbol{\mu}_2=0$

- 標本サイズが十分に大きい場合，中心極限定理より，元のデータが正規分布していなくても，それぞれのグループの標本平均（$\bar{\boldsymbol{x}}_1$，$\bar{\boldsymbol{x}}_2$）は正規分布（に近いもの）になる。さらに，正規分布の再生性より，2つのグループの標本平均の差は，再び正規分布になる。そのため，2グループの母標準偏差をそれぞれ σ_1，σ_2 とすると（母標準偏差が分からない場合は，標本標準偏差 s_1，s_2 で代用)，標本平均の差（$\bar{x}_1-\bar{x}_2$）の分布は，平均（$\mu_1-\mu_2$)，標準偏差（$\sqrt{\sigma_1^2+\sigma_2^2}$）の正規分布に従う。
- 2グループの平均の差の検定は，以下のように，標本平均の差が95％の確率でとりえる範囲を計算し，帰無仮説が正しいときに（$\boldsymbol{\mu}_1-\boldsymbol{\mu}_2=0$)，調査や実験で得られた標本平均の差（$\bar{\boldsymbol{x}}_1-\bar{\boldsymbol{x}}_2$）がこの範囲の外側にあれば，帰無仮説を棄却し，逆に範囲内にあれば，帰無仮説は棄却できない。

（帰無仮説が正しいとき）標本平均の差が95％の確率でとりえる範囲
（$\boldsymbol{\mu}_1-\boldsymbol{\mu}_2=0$ であることに注意）

$$-1.96\times\left(\sqrt{\frac{\sigma_1^2}{n_1}+\frac{\sigma_2^2}{n_2}}\right)\leq(\bar{x}_1-\bar{x}_2)\leq1.96\times\left(\sqrt{\frac{\sigma_1^2}{n_1}+\frac{\sigma_2^2}{n_2}}\right)$$

もちろん，標準化した統計量 z を計算して，帰無仮説が正しいときに，以下のように，z の値が範囲外にあれば帰無仮説を棄却し，範囲内にあれば帰無仮説は棄却できない，という方法でもよい。

$z < -1.96$，$1.96 < z$　→　帰無仮説を棄却

$-1.96 \leq z \leq 1.96$　→　帰無仮説を棄却できない

$$\text{ここで，} z = \frac{(\bar{x}_1 - \bar{x}_2)}{\sqrt{\dfrac{\sigma_1^2}{n_1} + \dfrac{\sigma_2^2}{n_2}}}$$

平均の差の検定は「対応のない2グループ」と「対応のある2グループ」に分けられる。検定の手順に違いはないが，計算に違いがあるため注意が必要である。

「対応のない2グループ」の場合の z

$$z = \frac{(\bar{x}_1 - \bar{x}_2) - (\mu_1 - \mu_2)}{\sqrt{\dfrac{\sigma_1^2}{n_1} + \dfrac{\sigma_2^2}{n_2}}}$$

「対応のある2グループ」の場合の z

$$z = \frac{\bar{d} - \mu}{\dfrac{\sigma}{\sqrt{n}}}$$

ここで，$\bar{d}$ は2グループでペアとなるデータ同士の差の平均を表しており，μ はその母平均である。また，σ は母標準偏差（未知であれば標本標準偏差 s を使う）である。

それぞれの場合で，2グループの母平均が等しいという帰無仮説が正しいときの z の値を計算し，上と同じく，z が -1.96 から1.96の範囲外であれば帰無仮説を棄却でき，範囲内にあれば帰無仮説を棄却できない。

Column ⑪　ランダム化比較実験

本章で扱った平均の差の検定では，調査の対象をランダムに2つのグループに分け，それぞれのグループの結果（本章の例では「燃費」）の平均値が，グループ間で異なるかどうかを検定した。このように，ある取り組み（本章の例では「ふんわりアクセル」の実施）に効果があるかどうかを，ランダムに分けられた2グループで比較する研究デザインのことを「**ランダム化比較実験**（**RCT**：**randomized controlled trial**）」と呼ぶ。ランダム化比較実験では，取り組みを受ける「処置グループ（treatment group）」と，取り組みを受けない「対照グループ（control group）」として分けるが，この振り分けがランダムであること，さらに，調査の参加者がどちらのグループに所属しているかが分からないことが条件となる。この手法は，医療分野において，治療効果を客観的に評価することを目的に作り出されたデザインだが，最近では，社会科学など，他分野での応用も見られる。

ニューヨーク大学のハント・アルコット准教授が，アメリカの電力調査会社と協力して，カリフォルニア州やワシントン州などの約60万世帯を対象に，毎月の電気使用量明細に図のようなレポートを添付して，家庭の節電効果を検証するランダム化比較実験を行った。図の3本の横棒グラフのうち，1番上が自身の世帯の電気使用量，2番目が電気使用量の少ない上位20%の家庭の平均値，3番目が実験に参加した全世帯の平均値を表している。自身の世帯の電気使用量が一番少なければ，図の右の“Great（大変良い）”が表示され，使用量が多くなってしまうと“Good（良い）”や“平均以下”となっていく。

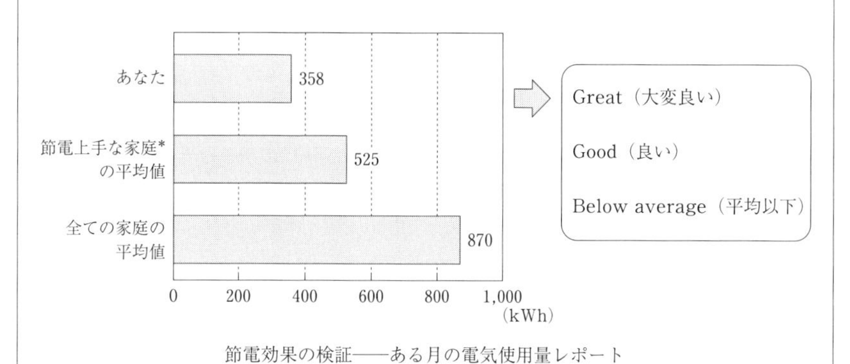

節電効果の検証——ある月の電気使用量レポート

（注）　使用量の少ない上位20%の家庭。

（出典）　Hunt, Allcott, “Social norms and energy conservation,” *Journal of Public Economics*, 95, 2011, pp. 1082-1095. を参考に筆者作成。

これは，他者と自身の電気使用量を比較することで，心理的に節電を促す手法だ。アルコット准教授らは，レポートを受け取る世帯（処置グループ）と，受け取らない世帯（対照グループ）をランダムに振り分け，２年間実験を行ったところ，レポートを受け取った世帯の方が，平均で約２％の節電効果が得られたことを発表した。そして，ここでの効果の検証に用いられている統計手法が，本章で扱った「２グループの平均値の差の検定」である。

このようなレポートの提示による節電促進手法は「比較フィードバック」と呼ばれており，節電効果自体は小さいが，ごく少ない費用で節電効果が長期間維持されるという意味では，温暖化対策や電力不足などへの対策として期待されている。

参考文献

豊田利久・大谷一博・小川一夫・長谷川光・谷﨑久志『基本統計学（第３版）』東洋経済新報社，2010年。

Newton 別冊『統計と確率　改訂版』ニュートンプレス，2018年。

西内啓『統計学が最強の学問である』ダイヤモンド社，2013年。

栗原伸一『入門　統計学――検定から多変量解析・実験計画法まで』オーム社，2011年。

練習問題

問題１

同じ系列のスーパー A 店と B 店がある。どちらも店舗面積，従業員数，品揃え，客層などはほとんど同じと考えてよい。今，新しい宣伝の効果を検証するため，A 店のみにその宣伝を行い，A 店と B 店の１カ月（30日間）の売り上げの比較を行うことにした。それぞれの店舗の１カ月（30日間）の売上高の平均値と標準偏差は以下の通りである。

	A 店	B 店
平　均	151.32	142.24
S.D.	29.19	26.24

①A 店と B 店の１カ月間の平均売上高の差を計算しなさい。

②帰無仮説を「A 店と B 店の売上高に差はない」として，この仮説の下での平均売上高の差が，95％の確率で含まれる範囲を計算しなさい。

③仮説検定を行い，新しい宣伝方法には効果があったかどうかを検証しなさい。

問題2
問題1の③を，標準化した統計量zを用いて答えなさい。

問題3
「運動系の部活やサークルに所属している学生は，それ以外の学生に比べると，内定がとりやすい（内定数が多い)」という仮説を検証したい。ある大学の学生からランダムに，①運動部の学生35人と，②運動部以外の学生35人に内定数を調査した結果，平均内定数とその標準偏差は，下の表の通りとなった。以下の問いに答えなさい。

	運動部の学生	運動部以外の学生
平均内定数	2.45	1.81
S. D.	1.22	1.18

①運動部の学生とそれ以外の学生の，平均内定数の差を計算しなさい。
②帰無仮説を「運動部の学生とそれ以外の学生で，内定数に差はない」として，この仮説の下での，平均内定数の差が，95％の確率で含まれる範囲を計算しなさい。
③仮説検定を行い，運動部の学生は，それ以外の学生に比べると，内定がとりやすい（内定数が多い）かどうかを検証しなさい。

問題4
問題3の③を，標準化した統計量zを用いて答えなさい。

第Ⅲ部

推計統計
——小標本のケース——

第Ⅱ部では，観測できるデータが多い大標本のケース（本書では，標本サイズが30以上を想定）において，母集団の特性（母平均μなど）を，統計的に推論する方法を紹介した。しかし，もし標本サイズが小さければ（標本サイズが30より小さい），第Ⅱ部の方法をそのまま使うことはできない。そこで，この第Ⅲ部では，そのような小標本のケースでも，母集団の特性を推論できる方法を紹介する。その方法は，これまでの方法と大きく異なるものではなく，正規分布の代わりに，「t分布」という新しい分布を使い，統計量を少し修正するだけで，同じように行うことができる。ここでは，まず，「t分布」に密接に関わる新たな分布として，カイ2乗分布を紹介し，バラつきの指標である分散（標準偏差の2乗）の推定方法について説明する。このカイ2乗分布から，t分布を導出する方法について説明した後，第7章や第8章で紹介した，母平均μの区間推定や仮説検定と，第9章で紹介した，2グループの平均の差の検定の小標本のケースでのやり方について説明する。

第10章

どのくらいバラつきそうか

——カイ2乗分布と母分散の区間推定——

本章のねらい

これまで母集団の情報について，主に母平均に注目して区間推定や仮説検定の方法を紹介してきた。しかし，母集団には，もう1つ重要な情報として，バラつきの大きさを表す母分散（or 母標準偏差）がある。本章では，この母集団のバラつきの大きさ（の範囲）を推定する方法を紹介する。その際に必要不可欠なのが，カイ2乗分布という新たな分布である。この分布は，正規分布と同じくらい統計学では重要な分布で，ここで紹介する母分散の推定だけでなく，次章において新たに出てくる「t 分布」の導出にも必要な分布である（本書では扱わないが，2グループの分散が等しいかどうかを検証する「等分散の検定」や，3グループ以上の平均が等しいかどうかを検証する「分散分析」などに用いられる F 分布にも密接に関係している）。

1　もう1つのバラつきの指標

標本分散

第Ⅰ部において登場し，本書のほぼどの章でも目にしてきたバラつきの指標である標準偏差 S. D. だが，これはデータが，平均値を中心に「**どのくらい平均的にバラついているか**」を表した統計量だった。この統計量は，第Ⅰ部で紹介したように，母集団のデータが全て得られていて，かつその分布が正規分布であれば，どの範囲にどのくらいのデータがあるかを捉えることが可能だった。しかし，現実には，対象データ全て（母集団）を手に入れることはとても難しく，そのため，母集団のバラつきを表す母標準偏差 σ を知ることは，一般的には不可能であることの方が多い。そこで，σの代わりとして，母集団から得られたn個の標本データを使って計算した標本標準偏差s $\left(=\sqrt{\frac{\sum_{i=1}^{n}(x_i-\bar{x})^2}{n}}\right)$を使うことで，これまで扱ってきた「区間推定」や「仮説検定」を用いて，母集団の特性を統計的に推測してきた（標本標準偏差の分母は，標本の大きさnだが，第6章の ***Column*** ⑧で述べたように，本当は母標準偏差の代わりとしては分母を$n-1$で割る方が好ましいことが分かっている。標本サイズが大きい場合，nと$n-1$どちらでも結果にほとんど影響を与えないので，第Ⅱ部では，nで割る定義を使ってきた。一方で，標本サイズが小さい場合を想定した第Ⅲ部では，本来であれば$n-1$で割る定義を使うべきなのだが，本章の推定において，nのままでも結果は変わらないことから，これまで通りnで割る定義を使う）。

さて，第Ⅱ部では，標本平均$\bar{x}$を使って，母集団の特性である，母平均μの推定や検定に焦点を当てて話を進めてきた。その際，標準偏差S. D.については，標本標準偏差sを母標準偏差σの推定値として使ってきた。しかし，もちろん標本平均$\bar{x}$と同じように，このsも標本をとるたびに異なる値をとって分布することは，これまで本書を読まれてきた読者であれば容易に想像がつくだろう。そのため，平均だけでなく，そのバラつきにも興味がある場合，その大きさを（母平均μと同じく）範囲を使って推定する必要がある。

そのためには，この**バラつきの指標がどのような分布に従うのか**を知る必要がある。これは，母平均を推定する場合，（標本の大きさが十分に大きいと）標本平均が正規分布に従うことを利用したのと同様に，観測された標本データから計算したバラつきの指標がどのような分布に従っているかが分かれば，母集団のバラつきの大きさを推論することができるのだ。

ここで，バラつきの指標の分布を知る場合，これまで使ってきた標準偏差S. D.ではなく，それを2乗した「**分散**（variance）」を使う（もともと，分散を計算して，それにルートをとって標準偏差を計算した）。分散を使う理由は，S. D.を使うよりも，数学的に扱いやすいからだ。さて，ここで知りたいのは，母集団のバラつきである母分散σ^2である。母平均μの場合と同じく，一般にσ^2は

知ることができないため，手持ちの観測データを使って推論する。そこで用いられるのが，観測された標本データから計算できる「**標本分散 s^2**」である。この s^2 は以下のようにして計算できる。

$$s^2=\frac{\sum_{i=1}^{n}(x_i-\overline{x})^2}{n}$$

もちろん，これにルートをとると標本標準偏差 s になる。例えば標本が3つの場合（x=1，3，5）だと，標本分散 s^2 は，$\overline{x}=\frac{1+3+5}{3}=3$ を利用すると，

$$s^2=\frac{(1-3)^2+(3-3)^2+(5-3)^2}{3}=\frac{4+0+4}{3}\cong 2.667$$

となる（ちなみに標本標準偏差は s^2 にルートをとった値なので，$s=\sqrt{2.667}\cong 1.633$ となる）。

本章では，この標本分散がどのような分布に従うかを明らかにして，母集団のデータのバラつきを表す母分散 σ^2 を推論する方法を紹介していく。

ここまでで，すでに気づいたかもしれないが，この**標本分散 s^2 は正規分布にはならない**。なぜなら，正規分布に従うデータは正の値も負の値もとるが，**標本分散は，データ（の偏差）を2乗しているので，決して負の値をとらない**

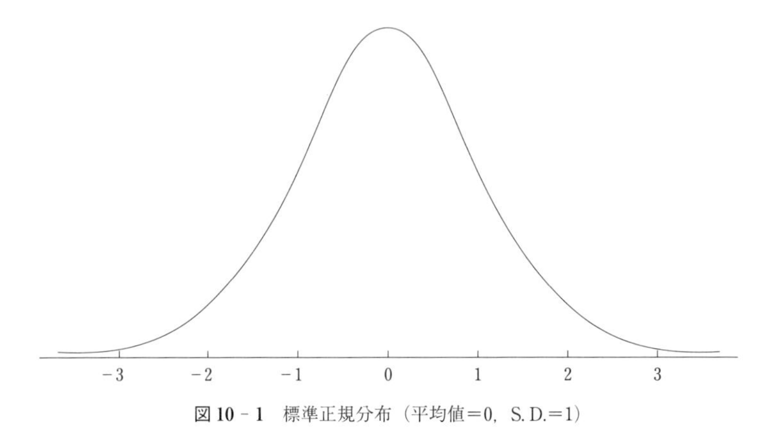

図10－1　標準正規分布（平均値＝0，S.D.＝1）

からだ。

カイ２乗分布とは

標本分散 s^2 がどのような分布に従うかを知るためには，順を追って説明していく必要がある。はじめに，これまでも何度か出てきた，「標準正規分布」を思い出してほしい。標準正規分布は，平均が０で，S.D. が１の正規分布であり，図10-１のような形をしていた。母集団がもしこの標準正規分布に従っているのであれば，ここから標本としていくつかデータを観測したとき，０やそれに近い値をとることが最も多く，２より大きい，または −2 より小さい値はあまり含まれていないことが予想できる。

それでは，もし，この**標準正規分布からランダムに１つだけ観測したデータ $\boldsymbol{x}_1$ を「２乗」した値 $\boldsymbol{x}_1^2$ の分布はどのような形**になるだろうか。例えば，１つだけ観測した値が0.2だったなら，それを２乗した値は0.04である。しかし，もう一度観測したら，今度は −0.5 だったので，２乗した値は0.25だった。さらにもう一度観測したら，−0.1（２乗したら0.01）だった。このように，標準正規分布からランダムに１つだけ観測データをとって「２乗」した値の分布を知りたければ，この作業を何度も繰り返して，ヒストグラムを作って分布を表せばよいのである。こうして得られたデータからヒストグラムを作ると図10-

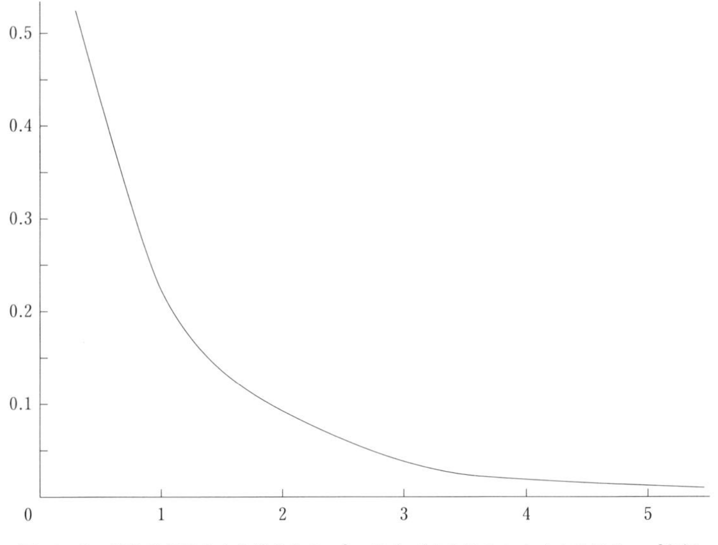

図10－2　標準正規分布から得られた x_1^2 の分布（自由度1のカイ2乗分布：$\chi^2(1)$）

2のようになる。

図10－2を見てもらうと分かるように，この分布は**必ず0以上の値**をとっている。これは，**標準正規分布から得られるデータには，正の値も負の値もあるが，2乗しているので，全て0以上の値**になる。分布の特徴としては，**0近辺のデータの相対度数が大きく，数値が大きくなるデータほどだんだん相対度数が小さくなっている**ことが読み取れる。分かりやすく言えば，この分布は図10－1の標準正規分布の左半分を右半分に重ねて加えたような分布になっているのである。この分布のことを「**自由度1のカイ2乗分布**」と呼ぶ（一般的な統計学のテキストなどでは，自由度1のカイ2乗分布に従うことを $\boldsymbol{\chi^2(1)}$ と書く）。

自由度という言葉が出てきたが，これを説明する前に，もう1つ標準正規分布からランダムにデータをとるケースを紹介したい。今度はランダムに3つのデータを観測し，それぞれ2乗した値を足し合わせた（2乗和）次のような値 U の分布を考える。

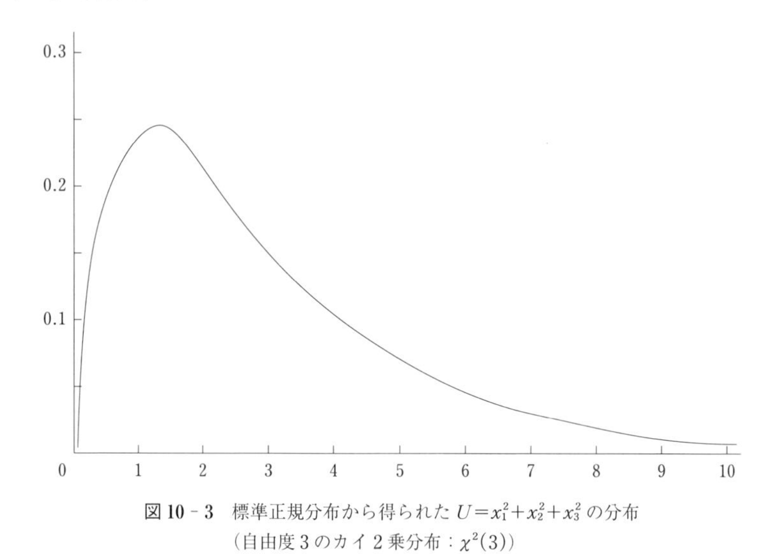

図10－3　標準正規分布から得られた $U=x_1^2+x_2^2+x_3^2$ の分布
（自由度3のカイ2乗分布：$\chi^2(3)$）

$$U=x_1^2+x_2^2+x_3^2$$

もちろん，それぞれ得られたデータを2乗しているので，先ほどのケースと同じように，0以上の値しかとらない分布になるはずだ。もし3つのデータを観測して，その2乗和である U を何度も得られたとしたら，その分布は図10-3のようになる。先ほどのデータの分布と形は少し異なるが，これも「**カイ2乗分布**」（**自由度3のカイ2乗分布：$\chi^2(3)$**）である。特徴としては，同じく0近辺の相対度数が高く，2乗和の値が大きくなるほど相対度数が下がっているが，データが3つあるため，相対度数が最も大きい部分は0よりも少し右側となり，かつ分布の広がりも大きくなっていることが分かる。

自由度について，ここで少しだけ説明しておく（専門用語なので，くわしい説明は他の統計学のテキストに譲る）。ここでの自由度とは，簡単に言えば「**足し合わせる2乗項の数**」のことだと思ってほしい（ただし，2乗項はお互いに独立している必要がある）。1つ目のケースは，2乗項が1つしかない（足し合わせるデータが1つしかない）ので，自由度は1だ。2つ目のケースでは，2乗項が3つ

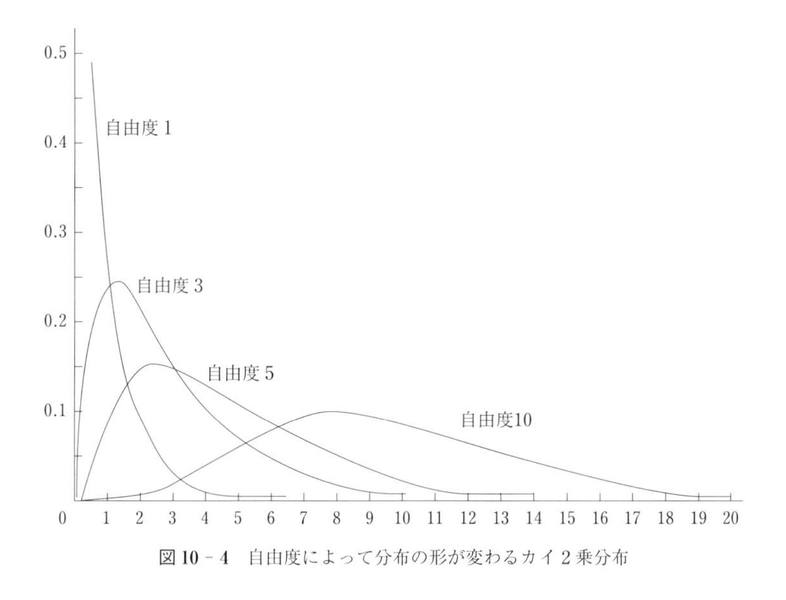

図 10－4　自由度によって分布の形が変わるカイ２乗分布

（足し合わせるデータが３つ）あるので，自由度は３となる。つまり，**カイ２乗分布とは，標準正規分布から得られた観測データの「２乗和 U の分布」**であり，**足し合わせる２乗項（何個のデータで２乗和 U を作るか）によって形が異なる分布**なのである。自由度 n のカイ２乗分布に従う U は次のように書ける。

$$U = x_1^2 + x_2^2 + \cdots + x_n^2 \quad \sim \chi^2(n) \qquad (10\text{-}1)$$

図10－４は，自由度１，３，５，10のときのカイ２乗分布を描いたものである。自由度が変わる（足し合わせるデータが増える）と分布の形が変わることが確認できる。

カイ２乗分布で予測する

標準正規分布からランダムに観測されたデータの２乗和 U がカイ２乗分布すること，さらに，自由度（何個のデータで２乗和 U を作るか）によって分布の形が異なることが分かった。ここで正規分布と同じように**分布の形が明確にな**

れば，U がとる値によってその相対度数が分かる。それはつまり，観測された標本データから計算される**統計量 U が，95%の確率でとりえる範囲を計算することができる**ということである。

表10-1は，自由度ごとに，U がとりえる全ての値のうち95%が，この範囲に含まれることを表したものだ（つまり，観測した U が95%の確率でとりえる範囲）。左端（1列目）の値は自由度で，2列目と3列目は，**（自由度ごとに）U がとりえる全ての値のうち，その値以上をとるものが全体の何%であるか**を表している。

例えば，自由度3の場合（3つの観測データで2乗和を作る場合），0.216以上をとる U は，全体の97.5%である（＝相対度数が97.5%である）と言える。同じく自由度3の場合，9.348以上をとる U は，全体の2.5%しかない（＝相対度数が2.5%である）と言える。これを確率という言葉で言い換えれば，U が0.216以上の値になる確率は97.5%であり，また同様に，9.348以上の値になる確率は2.5%であるとも言える（より自由度の高いものは，巻末の付表1を参照）。

このことを利用すると，U が95%の確率でとりえる範囲を示すことができる。上の自由度3の例をそのまま使えば，標準正規分布から3個のデータを標本として観測し，それぞれの値の2乗和 U を計算した場合，U は95%の確率で0.216から9.348の間の値をとると言えるのである（図10-5参照）。記号と数式を使って表すと，標準正規分布からランダムに観測される3つのデータ（x_1，x_2，x_3）の2乗和である，

$$U=x_1^2+x_2^2+x_3^2$$

は，自由度3のカイ2乗分布に従うため，この U が95%の確率でとりえる範囲は，

$$0.216 \leq U \leq 9.348$$

表 10－1　カイ２乗分布に従う U が95％の確率でとりえる範囲

自由度	**97.5%**	**2.5%**
1	0.001	5.024
2	0.051	7.378
3	**0.216**	**9.348**
4	0.484	11.143
5	0.831	12.833
6	1.237	14.449
7	1.690	16.013
8	2.180	17.535
9	2.700	19.023
10	3.247	20.483

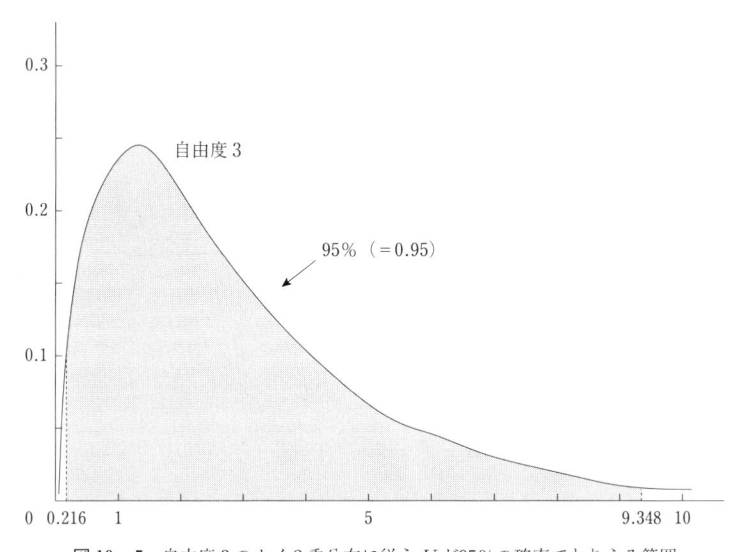

図 10－5　自由度３のカイ２乗分布に従う U が95％の確率でとりえる範囲

となる（厳密に書けば，「$U<9.348$」であるが，「$U\leq9.348$」としても確率には影響ないのでこちらを使う）。同じように考えれば，自由度が５の場合（５つの観測データの２乗和の場合），U がとる範囲は，以下のように予測すれば95％の確率で当たるだろう。

$$0.831 \leq U \leq 12.833 \tag{10-2}$$

2　母分散を推定してみる

母平均 μ を知っていれば，母分散 σ^2 の範囲を推定できる

母集団が標準正規分布（＝平均 0，標準偏差 1 の正規分布）で，そこからランダムに n 個のデータを観測したとき，その 2 乗和である U が，自由度 n のカイ 2 乗分布に従うことを説明した。このことから，母集団が一般の正規分布（平均が μ，標準偏差が σ）であり，そこから観測されたデータ x を標準化（$z=\frac{x-\mu}{\sigma}$ により，z は平均 0，標準偏差 1 の標準正規分布となる）して 2 乗和を計算すれば，カイ 2 乗分布に従う統計量 U を作ることができる（なお，ここでの統計量の導出は小島（2006）を参考にしている）。

平均 μ，標準偏差 σ の正規分布に従っている母集団から，ランダムに n 個のデータ（x_1，x_2，x_3，…，x_n）を観測したとき，各データを標準化して 2 乗和を計算すると，

$$U=\left(\frac{x_1-\mu}{\sigma}\right)^2+\left(\frac{x_2-\mu}{\sigma}\right)^2+\left(\frac{x_3-\mu}{\sigma}\right)^2+\cdots+\left(\frac{x_n-\mu}{\sigma}\right)^2 \tag{10-3}$$

この統計量 U は，自由度 n のカイ 2 乗分布に従う。

この統計量 U を使って，母分散 σ^2 の大きさを，95％信頼区間を使って推定することができるのである。ただし，「**母平均 μ が分かっている**」という変な状況（一般的に，これが分かっていることは稀だが）を想定すればの話だ。本当は，母平均が分からないケースでの母分散の推定（これがこの章の最終目標）を示したいのだが，その前段階だと思って，少し我慢して読み進めてほしい。

例として，母平均60，母標準偏差 σ の正規分布から，ランダムに 5 個のデータを観測したところ，それぞれ58，55，64，54，62だった。ここから，母分散 σ^2 の95％信頼区間を求めてみたい。

5つのデータを標準化して，(10-3)式を使って統計量Uを計算する。

$$\boldsymbol{U}=\left(\frac{\boldsymbol{x}_1-\boldsymbol{\mu}}{\boldsymbol{\sigma}}\right)^2+\left(\frac{\boldsymbol{x}_2-\boldsymbol{\mu}}{\boldsymbol{\sigma}}\right)^2+\left(\frac{\boldsymbol{x}_3-\boldsymbol{\mu}}{\boldsymbol{\sigma}}\right)^2+\left(\frac{\boldsymbol{x}_4-\boldsymbol{\mu}}{\boldsymbol{\sigma}}\right)^2+\left(\frac{\boldsymbol{x}_5-\boldsymbol{\mu}}{\boldsymbol{\sigma}}\right)^2$$

$$=\left(\frac{58-60}{\boldsymbol{\sigma}}\right)^2+\left(\frac{55-60}{\boldsymbol{\sigma}}\right)^2+\left(\frac{64-60}{\boldsymbol{\sigma}}\right)^2+\left(\frac{54-60}{\boldsymbol{\sigma}}\right)^2+\left(\frac{62-60}{\boldsymbol{\sigma}}\right)^2$$

$$=\frac{4}{\boldsymbol{\sigma}^2}+\frac{25}{\boldsymbol{\sigma}^2}+\frac{16}{\boldsymbol{\sigma}^2}+\frac{36}{\boldsymbol{\sigma}^2}+\frac{4}{\boldsymbol{\sigma}^2}=\frac{85}{\boldsymbol{\sigma}^2}$$

ここで，足し合わせる2乗項の数が5つの場合，統計量Uは自由度5のカイ2乗分布に従う。そのため，統計量Uが95%の確率でとりえる範囲は，前節の(10-2)式より，

$$0.831 \leq U < 12.833$$

である。つまり，統計量Uは，95%の確率で0.831から12.833の値をとるはずだ。さて，観測データから計算したUの値$\frac{\boldsymbol{85}}{\boldsymbol{\sigma}^2}$の中に母分散$\sigma^2$が含まれているため，$\sigma^2$に関して解けば，母分散$\sigma^2$の95%信頼区間を導出することができる（計算をより正確にするため，表10-1よりも小数点以下をくわしく表示している）。

$$0.83121 \leq \frac{85}{\sigma^2} \leq 12.83250$$

$$\frac{1}{12.83250} \leq \frac{\sigma^2}{85} \leq \frac{1}{0.83121}$$

$$\frac{85}{12.83250} \leq \sigma^2 \leq \frac{85}{0.83121}$$

$$6.62381 \leq \sigma^2 \leq 102.26056$$

これより，母分散σ^2の95%信頼区間は，6.624以上，102.261以下となる。**つまり，母平均$\boldsymbol{\mu}$さえ知っていれば，カイ2乗分布を使って母分散$\boldsymbol{\sigma}^2$の95%信頼区間を推定することができる。**標準的な統計学のテキストでは，**「母平均**

が既知のときの母分散の推定」と書かれている。

しかし，実際には母平均 μ を知っていることは稀なので，次に母平均が分からないときの母分散 σ^2 の推定（**「母平均が未知のときの母分散の推定」**）を紹介したい。

ちなみに，母分散にルートをとったものが母標準偏差 σ なので，母標準偏差 σ の95％信頼区間は以下のように計算できる。

$$2.57368 \leq \sigma \leq 10.11239$$

母平均 μ を知らなくても，母分散 σ^2 の範囲は推定できる

196頁では，母分散 σ^2 を推定する際に，「**母平均 μ を知っている**」という非現実的なケースを用いて説明した。そこでは母集団が正規分布（平均 μ，標準偏差 σ）から，標本として n 個のデータを観測したとき，(10-3)式で，

$$U=\left(\frac{x_1-\mu}{\sigma}\right)^2+\left(\frac{x_2-\mu}{\sigma}\right)^2+\left(\frac{x_3-\mu}{\sigma}\right)^2+\cdots+\left(\frac{x_n-\mu}{\sigma}\right)^2 \quad (10\text{-}3)$$

統計量 U を計算すると，U は自由度 n のカイ２乗分布に従った。さらにここから，母分散 σ^2 の95％信頼区間を使って，σ^2 の大きさを示すことができた。

いったいどうして「母平均 μ を知っている」という非現実的なケースを使って，このようなことを説明したのかというと，正規分布する母集団（平均 μ，標準偏差 σ）から得られた観測データ x を標準化 z $\left(=\frac{x-\mu}{\sigma}\right)$ することで，z が標準正規分布（平均０，標準偏差１）に従い，さらにその２乗和がカイ２乗分布に従うという法則を使えたためである。

しかし実際には，母平均 μ は分からないことの方が多く（むしろこの μ を知りたくて統計的推論を行う），代わりに，私たちが得られるのは，観測データから計算できる標本平均 $\bar{x}$ である。そうであれば，この $\bar{x}$ をうまく使うことで，母分散 σ^2 を推定できないかと考える方が自然ではないか。

さて，母平均μの代わりに標本平均$\bar{x}$を使って，Uの代わりに次のような統計量Vを作ってみる。

$$V=\left(\frac{x_1-\bar{x}}{\sigma}\right)^2+\left(\frac{x_2-\bar{x}}{\sigma}\right)^2+\left(\frac{x_3-\bar{x}}{\sigma}\right)^2+\cdots+\left(\frac{x_n-\bar{x}}{\sigma}\right)^2 \quad (10\text{-}4)$$

この統計量Vと統計量Uの違いは，分子の部分において，各データから「母平均μ」を引くか，「標本平均$\bar{x}$」を引くかだけだ。さて，この統計量Vは，Uと同じようにカイ2乗分布に従うのだろうか。実は非常にありがたいことに，以下のように，**標本平均を使った統計量Vも，カイ2乗分布に従ってくれる**（ただし，自由度が少し違う）。

平均μ，標準偏差σの正規分布に従っている母集団から，ランダムにn個のデータ（x_1，x_2，x_3，…，x_n）を観測したとき，各データから標本平均$\bar{x}$を引いて母分散σ^2で割ったものの2乗和である，以下のVを計算すると，

$$V=\left(\frac{x_1-\bar{x}}{\sigma}\right)^2+\left(\frac{x_2-\bar{x}}{\sigma}\right)^2+\left(\frac{x_3-\bar{x}}{\sigma}\right)^2+\cdots+\left(\frac{x_n-\bar{x}}{\sigma}\right)^2$$

この統計量Vは，自由度（$n-1$）のカイ2乗分布に従う。

母平均を使って計算したUとの違いは，「自由度n」ではなく，1つ少ない**「自由度（$n-1$）」のカイ2乗分布に従う**ということだけである。なぜnではなく，1つ少ない（$n-1$）なのかということについては，少し説明が難しいので，もし興味があれば，簡単な証明を本章末の***Column*** ⑫に示したので，参照してほしい。

それでは，この標本平均$\bar{x}$を使う統計量Vを使って，196頁と同じ例で，母分散σ^2を推定してみよう。

例（196頁と同じだが，母平均が分からないケース），平均μ，標準偏差σの正規分布の母集団から，ランダムに5個のデータを観測したところ，それぞれ58，55，64，54，62だった。ここから，母分散σ^2の95％信頼区間を求めなさい。

まず，標本平均$\bar{x}$を計算すると，

$$\bar{x}=\frac{58+55+64+54+62}{5}=58.6$$

となる。5つの標本データがあるため，統計量 V は自由度4（=5−1）のカイ2乗分布に従う。また，表10-1より，V が95%の確率でとりうる範囲は以下のようになる。

$$0.484 \leq V \leq 11.143$$

$\bar{x}$ を使って統計量 V を計算すると，

$$V=\left(\frac{58-58.6}{\sigma}\right)^2+\left(\frac{55-58.6}{\sigma}\right)^2+\left(\frac{64-58.6}{\sigma}\right)^2+\left(\frac{54-58.6}{\sigma}\right)^2+\left(\frac{62-58.6}{\sigma}\right)^2$$

$$=\frac{0.36}{\sigma^2}+\frac{12.96}{\sigma^2}+\frac{29.16}{\sigma^2}+\frac{21.16}{\sigma^2}+\frac{11.56}{\sigma^2}=\frac{75.2}{\sigma^2}$$

となり，$\frac{75.2}{\sigma^2}$ の中に母分散 σ^2 が含まれるため，以下のように，σ^2 の95%信頼区間を作ることができる。

$$0.484 \leq \frac{75.2}{\sigma^2} \leq 11.143$$

$$\frac{1}{11.143} \leq \frac{\sigma^2}{75.2} \leq \frac{1}{0.484}$$

$$\frac{75.2}{11.143} \leq \sigma^2 \leq \frac{75.2}{0.484}$$

$$6.749 \leq \sigma^2 \leq 155.372$$

これより，母平均の代わりに標本平均を使って推定した母分散 σ^2 の大きさは，6.749以上，155.372以下だと言える。また，母分散 σ^2 にルートをとったものが母標準偏差 σ なので，σ の95%信頼区間は以下となる。

$$2.598 \leq \sigma \leq 12.465$$

平均からのデータのバラつきを表すのに，分散だと幅が広すぎるので，やはり標準偏差の方がイメージしやすい。

標本分散 s^2 からも，母分散 σ^2 の範囲を推定できる

標本平均 $\overline{x}$ を使って計算した統計量 V が，自由度（$n-1$）のカイ２乗分布となり，この統計量を用いて母分散 σ^2 の大きさを区間推定する方法について紹介した。その際，統計量 V は以下の式によって導出された。

$$V = \left(\frac{x_1-\overline{x}}{\sigma}\right)^2 + \left(\frac{x_2-\overline{x}}{\sigma}\right)^2 + \left(\frac{x_3-\overline{x}}{\sigma}\right)^2 + \cdots + \left(\frac{x_n-\overline{x}}{\sigma}\right)^2$$

この式は以下のようにしても表せる。

$$V = \frac{(x_1-\overline{x})^2+(x_2-\overline{x})^2+(x_3-\overline{x})^2+\cdots+(x_n-\overline{x})^2}{\sigma^2}$$

ここで，第７～９章において，母標準偏差 σ が分からない場合，代わりに標本標準偏差 s を使っていた。この標本標準偏差を２乗したものが，標本分散 s^2 で，以下のように計算した（n 個の観測データ x_1，x_2，x_3，…，x_n）。

$$s^2 = \frac{(x_1-\overline{x})^2+(x_2-\overline{x})^2+(x_3-\overline{x})^2+\cdots+(x_n-\overline{x})^2}{n}$$

この s^2 と V をよく見比べてみると，分子が共通していることが分かる。そのため，統計量 V は，以下のようにして，標本分散 s^2 によって表すこともできる。

標本分散 s^2 に対して，以下のように観測されるデータの数 n をかけて，さらに母分散 σ^2 で割ると，統計量 V になる。

$$s^2 \times \frac{n}{\sigma^2} = \frac{(x_1-\overline{x})^2+(x_2-\overline{x})^2+(x_3-\overline{x})^2+\cdots+(x_n-\overline{x})^2}{n} \times \frac{n}{\sigma^2}$$

$$=\frac{(x_1-\bar{x})^2+(x_2-\bar{x})^2+(x_3-\bar{x})^2+\cdots+(x_n-\bar{x})^2}{\sigma^2}=V$$

そのため，統計量 V は，以下のように標本分散 s^2 の形で表すこともできる。

$$V=\frac{s^2 n}{\sigma^2} \tag{10-5}$$

ここで，V は自由度（$n-1$）のカイ 2 乗分布に従うため，この(10-5)式の $\frac{s^2 n}{\sigma^2}$ **も自由度（$n-1$）のカイ 2 乗分布に従う**（前述したが，標本分散 s^2 を計算する際，「n」で割っているが，標準的なテキストでは「$n-1$」で割る場合が多い。その場合は，(10-5)式の「n」は「$n-1$」に変更する）。

本章のはじめに，標本分散 s^2 がどのような分布に従うのか，という問いをしたことを覚えているだろうか。(10-5)式から，その答えが分かる。(10-5)式を標本分散 s^2 について表現すれば，

$$s^2=\frac{V\sigma^2}{n}$$

となる。ここで，右辺の統計量 V は自由度 $n-1$ のカイ 2 乗分布に従っており，それ以外の $\frac{\sigma^2}{n}$ は定数である。つまり，**標本分散 s^2 は，V を定数倍したものなので，V と同じくカイ 2 乗分布に近い形（自由度（$n-1$）のカイ 2 乗分布を定数倍したもの）であると言える。**ただし，母分散 σ^2 の推定には，相対度数が正確に分かる統計量 V の方を使う。

(10-5)式のように，標本分散 s^2 で表された統計量 V を使い，199頁と同じ例で母分散 σ^2 の95%信頼区間を計算してみよう。

標本平均 $\bar{x}$ は，

$$\bar{x}=\frac{58+55+64+54+62}{5}=58.6$$

なので，標本分散s^2を計算すると，以下のようになる。

$$s^2=\frac{(58-58.6)^2+(55-58.6)^2+(64-58.6)^2+(54-58.6)^2+(62-58.6)^2}{5}$$

$$=15.04$$

さらに，これにデータ数5をかけ，母分散σ^2で割ると，

$$s^2\times\frac{n}{\sigma^2}=\frac{15.04\times5}{\sigma^2}=\frac{75.2}{\sigma^2}$$

となる。ここで，データの数が5個なので，$V\left(=s^2\times\frac{n}{\sigma^2}\right)$は自由度4（=5−1）のカイ2乗分布に従うので，先ほどと同様に，表10-1より，Vが95%の確率でとりうる範囲が以下のようになる。

$$0.484\leq V\leq11.143$$

標本データから，$V=s^2\times\frac{n}{\sigma^2}=\frac{75.2}{\sigma^2}$だったので，$0.484\leq\frac{75.2}{\sigma^2}\leq11.143$として計算すると，母分散$\sigma^2$の95%信頼区間は以下のように同じになる。

$$6.749\leq\sigma^2\leq155.372$$

よって，母分散σ^2の区間推定は，標本分散s^2を使っても行うことができる。そして，実はここで紹介した統計量Vを，標本分散s^2を使って表す(10-5)式の$\boldsymbol{V=\frac{s^2n}{\sigma^2}}$は，次章で登場する新たな分布「$t$分布」に従う統計量を導出する際に必要になる。

第10章のまとめ

- 標準正規分布（平均0，標準偏差1）に従う母集団からランダムに観測された n 個のデータ（x_1，x_2，x_3，…，x_n）の2乗和である以下のような統計量 U を計算すると，

$$U=x_1^2+x_2^2+\cdots+x_n^2$$

となり，この**統計量 U は自由度 n のカイ2乗分布に従う**。同様に，正規分布（平均 μ，標準偏差 σ）に従う母集団からランダムに観測された n 個のデータ（x_1，x_2，x_3，…，x_n）を標準化して2乗和すると，

$$U=\left(\frac{x_1-\mu}{\sigma}\right)^2+\left(\frac{x_2-\mu}{\sigma}\right)^2+\left(\frac{x_3-\mu}{\sigma}\right)^2+\cdots+\left(\frac{x_n-\mu}{\sigma}\right)^2$$

この統計量 U も，自由度 n のカイ2乗分布に従う。ここで**自由度は，2乗和の際に足し合わせる項の数**を表している。

- **カイ2乗分布は必ず0以上の値をとる分布**で，自由度によって形が変化する。また，0近辺の値の相対度数が大きく，値が大きくなると，相対度数は減少していく。
- 統計量 U の母平均 μ を標本平均 $\overline{x}$ に変えた以下の統計量を計算すると，

$$V=\left(\frac{x_1-\overline{x}}{\sigma}\right)^2+\left(\frac{x_2-\overline{x}}{\sigma}\right)^2+\left(\frac{x_3-\overline{x}}{\sigma}\right)^2+\cdots+\left(\frac{x_n-\overline{x}}{\sigma}\right)^2$$

V は自由度 $n-1$ のカイ2乗分布に従う。

- **統計量 V が95％の確率でとりえる範囲を調べれば，（母平均が分からなくても）母分散 σ^2 の区間推定ができる（95％信頼区間を計算できる）。**
- 統計量 V は，標本分散 s^2 を使って以下の形でも表すことできる。

$$V=\frac{s^2n}{\sigma^2}$$

これより，**標本分散 s^2 はカイ2乗分布と似た形の分布となる**（カイ2乗分布を定数倍 $\frac{n}{\sigma^2}$ した分布）。

Column ⑫　統計量 V はどうして自由度 $(n-1)$ のカイ２乗分布に従うのか

本章では，正規分布する母集団からランダムに得られたデータから，母集団のバラつきである母分散 σ^2（または，母標準偏差 σ）を推定する方法を紹介した。その際，カイ２乗分布という，標準正規分布（平均０，標準偏差１）に従うデータの２乗和がとる新しい分布を使った。

具体的には，正規分布（平均 μ，分散 σ^2）する母集団から観測された n 個のデータから，次のような統計量 U を計算すると，

$$U=\left(\frac{x_1-\mu}{\sigma}\right)^2+\left(\frac{x_2-\mu}{\sigma}\right)^2+\left(\frac{x_3-\mu}{\sigma}\right)^2+\cdots,\ +\left(\frac{x_n-\mu}{\sigma}\right)^2$$

これが自由度 n のカイ２乗分布に従うため，U が95％の確率でとりえる範囲を調べることで，母分散 σ^2 の区間推定ができた。

しかし，統計量 U では「母平均 μ を知っている」という，あまり現実的でない状況での方法なので，μ の代わりに標本平均 $\bar{x}$ を使った，以下の統計量 V を使った。

$$V=\left(\frac{x_1-\bar{x}}{\sigma}\right)^2+\left(\frac{x_2-\bar{x}}{\sigma}\right)^2+\left(\frac{x_3-\bar{x}}{\sigma}\right)^2+\cdots+\left(\frac{x_n-\bar{x}}{\sigma}\right)^2$$

この V が自由度 $(n-1)$ のカイ２乗分布に従うことが知られているため，すべて観測されたデータから得られる統計量 V を母分散 σ^2 の推定に使った。

ここで，V は U と同じくカイ２乗分布には従うのだが，自由度「n」から「$n-1$」に１つ減っていることが違う。これを簡単に示しておく。

例として，正規分布（平均 μ，分散 σ^2）の母集団から，ランダムに２つの観測データ（x_1，x_2）が得られたとする（つまり，$n=2$ のケース）。このとき，統計量 V は，

$$V=\left(\frac{x_1-\bar{x}}{\sigma}\right)^2+\left(\frac{x_2-\bar{x}}{\sigma}\right)^2$$

となる。ここで，標本平均 $\bar{x}$ は，$\bar{x}=\dfrac{x_1+x_2}{2}$ となるため，V に代入すると，

$$V=\left(\frac{x_1-\dfrac{x_1+x_2}{2}}{\sigma}\right)^2+\left(\frac{x_2-\dfrac{x_1+x_2}{2}}{\sigma}\right)^2$$

$$=\frac{\left(\frac{2x_1-(x_1+x_2)}{2}\right)^2}{\sigma^2}+\frac{\left(\frac{2x_2-(x_1+x_2)}{2}\right)^2}{\sigma^2}$$

$$=\frac{\left(\frac{x_1-x_2}{2}\right)^2}{\sigma^2}+\frac{\left(\frac{x_1-x_2}{2}\right)^2}{\sigma^2}=\frac{(x_1-x_2)^2}{2\sigma^2}=\left(\frac{x_1-x_2}{\sqrt{2}\,\sigma}\right)^2$$

となる。

ここで，第9章でご紹介した**正規分布の再生性**を思い出してほしい。これは，**2つの（独立した）正規分布に従うデータ同士の和や差は，再び正規分布する**というものだった。x_1 と x_2 は，それぞれ（独立に）正規分布（平均 μ，分散 σ^2）に従うため，2つのデータの差（x_1-x_2）も正規分布（平均0，分散 $2\sigma^2$）に従う（平均は $\mu-\mu$ で0，標準偏差は $\sigma+\sigma$ で 2σ）。よって上の V を次のように書き直すと，

$$V=\left[\frac{(x_1-x_2)-0}{\sqrt{2}\,\sigma}\right]^2$$

となる。統計量 V のカッコ内は，2つのデータの差（x_1-x_2）を標準化したものになるため，V は，平均0，標準偏差1の標準正規分布の2乗になる。つまり，$n=2$ のとき，統計量 V は自由度1のカイ2乗分布に従う統計量となるのだ。これより，**2乗和を作るデータの数が1つ少なくなるため，自由度が1つ小さくなることが分かる**。これが，母平均 μ を標本平均 $\bar{x}$ に置きかえて2乗和を作ると，データの数よりも自由度が1つ少なくなる理由である（豊田・大谷・小川・長谷川・谷﨑 2010）。

参考文献

小島寛之『完全独習　統計学入門』ダイヤモンド社，2006年。
栗原伸一『入門　統計学――検定から多変量解析・実験計画法まで』オーム社，2011年。
森棟公夫・照井伸彦・中川満・西埜晴久・黒住英司『統計学　改訂版』有斐閣，2015年。
豊田利久・大谷一博・小川一夫・長谷川光・谷﨑久志『基本統計学（第3版）』東洋経済新報社，2010年。

練習問題

問題1

正規母集団（平均μ，標準偏差σ）からランダムに得られたn個のデータ（x_1，x_2，x_3，…，x_n）から，以下のような統計量Vを計算したとき，Vはどのような分布に従うか。ここで$\overline{x}$は標本平均である。

$$V=\left(\frac{x_1-\overline{x}}{\sigma}\right)^2+\left(\frac{x_2-\overline{x}}{\sigma}\right)^2+\left(\frac{x_3-\overline{x}}{\sigma}\right)^2+\cdots+\left(\frac{x_n-\overline{x}}{\sigma}\right)^2$$

問題2

正規母集団（平均μ，標準偏差σ）からランダムに得られたn個のデータ（x_1，x_2，x_3，…，x_n）から，標本分散s^2を計算したとき，s^2はどのような分布に従うか。

問題3

受験者100人の試験の標準偏差σ（母標準偏差）を知りたい。受験者からランダムに8人を選んで点数を聞いたところ，平均点が77.2点，標準偏差が8.49点であった。母標準偏差σの95%信頼区間を計算しなさい。なお，点数は正規分布に従っているとする。

問題4

ある人気アトラクションの待ち時間のバラつき（母標準偏差σ）を知りたい。ランダムに10日間選び，それぞれの日の待ち時間を記録したところ，平均が108.5分，標準偏差が58.3分であった。母標準偏差σの95%信頼区間を計算しなさい。なお，待ち時間は正規分布に従っているとする。

第11章

入手できるデータが少ないときの分布

――t分布――

本章のねらい

第Ⅱ部では，観測できるデータの標本サイズが十分に大きい場合（本書では，30個以上）を想定して，正規分布を使った母集団の統計的推論の方法を紹介した。しかし，実験や観測によって得られるデータには限りがある場合がある。そのような限られた観測データにおいても，統計的推論の方法が用意されている。本章では，t分布という新しい分布を用いて，小標本のケースでの「区間推定」と「仮説検定」の方法について紹介する。

1　データが少なくても統計的推論はできる

小標本理論

第Ⅱ部では，私たちが知りたい母集団の特性（母平均μなど）を推論するため，**可能な限りたくさんの標本データを観測し**，それらを集計した統計量（標本平均$\bar{x}$）が，正規分布に従うという基本性質（中心極限定理）から，以下のような母平均μの95%信頼区間を疑問なく使用することができた。

$$\bar{x}-1.96\times\frac{s}{\sqrt{n}}\leq\mu\leq\bar{x}+1.96\times\frac{s}{\sqrt{n}} \tag{11-1}$$

このような**標本サイズの大きい観測データを用いた統計的推論のことを**，「**大標本理論**」と呼ぶ。しかし，大規模な調査や実験であれば，多くの標本データを観測することができるだろうが，場合によっては，できないこともある。

例えば，自動車の場合，衝突事故が発生した際に乗員の生命を守れる構造をしているかどうかをチェックするため，事前に「衝突試験」を行う。これは，時速50キロほどで走る自動車を，コンクリートのバリアに実際に衝突させて，衝突時の様子や壊れ具合（特に衝突したときに，生存空間と救助の容易さが確保されているかがポイント）を調べる試験だ。

このような試験は，環境や細かい条件などが変われば結果も変わるはずだが，実際の車を使用すると，費用がかかりすぎるし，ミニチュアを使った試験なら，実際の車と結果に差が生じてしまう。そのため，何度も試験を行うことは難しく，限られた回数の試験のデータをもとに安全性の判断をする必要がある（最近では，コンピュータ解析を併用することで，試験の精度が高くなっているそうだが）。

このような費用の問題以外にも，実験・調査における物理的な問題（例えば，１つのデータを得るだけでも非常に時間がかかる実験）などもあり，多くの予算や長期の実験・調査期間がないと，たくさんの標本データを観測することが難しい場合も多いと言える。しかしながら，**そのような少ない標本データでは，これまで扱ってきた(11-1)式に基づいた統計的推論が**（そのままでは）**適用できなくなる**，ということが分かっている。

実際，統計学の歴史においても，19世紀初頭までは，標本サイズの大きい「大標本理論」さえあれば十分だと考えられており，観測された標本データから得られた統計量（標本平均）が，左右対称のきれいな正規分布にならない場合は，データのとり方が悪いか（ランダムサンプリングになっていない），データの数が不足している（標本サイズが小さい）からだと考えられていた。

しかし，前述のように標本サイズが小さい場合でも，(11-1)式を少し修正するだけで，統計的推論を可能にする考え方（「大標本理論」に対して，「**小標本理論**」と呼ばれる）が，イギリスの統計学者であるウィリアム・ゴセットによって発見された。ゴセットは，もともと大学卒業後は，イギリスの有名なビール会社，ギネスビール社の醸造技術者として働いていた。そこで彼が直面していたのが，標本サイズをあまり大きくできないという状況だった。

正規分布が使えない

ビールの醸造実験では，温度変化や材料の比率など，醸造の条件を変えながら実験を行う必要があるが，1回の実験に丸1日と非常に時間のかかるものだったので，どうしても標本サイズに限りがあった。このような経験から，**少ない標本サイズでも，できるだけ正確な予測（統計的推論）がしたい**という考えのもとに作り出されたのが，正規分布とは異なる「**t 分布**」を用いた統計的推論の方法（「**小標本理論**」）だった。

結論から先に示せば，ゴセットが考え出した t 分布を利用すれば，観測できる標本データが少ない場合でも，以下のように，(11-1)式を少し変更するだけで，「大標本」の場合と同じように，95%信頼区間を使うことができる（つまり，「区間推定」や「仮説検定」という統計的推論の方法が，これまで通りに使えるのである）。

$$\bar{x}+t_{0.025}\times\frac{s}{\sqrt{n-1}}\leq\mu\leq\bar{x}+t_{0.975}\times\frac{s}{\sqrt{n-1}} \qquad (11\text{-}2)$$

ここで，(11-1)式との違いが2つある。**1つ目は，$\frac{s}{\sqrt{n}}$ が $\frac{s}{\sqrt{n-1}}$ となっていること，2つ目は，相対度数が95%となる範囲が，正規分布では，「-1.96 から 1.96」だったのが，「$t_{0.025}$ から $t_{0.975}$」となっていることだ**（次節で示すが，標本サイズによって $t_{0.025}$ と $t_{0.975}$ の値は変わる。また，$t_{0.025}$ と $t_{0.975}$ は，前者がマイナス，後者がプラスの符号となるが，絶対値では同じ値となる）。

ただし，もう1つ重要な仮定を追加する必要がある。それは，標本平均 $\bar{x}$ や標本標準偏差 s を計算するための n 個の標本データ（x_1，x_2，…，x_n）が，**「正規分布」する母集団（正規母集団）から観測されたデータであることが条件**となる。第Ⅱ部では，中心極限定理があったので，母集団の分布がどのような分布であっても，標本平均 $\bar{x}$ は，正規分布になる（正規分布に近いものになる）と言えたのだが，この第Ⅲ部では，標本サイズが小さいため，この定理が使えない。ただし，母集団が「正規分布」するという仮定があれば，(11-2)式のようなわずかな変更を施すだけで，第Ⅱ部と同じ推論の方法を行うことが可能となる。

ここで，「正規分布」の仮定が気になる人もいるだろうが，第4章で紹介したように，世の中の現象の多くは正規分布していると考えられるため，この仮定にそれほど神経質になる必要もない。

また，気づいた人もいるもしれないが，第10章で紹介した母分散（または，母標準偏差）の推定においても，母集団に正規分布が仮定されていた。これは，母分散の推定に必要なカイ2乗分布が，標準正規分布するデータの2乗和の分布であるため，母集団は必ず正規分布していなくてはならないからだ。

さて，この章では，標本データが少ないときでも，母平均μの統計的推論が可能な方法を紹介するのだが，前述のように，**仮定するのは，母集団が「正規分布」することだけ**である。それ以外の情報が何もなくても，「t分布」を使うだけで，母平均μの「区間推定」や「仮説検定」ができる。それでは，このアイデアの最重要ポイントである「t分布」について解説していく。

2　T統計量とt分布

t分布とは

標本サイズが小さいケースでも，母集団の特性である母平均μをこれまでと同じようにうまく推定するためには，「t分布」という新しい分布を用いる必要がある。ここではまず，このt分布とはいったいどのような分布なのかについて説明する（なお，ここでの統計量の導出は小島（2006）を参考にしている）。

最初に，正規分布する母集団の平均がμ，標準偏差がσだとして，ここから標本サイズnのデータ（x_1，x_2，…，x_n）を観測したとする。このデータから計算した標本平均$\overline{x}$は，平均μ，標準偏差$\frac{\sigma}{\sqrt{n}}$（σが分からなければ，標本標準偏差s $\left(=\sqrt{\frac{\sum_{i=1}^{n}(x_i-\overline{x})^2}{n}}\right)$を使った$\frac{s}{\sqrt{n}}$でも可）の正規分布となる。また，以下

のように，その標準化した統計量 z は，

$$z=\frac{\bar{x}-\mu}{\frac{\sigma}{\sqrt{n}}},\ \left(\text{もしくは，}z=\frac{\bar{x}-\mu}{\frac{s}{\sqrt{n}}}\right) \tag{11-3}$$

のように，標準正規分布（平均０，標準偏差１）に従う。そして，分布の形状が分かっているということは，z がとる各値の相対度数を知ることができ，この性質を使うことで，母平均 μ の推定を行うことができるのである。

しかし，**標本サイズが小さい場合には，統計量 z が正規分布から大きくズレてしまい，このまま母平均 μ を推定してしまうと誤差が大きくなってしまう**ことに気がついたゴセットは，研究を重ね，以下のような統計量 T を計算すると，

$$T=\frac{\bar{x}-\mu}{\frac{s}{\sqrt{n-1}}} \tag{11-4}$$

この**統計量 T が，自由度（$n-1$）の「t 分布」**に従うことを発見した。

さて，この統計量 T が従う「t 分布」だが，この分布は「標準正規分布」に従う統計量 z と，第10章で紹介した，自由度（$n-1$）の「カイ２乗分布」に従う統計量 V を使って，以下のように定義される。

$$T=\frac{z}{\sqrt{\frac{V}{n-1}}} \tag{11-5}$$

つまり，(11-5)式は，t 分布に従う統計量 T が，標準正規分布に従う統計量 z を，自由度（$n-1$）のカイ２乗分布に従う統計量 V を，その自由度（$n-1$）で割った値の平方根で割り算した，

$$T=\frac{\text{標準正規分布する}\,z}{\sqrt{\dfrac{\text{カイ2乗分布する}\,V}{V\text{の自由度}}}}$$

という式で定義されることを表している。そして，(11-4)式は，この(11-5)式の定義を使って表すことができる。まず，標準正規分布に従う統計量zは，(11-3)式より，

$$z=\frac{\bar{x}-\mu}{\dfrac{\sigma}{\sqrt{n}}}$$

である。また，自由度（$n-1$）のカイ2乗分布に従う統計量Vについては，第10章の最後に示した以下の(10-5)式を使う。

$$V=\frac{s^2n}{\sigma^2}$$

この2つを(11-5)式に当てはめて計算していくと，

$$T=\frac{z}{\sqrt{\dfrac{V}{n-1}}}=\frac{\dfrac{\bar{x}-\mu}{\dfrac{\sigma}{\sqrt{n}}}}{\sqrt{\dfrac{\dfrac{s^2n}{\sigma^2}}{n-1}}}=\frac{\dfrac{\bar{x}-\mu}{\dfrac{\sigma}{\sqrt{n}}}\times\sqrt{n-1}}{\sqrt{\dfrac{s^2n}{\sigma^2}}}=\frac{(\bar{x}-\mu)\sqrt{n-1}}{\dfrac{\sigma}{\sqrt{n}}\times\dfrac{s\sqrt{n}}{\sigma}}$$

$$=\frac{(\bar{x}-\mu)\sqrt{n-1}}{s}=\frac{\bar{x}-\mu}{\dfrac{s}{\sqrt{n-1}}}$$

となり，(11-4)式と一致することが確認できる。つまり，本章で登場した統計量Tが従う「t分布」というものは，何もないところから出てきたものではなく，本書ですでに扱ってきた「(標準) 正規分布」と「カイ2乗分布」から導出される分布なのである。

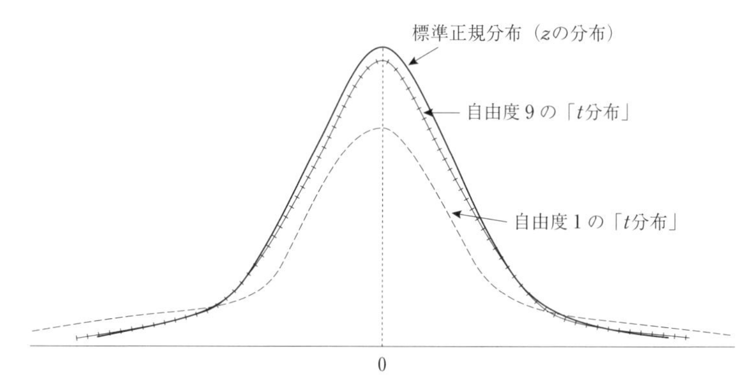

図11－1「標準正規分布」と「t 分布」の比較

そして，気づいたかもしれないが，**統計量 T を導出する際に，(11-3)式と(10-5)式に含まれている母標準偏差 σ**（通常は未知の特性）**が，約分されて消えてしまい，母集団の未知な特性は，母平均 μ のみになっている**（つまり，あとは μ に関して推論するだけだ）。

t 分布は正規分布より幅が広い

さて，(11-4)式が「t 分布」という新しい分布に従うことを述べたが，「t 分布」とはいったいどのような形をしているのだろうか。図11－1は，自由度1と自由度9の「t 分布」と，標準正規分布の形状を比較したものだ（つまり，$n=2$ と $n=10$ のときに，統計量 T が従う分布と，統計量 z が従う分布を重ねて表したもの）。

図から分かるように，**t 分布の形は，正規分布の形とよく似ている**。しかし，**正規分布と比べ，頂点はやや低く，分布の広がりが大きい**という特徴があることが確認できると思う。さらに，**標本サイズが大きくなる**（自由度が大きくなる）**と，頂点が高く**（0付近の相対度数が大きく），**裾野が狭く**（0から離れた値の相対度数が小さくなる）**なり，だんだんと標準正規分布に近づいていくことも分**かる。実際，標本サイズが無限に大きくなると，「t 分布」は「標準正規分布」と一致する。

表11－1　自由度（$n-1$）の t 分布に従う統計量 T が95％の確率でとりえる範囲

自由度	2.5% （$t_{0.025}$）	97.5% （$t_{0.975}$）
1	−12.706	12.706
2	−4.303	4.303
3	−3.182	3.182
4	**−2.776**	**2.776**
5	−2.571	2.571
6	−2.447	2.447
7	−2.365	2.365
8	−2.306	2.306
9	−2.262	2.262
10	−2.228	2.228
11	−2.201	2.201
12	−2.179	2.179
13	−2.160	2.160
14	−2.145	2.145
15	−2.131	2.131
20	−2.086	2.086
30	−2.042	2.042
50	−2.009	2.009
100	−1.984	1.984
1000	−1.962	1.962
∞	−1.960	1.960

(11-3)式が標本平均 $\bar{x}$ の標準化と呼ばれるのに対して，(11-4)式は準標準化と呼ばれる。このことから，**t 分布は準正規分布**と呼ばれることもある。

分布の形状が分かっているということは，正規分布やカイ２乗分布と同じく，表11－1のように，**自由度の大きさによって，統計量 T の相対度数が95％となる範囲（統計量 T が95％の確率で入る範囲）も分かっている**ということだ（前述のように，t 分布は自由度を大きくしていくと，標準正規分布と一致するため，表11－1において，自由度が無限の場合には，相対度数が95％となる範囲は，−1.96から1.96となる。より自由度の多い表は，巻末の付表２を参照）。

例えば，標本サイズが５のとき（$n=5$）のとき，(11-4)式の統計量 T $\left(=\dfrac{\bar{x}-\mu}{\frac{s}{\sqrt{n-1}}}\right)$ は，自由度４（=5−1）の t 分布に従う。表11－1より，このとき，T が95％の確率でとる範囲は，

$$-2.776 \leq T \leq 2.776$$

となることが確認できる。図11－2は，この範囲を表したものだ。比較のために，標準正規分布に従う統計量 z が95％の確率でとりえる範囲も示している。**標本サイズが小さいことにより，誤差をより大きく評価する必要があることから，「t 分布」の方が「正規分布」より広い範囲をとる**ことが分かる。

統計量 T が95％の確率でとる範囲は，自由度（$n-1$）の大きさによって異なる。この範囲の上限と下限を $t_{0.025}$ と $t_{0.975}$ とすれば，この範囲は次のように

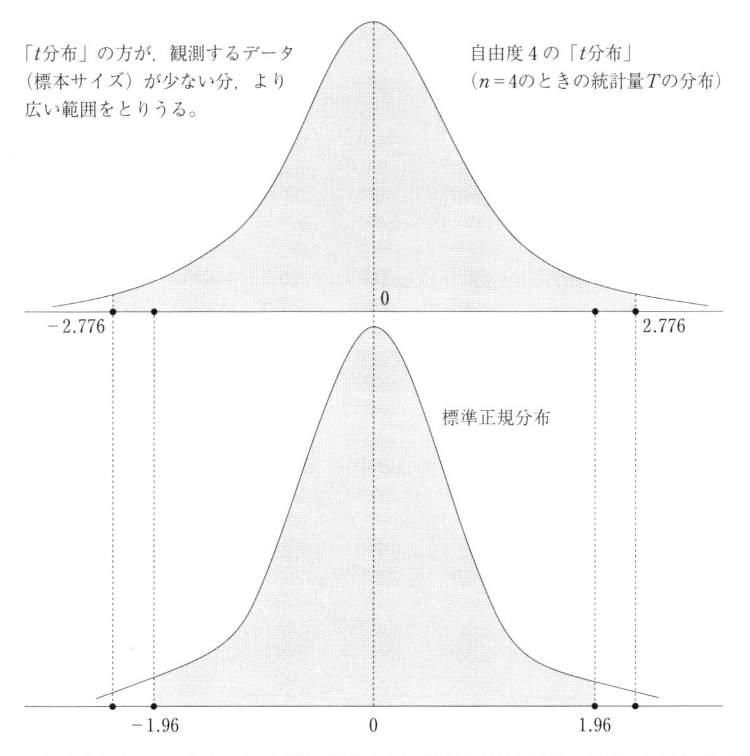

図11－2　「自由度4の t 分布」と「標準正規分布」に従う統計量が95%の確率でとる範囲の比較

表現できる。

$$t_{0.025} \leq T \leq t_{0.975} \qquad (11\text{-}6)$$

表11－1を見ると，**自由度が大きくなるに従って，この(11-6)式の範囲が狭くなっていくことが確認できると思う**（例えば，自由度5のケースと自由度10のケースを比べてほしい)。これは，統計量 T が自由度（$n-1$）の「t 分布」に従っているため，標本サイズである n の大きさが増えると，t 分布の正規分布からのズレがだんだんと小さくなるためである。そして，前述のように，**標本サイズが無限に大きくなると，統計量 T は，正規分布のときに95%の確率でとる**

範囲と一致する。

さて，**統計量 T は，(11-4)式で表したように，母平均以外は全て，観測された標本データから知ることのできる**形で定義されていた。

$$\boldsymbol{T=\frac{\bar{x}-\mu}{s/\sqrt{n-1}}} \tag{11-4}$$

そして，この統計量 T が95%の確率でとる範囲が(11-6)式のように表されるなら，この性質を使って母平均 μ の統計的推論（「区間推定」や「仮説検定」）を行うことができる。

3　T 統計量を使った「区間検定」と「仮説推定」

T 統計量を使った母平均 μ の「区間推定」

正規分布する母集団から観測された n 個の標本データを使って，以下のような統計量 T を，

$$T=\frac{\bar{x}-\mu}{\dfrac{s}{\sqrt{n-1}}}$$

を作ると，**T は自由度（$n-1$）の「t 分布」に従う**ことを説明しました。分布の形が明らかになれば，それぞれの T の値に対応する相対度数が分かることから，**統計量 T が95%の確率でとりえる範囲を，完全に特定することができた**（以下は，前節の(11-6)式）。

$$t_{0.025} \leq T \leq t_{0.975} \tag{11-6}$$

この範囲に T $\left(=\dfrac{\bar{x}-\mu}{s/\sqrt{n-1}}\right)$ を入れると，以下のようになる。

$$t_{0.025} \leq \frac{\bar{x}-\mu}{s/\sqrt{n-1}} \leq t_{0.975} \qquad (11\text{-}6')$$

さて，この(11-6′)式における，**標本平均 $\bar{x}$，標本標準偏差 s，標本サイズ n，自由度（$n-1$）のときの $t_{0.025}$ と $t_{0.975}$ の値**（表11-1参照）は，**観測された標本データから知ることができるため，未知なのは，母集団の特性である母平均 μ のみ**である。

このことから，(11-6′)式を，以下のように母平均 μ について整理すると，**母平均 μ の95%信頼区間**を作ることができる。

$$t_{0.025} \leq \frac{\bar{x}-\mu}{s/\sqrt{n-1}} \leq t_{0.975}$$

$$t_{0.025} \times \frac{s}{\sqrt{n-1}} \leq \bar{x}-\mu \leq t_{0.975} \times \frac{s}{\sqrt{n-1}}$$

$$-\bar{x}+t_{0.025} \times \frac{s}{\sqrt{n-1}} \leq -\mu \leq -\bar{x}+t_{0.975} \times \frac{s}{\sqrt{n-1}}$$

$$\bar{x}+t_{0.025} \times \frac{s}{\sqrt{n-1}} \leq \mu \leq \bar{x}+t_{0.975} \times \frac{s}{\sqrt{n-1}}$$

となる。この式は第1節で出てきた(11-2)式と同じものだ。つまり，この式を使えば，**たとえ標本サイズが小さくても，母集団が正規分布であるという仮定だけで，母平均 μ の区間推定を行うことができる**。

具体例を使って，母平均 μ の区間推定をしてみよう。ランダムに選んだ10名のプリウスのドライバーに，給油の際に燃費を計算して記録してもらったところ，25.6，18.1，22.5，20.0，29.6，21.3，19.7，20.5，25.3，21.1（単位はkm/ℓ）だった。プリウスは全て同型だとする。このとき，カタログ燃費ではなく，実際の燃費（これを母平均 μ とする）を知りたいので，区間推定を使って推定してみる。

10名のドライバーの燃費の平均（標本平均 $\bar{x}$）は，

$$\bar{x} = \frac{25.6+18.1+22.5+20.0+29.6+21.3+19.7+20.5+25.3+21.1}{10}$$

$$\approx 22.4(\mathrm{km}/\ell)$$

である。この $\overline{x}=22.4$ を使って，標本標準偏差 s を計算すると，

$$s=\sqrt{s^2}$$
$$=\sqrt{\frac{(25.6-22.4)^2+(18.1-22.4)^2+(22.5-22.4)^2+\cdots+(21.1-22.4)^2}{10}}$$
$$\approx 3.29(\mathrm{km}/\ell)$$

となる。

標本サイズ $n=10$ より，自由度 9（$=n-1$）の「t 分布」における $t_{0.025}$ と $t_{0.975}$ は，表11-1より，それぞれ -2.262 と 2.262 である。これより，母平均 μ（実際の燃費）の95％信頼区間は，

$$\overline{x}+t_{0.025}\times\frac{s}{\sqrt{n-1}}\leq\mu\leq\overline{x}+t_{0.975}\times\frac{s}{\sqrt{n-1}}$$
$$22.4-2.262\times\frac{3.29}{\sqrt{9}}\leq\mu\leq 22.4+2.262\times\frac{3.29}{\sqrt{9}}$$
$$22.4-2.262\times\frac{3.29}{\sqrt{9}}\leq\mu\leq 22.4+2.262\times\frac{3.29}{\sqrt{9}}$$
$$19.92\leq\mu\leq 24.88$$

となる。つまり，プリウスの実際の燃費（母平均 μ）は，$19.92\,\mathrm{km}/\ell$ から $24.88\,\mathrm{km}/\ell$ の範囲にあると推論できる。

T 統計量を使った母平均 μ の「仮説検定」——t 検定

仮説検定とは，母集団の特性が「ある値」であるかどうかを，帰無仮説を立てて検証する方法だった。第Ⅱ部では，標本サイズが大きい場合を想定していたので，正規分布を用いた方法で検定を行うことができた。しかし，標本サイズが小さい場合でも，統計量 T とそれが従う「t 分布」を使えば，第Ⅱ部とほぼ同じ手順で検定を行うことが可能である。

正規分布する母集団からランダムに観測された n 個の標本データ（x_1，x_2，…，x_n）から，以下のような統計量 T を計算すると，

$$T=\frac{\bar{x}-\mu}{s/\sqrt{n-1}}$$

この統計量 T は，自由度（$n-1$）の「t 分布」に従った。そのため，統計量 T が95％の確率でとりえる範囲は，

$$t_{0.025}\leq\frac{\bar{x}-\mu}{s/\sqrt{n-1}}\leq t_{0.975}$$

だと言える。

ここで，この不等式を標本平均 $\bar{x}$ について整理すると，

$$\boldsymbol{\mu}+\boldsymbol{t}_{0.025}\times\frac{\boldsymbol{s}}{\sqrt{\boldsymbol{n}-1}}\leq\bar{\boldsymbol{x}}\leq\boldsymbol{\mu}+\boldsymbol{t}_{0.975}\times\frac{\boldsymbol{s}}{\sqrt{\boldsymbol{n}-1}} \qquad (11\text{-}7)$$

となり，**この(11-7)式は，母平均 $\boldsymbol{\mu}$ が「ある値」である，という帰無仮説が正しいときに，標本平均 $\bar{\boldsymbol{x}}$ が95％の確率でとる範囲である**，ということを意味している。

仮説検定の基本的なアイデアは，μ が「ある値」であるという帰無仮説のもとで，(11-7)式を計算したとき，観測されたデータから得られる標本平均 $\bar{x}$ がこの範囲に入っていなければ，帰無仮説を「棄却する」（入っていれば，「棄却できない」）というものだった。ここで，第Ⅱ部とは異なり，標本サイズが小さいケースでは「t 分布」を用いて検定を行うため，この方法は「**t 検定**」と呼ばれている。

具体例を使って，母平均 μ の「t 検定」の方法を見ていきたいと思う。受験者100名の統計学の期末試験が行われ，受験者からランダムに選ばれた 8 人に（自己採点）の点数を聞いたところ，88，61，74，71，55，64，59，72点であった（自己採点は正確だとする）。このとき，この試験の平均点（母平均 μ）は80点

だと言ってもよいだろうか。

この例における帰無仮説は,「期末試験の受験者100名の平均点が80点($\mu=80$)」である。また,標本平均 $\bar{x}$ が,

$$\bar{x}=\frac{88+61+74+71+55+64+59+72}{8}=68(\text{点})$$

であることから,標本標準偏差 s は,

$$s=\sqrt{s^2}=\sqrt{\frac{(88-68)^2+(61-68)^2+(74-68)^2+\cdots+(72-68)^2}{8}}\approx 9.8(\text{点})$$

となる。

標本サイズ $n=8$ より,自由度7($=n-1$)の「t 分布」における $t_{0.025}$ と $t_{0.975}$ は,表11-1より,それぞれ -2.365 と 2.365 である。よって,帰無仮説($\mu=80$)が正しいときに,標本平均 $\bar{x}$ が95%の確率で含まれる範囲は,(11-7)式より,

$$\mu+t_{0.025}\times\frac{s}{\sqrt{n-1}}\leq\bar{x}\leq\mu+t_{0.975}\times\frac{s}{\sqrt{n-1}}$$

$$80-2.365\times\frac{9.8}{\sqrt{7}}\leq\bar{x}\leq 80+2.365\times\frac{9.8}{\sqrt{7}}$$

$$71.2\leq\bar{x}\leq 88.8$$

となる。ここで,観測された8名の点数の平均(標本平均 $\bar{x}$)は,68点であるため,この範囲には含まれない。つまり,**帰無仮説($\mu=80$)が正しいときの母集団から,ランダムに8名を選んだとき,その平均点が68点であることは滅多にない(5%以下の確率でしか起こらない)**と判断する。よって,統計学の期末試験の平均点が80点であるという帰無仮説は「棄却」される。

それでは,帰無仮説において,本当の平均点(母平均 μ)を何点だとすれば「棄却」されないだろうか。それは,帰無仮説が「棄却」されなくなるまで,

例えば点数を80点から１点ずつ下げていき，その都度，仮説検定を行ってみると明らかになる。

第８章において，**帰無仮説の値を変えながら仮説検定を行っていき，棄却されずに残った母数（この場合μ）の集まりが信頼区間**である，ということが明らかになっている。そのため，以下のように本当の平均点μの95％信頼区間を計算すると，

$$\bar{x}+t_{0.025}\times\frac{s}{\sqrt{n-1}}\leq\mu\leq\bar{x}+t_{0.975}\times\frac{s}{\sqrt{n-1}}$$

$$68-2.365\times\frac{9.8}{\sqrt{7}}\leq\mu\leq 68+2.365\times\frac{9.8}{\sqrt{7}}$$

$$59.2\leq\mu\leq 76.8$$

となるため，本当の平均点は，おおよそ59点から77点の間であると言える（ただし，５％の確率で外れることを覚悟しておく必要がある）。

最後に，母平均μに対する「t検定」の手順を一般的に示しておく。「正規分布」する母集団から得られた標本サイズnのデータ（x_1，x_2，…，x_n）をもとに，

Step 1　帰無仮説を設定する。この母集団の母平均μが「ある値」であると仮定する。

Step 2　標本データから標本平均$\bar{x}=\frac{x_1+x_2+\cdots+x_n}{n}$と標本標準偏差$s=\sqrt{s^2}=\sqrt{\frac{(x_1-\bar{x})^2+(x_2-\bar{x})^2+\cdots+(x_n-\bar{x})^2}{n}}$を計算する。

Step 3　自由度（$n-1$）の「t分布」における$t_{0.025}$と$t_{0.975}$を，表11-１よりさがす。

Step 4　帰無仮説が正しいとき（μがある値のとき），以下の式より，標本平均$\bar{x}$が95％の確率でとりえる範囲を計算する。

$$\mu+t_{0.025}\times\frac{s}{\sqrt{n-1}}\leq\bar{x}\leq\mu+t_{0.975}\times\frac{s}{\sqrt{n-1}}$$

Step 5　Step 4の範囲に，観測された標本データから計算した$\bar{x}$が入っていなければ，「帰無仮説」を棄却する（入っていれば棄却できない）。

第11章のまとめ

- 少ない標本データから，できるだけ正確に母集団の特性を推論する考え方を「**小標本理論**」と呼ぶ。小標本理論では，正規分布ではなく，「**t 分布**」を用いて区間推定や仮説検定を行う。
- 正規分布する母集団から観測された標本サイズ n のデータ（x_1, x_2, …, x_n）から，次のような統計量 T

$$\boldsymbol{T=\frac{\bar{x}-\mu}{s/\sqrt{n-1}}}$$

を計算すると，この**統計量 T が，自由度（$n-1$）の「t 分布に」従う**ことが明らかになっている（ここで，$\bar{x}$ は標本平均，s は標本標準偏差，μ は母平均である）。

- 「t 分布」に従う統計量 T は，以下のように，**「標準正規分布」に従う統計量 z と，「カイ2乗分布」に従う統計量 V によって以下のように定義**される。

$$T=\frac{\text{標準正規分布する}\ z}{\sqrt{\dfrac{\text{カイ2乗分布する}\ V}{V\text{の自由度}}}}$$

- 「t 分布」の形は「正規分布」の形とよく似ているが，**正規分布と比べ，頂点はやや低く，分布の広がりが大きい**。また，**標本サイズが大きくなる（自由度が大きくなる）と，頂点が高く（0付近の相対度数が大きく），裾野が狭く（0から離れた値の相対度数が小さく）なり，だんだんと標準正規分布に近づいていく**（標本サイズが無限に大きくなると，「t 分布」は「標準正規分布」と一致する)。

- 表11-1より，（自由度の大きさによって）**統計量 T の相対度数が95％となる範囲**（統計量 T が95％の確率で入る範囲）**も分かる**。範囲の上限と下限を，$t_{0.025}$ と $t_{0.975}$ とすると，この範囲は，以下のように表される。

$$t_{0.025} \leq T \leq t_{0.975}$$

- 統計量 T $\left(=\dfrac{\boldsymbol{\bar{x}-\mu}}{\boldsymbol{s/\sqrt{n-1}}}\right)$ が，自由度（$n-1$）の「t 分布」に従い，上のように T が95％の確率でとる範囲が分かっている場合，**統計量 T に含まれる未知母数が母平均 μ だけなので**（残りは観測されたデータから計算可能），以下のように，**母平均 μ の「95％信頼区間」**が計算できる。

$$\bar{x}+t_{0.025}\times\frac{s}{\sqrt{n-1}} \leq \mu \leq \bar{x}+t_{0.975}\times\frac{s}{\sqrt{n-1}}$$

- 観測できる標本データが少ない場合の仮説検定は，「t 分布」に従う統計量 T を利用することで，標本サイズが大きい場合とほぼ同じ手順で実施できる。具体的には，**帰無仮説が正しいもとで計算した以下の範囲に，観測された標本データから計算した標本平均 $\bar{x}$ が入っていなければ，帰無仮説を「棄却」**し，入っていれば「棄却」しない。

$$\mu+\boldsymbol{t_{0.025}}\times\frac{\boldsymbol{s}}{\boldsymbol{\sqrt{n-1}}} \leq \boldsymbol{\bar{x}} \leq \boldsymbol{\mu}+\boldsymbol{t_{0.975}}\times\frac{\boldsymbol{s}}{\boldsymbol{\sqrt{n-1}}}$$

また，帰無仮説における母数 μ の値を変えながら仮説検定を行ったとき，**棄却されずに残った母数 μ の集まりが「95％信頼区間」**である。

Column ⑬　「t 分布」を発見したのは，ギネスビール社の社員

今ではどの統計学のテキストにも登場し，「小標本理論」にはなくてはならない「t 分布」を発見したのは，数理統計学を専門とした学者や，真理を探究する数学者などではなく，イギリスの有名なビール会社であるギネス（GUINNESS）社の技術者として働いていたウィリアム・ゴセット（1876～1937）であった。ゴセットは，ギネス社における，ビールの研究開発において，ビールを作る際の，原材料や製造条件，ビール醸造の間の関係を分析する必要があったが，たくさんの観測データ（大標本）をどうしても用意することができなかった。

当時は小標本理論などなかったので，正規分布を使って推定するしかなかったが，標本サイズが小さいと，推定の精度が低くなってしまうことに悩んでいた。そこで，ゴセットは研究を重ね，ついに**標本サイズが小さい場合でも精度が低くならない，「t 分布」による統計的推論の方法を見つけ出した。**

ギネス社は，社内での研究成果の公表を禁止していたため，ゴセットの名前が出ないよう，この発見は「ステューデント（student）」というペンネームで公開された。彼の見つけ出した分布を，このペンネームの「t」を使って（student の頭文字は「s」だが，これは標本標準偏差に使われていたため，2つ目の「t」が使われた），「**t 分布**」（あるいは，「**ステューデントの t 分布**」）と呼ばれた。

当時の統計的推論は，大標本が前提だったので，このゴセットが発見した「t 分布」の重要性に気づいたのは，R. A. フィッシャー（1890～1962）ぐらいだった（フィッシャーは，その後，ゴセットが得た t 分布の形が完全に正しいことを証明している）。しかし，彼の研究成果の評価は高く，ゴセットはその後も（数は多くないものの）「ステューデント」というペンネームで論文を公表しつづけ，その後の数理統計学の発展に大きく貢献した。

参考文献

小島寛之『完全独習　統計学入門』ダイヤモンド社，2006年。
西内啓『統計学が最強の学問である』ダイヤモンド社，2013年。
栗原伸一『入門　統計学――検定から多変量解析・実験計画法まで』オーム社，2011年。
P. G. ホーエル，浅井晃・村上正康訳『入門数理統計学』培風館，1978年。
蓑谷千凰彦『推測統計のはなし』東京図書，1997年。

豊田利久・大谷一博・小川一夫・長谷川光・谷崎久志『基本統計学（第3版）』東洋経済新報社，2010年。

練習問題

問題1

統計学入門の期末試験（受験者200人）の平均点が70点を超える，という仮説を検証したい。受験者からランダムに選んだ15人に点数を聞いたところ，平均点が75.4点，標準偏差が6.22点であった。（標本平均が95%の確率で含まれる範囲を使った）t 検定によって仮説を検証しなさい。なお，試験の点数は正規分布していると考えてよいとする。

問題2

問題1を，統計量 T を使って検定しなさい。

問題3

ある大学の学生の月々のアルバイト代を知りたい。学生のアルバイト代は正規分布しているとする。今，アルバイトをしている学生からランダムに21人選んで，月々のアルバイト代を聞いたところ，平均値が52,402円で，標準偏差が16,730円だった。この大学の学生の月々の平均アルバイト代の95%信頼区間を推定しなさい。

問題4

問題3の大学での調査データを用いて，この大学の学生のアルバイトによる収入（月々）は40,000円より多い，という主張を，統計量 T を使った t 検定によって検証しなさい。

第12章
データが少なくても比較はできる
——2グループの平均の差の検定——

本章のねらい

いよいよ最後の章となった。この章では，検定において最もよく用いられる2グループの平均の差の検定について，観測できるデータが少ない（小標本）場合の方法を紹介する。小標本の場合は，第Ⅱ部で用いた「正規分布」ではなく，第Ⅲ部で登場した「t 分布」を用いる。平均の差の検定においても，母集団が正規分布するという仮定さえあれば，大標本のときとほぼ同じ方法で行うことができる。ただし，「対応なし」と「対応あり」によって，用いる統計量は少し異なる。それぞれ別々に解説するので，ぜひマスターして，実際に使いこなせるようになってほしい。

1　標本データが少ない場合は「t 分布」を使う

データが多ければ「正規分布」

本書第9章でも述べたが，仮説検定において最もよく使われるのが「平均の差の検定」である。これは2つの異なるグループ（同じグループのビフォー・アフターでもいい）の標本平均に差があるかどうかを推論することで，例えば，新しいかぜ薬が，既存の薬に比べて症状が軽くなるまでの時間が短いかどうかを知りたい場合，一方のグループには新薬を，もう一方のグループには既存薬を投薬し，それぞれのグループで症状が緩和するまでの時間を観測し，グループごとの症状の平均改善時間（標本平均）に（**偶然起こった差ではなく**）**本当に差があるかどうかを推論する**。

「平均の差の検定」における基本的なアイデアは，2つのグループの標本平均をそれぞれ見るよりも，**2グループの標本平均の差（$\bar{x}_1-\bar{x}_2$）がどのような分布をするのかを明らかにしてから，推論してしまおうというものだった。**

第Ⅱ部では，標本サイズが大きい場合を想定していたので，2つのグループの標本平均 $\bar{x}_1$，$\bar{x}_2$ が，それぞれ平均 μ_1，μ_2，標準偏差 $\frac{\sigma_1}{\sqrt{n_1}}$，$\frac{\sigma_2}{\sqrt{n_2}}$ の正規分布に従っていると，正規分布の再生性（正規分布に従うデータ同士を足したり，引いたりした結果も，同じく正規分布に従う）から，2グループの標本平均の差は，平均 $\mu_1-\mu_2$，標準偏差 $\sqrt{\frac{\sigma_1^2}{n_1}+\frac{\sigma_2^2}{n_2}}$ の正規分布に従う。これより，**帰無仮説が正しいとき（$\mu_1-\mu_2=0$），観測されたデータから計算した，標本平均の差 $\bar{x}_1-\bar{x}_2$ が，以下の範囲に入っていなければ，帰無仮説は棄却し，2グループの平均に差があったと判断する**（母標準偏差 σ_1，σ_2 は未知の場合が多いので，実際の検定では，標本標準偏差 s_1，s_2 を使用）。

$$-1.96\times\sqrt{\frac{s_1^2}{n_1}+\frac{s_2^2}{n_2}}\leq\bar{x}_1-\bar{x}_2\leq1.96\times\sqrt{\frac{s_1^2}{n_1}+\frac{s_2^2}{n_2}}$$

もちろん，標準正規分布に従う統計量 z $\left(=\frac{(\bar{x}_1-\bar{x}_2)-(\mu_1-\mu_2)}{\sqrt{\frac{s_1^2}{n_1}+\frac{s_2^2}{n_2}}}\right)$ を計算して，帰無仮説が正しいとき（$\mu_1-\mu_2=0$）に，z が以下の範囲に入っているかどうか（入っていなければ，帰無仮説を棄却）で判断することもできる。

$$-1.96\leq z\leq1.96$$

データが少なければ「t 分布」

さて，この第Ⅲ部では小標本を想定しているため，2グループの平均の差の検定に正規分布は使えない。ただし，あまり悲観することはない。代わりに前章で登場した「**t 分布**」を使えばいいのである。2グループの平均の差も，うまい具合に「t 分布」に従う統計量を作ることできる。分布の形さえ分かれば，これまで通りの推論の方法がそのまま使えるのだ。それでは，「対応なし」のケースから紹介していこう。

2　2グループの平均の差の検定――「対応なし」の場合

「対応あり」と「対応なし」

復習になるが，平均の差の検定を行う場合，第9章の第2節で紹介したように，2つのグループのデータ同士が対応している「**対応あり**」と，対応していない「**対応なし**」の2つのケースがあった。例えば，新しい教育プログラムによって成績が向上するかどうかを検証したい場合，対応の違いは次のようになる。

「**対応あり**」：同じクラスを対象に，教育プログラムを「受講する前」の成績と，「受講した後」の成績（ビフォー・アフターで比較）。

「**対応なし**」：異なる2つのクラスを対象に，1つ目のクラスは教育プログラムを受講し，2つ目のクラスは受講しない（2つのクラスの成績を比較）。

「対応あり」の方は，**同じ対象を異なる時点**（いわゆるビフォー・アフター）で**比較**するケースであり，「対応なし」の方は，**異なる対象を同一時点で比較**するケースである。

仮説検定の方法①――区間推定を使った方法

まず，この節では，観測できるデータが少ない（標本サイズが小さい）場合における，「対応なし」の2グループの平均の差の検定を紹介する。また，2グループの母標準偏差 σ_1，σ_2 を知っているという現実的でないケースは飛ばして，σ_1，σ_2 が未知で，標本標準偏差 s_1，s_2 で代用するケースで解説していく。

第11章と同様に，ここでも**母集団**が「**正規分布**」**に従うという仮定が必要**となる。さて，平均 μ_1，標準偏差 σ_1 の正規分布する母集団と，平均 μ_2，標準偏差 σ_2 の正規分布する母集団から，それぞれ n_1 個と n_2 個の標本データを得たとする。前者をグループ 1，後者をグループ 2 として，互いのグループのデータ同士は「対応なし」とする。

検証したいのは，2 つのグループの平均に差があるかどうかなので，**帰無仮説は，2 つのグループの母平均に差はない**（$\boldsymbol{\mu_1-\mu_2=0}$，**もしくは** $\boldsymbol{\mu_1=\mu_2}$）。それぞれのグループの標本から，標本平均 $\bar{x}_1$，$\bar{x}_2$ と，標本標準偏差 s_1，s_2 を計算して，次のような**統計量** $\boldsymbol{T_{\bar{x}_1-\bar{x}_2}}$ を作る。

$$T_{\bar{x}_1-\bar{x}_2}=\frac{(\bar{x}_1-\bar{x}_2)-(\mu_1-\mu_2)}{\sqrt{\dfrac{n_1s_1^2+n_2s_2^2}{n_1+n_2-2}\left(\dfrac{1}{n_1}+\dfrac{1}{n_2}\right)}} \tag{12-1}$$

このとき，**統計量** $\boldsymbol{T_{\bar{x}_1-\bar{x}_2}}$ **は，どちらも自由度**（$\boldsymbol{n_1+n_2-2}$）**の「$\boldsymbol{t}$ 分布」に従う**。もし，2 グループの標本サイズが等しい（$n_1=n_2$）のであれば，(12-1)式の統計量は以下の(12-2)式となる。

$$T_{\bar{x}_1-\bar{x}_2}=\frac{(\bar{x}_1-\bar{x}_2)-(\mu_1-\mu_2)}{\sqrt{\dfrac{s_1^2}{n-1}+\dfrac{s_2^2}{n-1}}} \tag{12-2}$$

統計量 $T_{\bar{x}_1-\bar{x}_2}$ の従う分布の形が分かれば，$T_{\bar{x}_1-\bar{x}_2}$ の各値がとる相対度数を正確に知ることができる。表12-1（表11-1と同じ）は，自由度の値によって，統計量 $T_{\bar{x}_1-\bar{x}_2}$ が，95％の確率でとりえる範囲を表している。つまり，

$$t_{0.025}\leq T_{\bar{x}_1-\bar{x}_2}\leq t_{0.975} \tag{12-3}$$

である。

ここで，$t_{0.025}$ と $t_{0.975}$ は，この範囲の下限と上限の値である。例として，$n_1=11$，$n_2=11$ であれば，自由度は20（$=n_1+n_2-2$）なので，統計量 $T_{\bar{x}_1-\bar{x}_2}$

が95%の確率でとりえる範囲は，表12-1と(12-3)式より

$$-2.086 \leq T_{\bar{x}_1-\bar{x}_2} \leq 2.086$$

となる（図12-1は，この範囲を描いたものである）。

さて，この性質を使って，「対応のない」2グループの母平均に差がないという帰無仮説を検定してみよう。**帰無仮説が正しいとき**（$\boldsymbol{\mu_1-\mu_2=0}$）**に，2グループの標本平均の差** $\boldsymbol{\bar{x}_1-\bar{x}_2}$ **が95%の確率でとりえる範囲の形に**すると，以下のようになる（(12-1)式を，(12-3)式に入れ，$\mu_1-\mu_2=0$ として，標本平均の差の範囲を計算）。

表12-1　t 分布に従う統計量 $T_{\bar{x}_1-\bar{x}_2}$ が95%の確率でとりえる範囲

自由度	2.5% ($t_{0.025}$)	97.5% ($t_{0.975}$)
1	−12.706	12.706
2	−4.303	4.303
3	−3.182	3.182
4	−2.776	2.776
5	−2.571	2.571
6	−2.447	2.447
7	−2.365	2.365
8	−2.306	2.306
9	−2.262	2.262
10	−2.228	2.228
11	−2.201	2.201
12	−2.179	2.179
13	−2.160	2.160
14	−2.145	2.145
15	−2.131	2.131
20	−2.086	2.086
30	−2.042	2.042
50	−2.009	2.009
100	−1.984	1.984
1000	−1.962	1.962

$$t_{0.025} \leq \frac{(\bar{x}_1-\bar{x}_2)-(0)}{\sqrt{\dfrac{n_1s_1^2+n_2s_2^2}{n_1+n_2-2}\left(\dfrac{1}{n_1}+\dfrac{1}{n_2}\right)}} \leq t_{0.975}$$

$$t_{0.025}\times\sqrt{\frac{n_1s_1^2+n_2s_2^2}{n_1+n_2-2}\left(\frac{1}{n_1}+\frac{1}{n_2}\right)} \leq \bar{x}_1-\bar{x}_2 \leq t_{0.975}\times\sqrt{\frac{n_1s_1^2+n_2s_2^2}{n_1+n_2-2}\left(\frac{1}{n_1}+\frac{1}{n_2}\right)} \tag{12-4}$$

2グループの標本データから計算した，標本平均の差 $\boldsymbol{\bar{x}_1-\bar{x}_2}$ **がこの範囲の外にあれば，2グループの標本平均の差は，**（帰無仮説が正しいもとでは）**めったに起こりえない**（5%以下の確率でしか起こらない）**ことだと判断して，帰無仮説が「棄却」**される。反対に，この範囲内にあれば，2グループの差はたまたま起こったこと（特に珍しくないこと）だとして，帰無仮説は「棄却」できない。

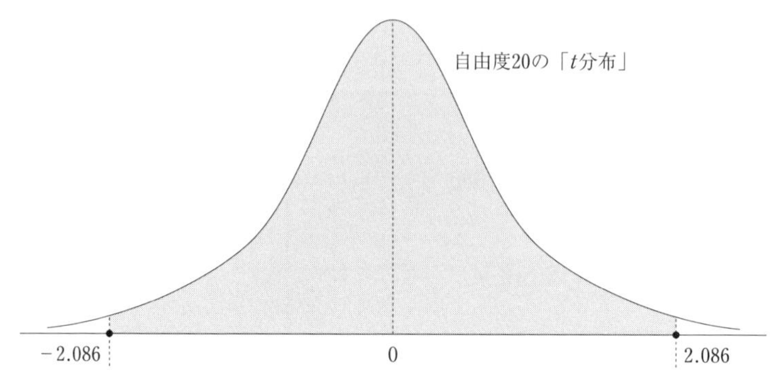

図12－1　自由度20の「t 分布」に従う統計量 $T_{\bar{x}_1-\bar{x}_2}$ が95％の確率でとりえる範囲

この検定方法は，これまでと同様に，標本データから計算できる標本平均と標本標準偏差だけを使って行うことができる。

また，もし，2グループの標本サイズが等しい（$n_1=n_2$）のであれば，(12-4)式は，以下のようになる。

$$t_{0.025} \leq \frac{(\bar{x}_1-\bar{x}_2)-(0)}{\sqrt{\frac{s_1^2}{n-1}+\frac{s_2^2}{n-1}}} \leq t_{0.975}$$

$$t_{0.025} \times \left(\sqrt{\frac{s_1^2}{n-1}+\frac{s_2^2}{n-1}}\right) \leq \bar{x}_1-\bar{x}_2 \leq t_{0.975} \times \left(\sqrt{\frac{s_1^2}{n-1}+\frac{s_2^2}{n-1}}\right) \tag{12-5}$$

仮説検定の方法②——t 値を使った方法

もちろん(12-3)式の統計量 $T_{\bar{x}_1-\bar{x}_2}$ から直接検定も可能である。帰無仮説（$\mu_1-\mu_2=0$）が正しいとき，**統計量 $T_{\bar{x}_1-\bar{x}_2}$ を標本データから計算したものを t 値と呼ぶ。この t 値が(12-3)式の範囲の外にあれば，2グループの標本平均の差は，（帰無仮説が正しいもとでは）めったに起こり得ない（5％以下の確率でしか起こらない）ことだと判断して，帰無仮説が「棄却」**される。

具体例で見てみよう。第9章と同じく「ふんわりアクセル」をすると燃費が

表12－2　「ふんわりアクセル」実施グループと未実施グループの統計量

	平均燃費 $\bar{x}$	標準偏差(S.D.) s	標本サイズ n
①「ふんわりアクセル」実施グループ	17.28	3.55	8
②「ふんわりアクセル」未実施グループ	14.04	3.29	8

よくなるかを確かめるため，実施グループと未実施グループのそれぞれ8名のドライバーに，燃費を記録してもらった。表12－2は，「ふんわりアクセル」実施グループと未実施グループそれぞれの，標本平均（$\bar{x}_1$，$\bar{x}_2$），標本標準偏差（s_1，s_2），標本サイズ（n_1，n_2）を表したものである。

このとき，2グループの標本サイズが同じなので，統計量 $T_{\bar{x}_1-\bar{x}_2}$ は(12－1)式となり，$T_{\bar{x}_1-\bar{x}_2}$ は，自由度14（$=n_1+n_2-2$）の「t 分布」に従う。よって，表12－1より，統計量 $T_{\bar{x}_1-\bar{x}_2}$ が95%の確率でとりえる範囲は，

$$-2.145 \leq T_{\bar{x}_1-\bar{x}_2} \leq 2.145$$

となる。この例では，2グループの標本サイズが等しい（$n_1=n_2=n$）ので，帰無仮説が正しいとき（$\mu_1-\mu_2=0$），(12－5)式を計算すると，

$$-2.145\times\left(\sqrt{\frac{s_1^2}{n-1}+\frac{s_2^2}{n-1}}\right)\leq\bar{x}_1-\bar{x}_2\leq2.145\times\left(\sqrt{\frac{s_1^2}{n-1}+\frac{s_2^2}{n-1}}\right)$$

$$-2.145\times\left(\sqrt{\frac{12.603}{7}+\frac{10.824}{7}}\right)\leq\bar{x}_1-\bar{x}_2\leq2.145\times\left(\sqrt{\frac{12.603}{7}+\frac{10.824}{7}}\right)$$

$$-3.923\leq\bar{x}_1-\bar{x}_2\leq3.923$$

となり，標本平均の差3.24（$=\bar{x}_1-\bar{x}_2$）はこの範囲に含まれるため，帰無仮説は「棄却」できないという結果になる。

同じことだが，統計量 $T_{\bar{x}_1-\bar{x}_2}$ から直接検定してみよう。帰無仮説が正しいとき（$\mu_1-\mu_2=0$），$T_{\bar{x}_1-\bar{x}_2}$ の値は，

$$T_{\bar{x}_1-\bar{x}_2}=\frac{(\bar{x}_1-\bar{x}_2)-(\mu_1-\mu_2)}{\sqrt{\frac{s_1^2}{n-1}+\frac{s_2^2}{n-1}}}=\frac{3.24-0}{\sqrt{\frac{12.603}{7}+\frac{10.824}{7}}}\approx 1.771$$

となり，これは -2.145 から2.145の範囲に入るため，２グループの標本平均の差は，帰無仮説が正しいもとでたまたま起こりうる差であると言える。そのため，上と同じく，帰無仮説は「棄却」できないという結果になる。

3　２グループの平均の差の検定――「対応あり」の場合

仮説検定の方法③――区間推定を使った方法

「対応あり」の２グループでは，一方のグループに含まれるデータと，もう一方のグループに含まれるデータが，ペアになっている。第２節で少し取り上げた教育プログラムの例だと，ランダムに選ばれた１クラスの学生を対象に，新しい教育プログラムを行い，プログラム受講前と受講後の成績（教育プログラムの効果の計測には，成績の他にも積極性や協調性などの指標もあるが，ここでは成績のみに注目している）を比較する。つまり，ビフォー・アフターでの比較である。第２節の「対応なし」の場合，各グループ内での標本平均 $\bar{x}_1$，$\bar{x}_2$ を計算して，その差 $\bar{x}_1-\bar{x}_2$ をとったが，「対応あり」の場合は，少し違う。

「対応あり」の場合の差の検定は，次のような手順で行う。

Step 1　母集団が正規分布する母集団からランダムに n 個の標本データ（x_1^1，x_2^1，…，x_n^1）をとる（これが第１グループのデータ。上の教育プログラムの例だと，n 人の学生のプログラム受講前の成績データ）。

Step 2　次に，同じ n 個の対象に対して実験や調査などを行った後に，再び n 個の標本データ（x_1^2，x_2^2，…，x_n^2）を観測する（これが第２グループのデータ。上の例だとプログラム受講後の成績データ）。

Step 3　２グループのペア同士の差（$\boldsymbol{d}_1=x_1^1-x_1^2$，$\boldsymbol{d}_2=x_2^1-x_2^2$，…，$\boldsymbol{d}_n=x_n^1-x_n^2$）を計算し，この（$\boldsymbol{d}_1$，$\boldsymbol{d}_2$，…，$\boldsymbol{d}_n$）の標本平均を $\bar{d}$，標本標準偏差

を s とする。

このとき，**帰無仮説は，ペア同士の差の平均がゼロ（$\boldsymbol{\mu=0}$）**となる（μ は，$\overline{d}$ の母平均）。

Step 4　次の統計量 $T_{\overline{d}}$ を計算すると，$T_{\overline{d}}$ は，自由度（$n-1$）の「t 分布」に従う。

$$T_{\overline{d}}=\frac{\overline{d}-\mu}{s/\sqrt{n-1}}$$

自由度だが，2グループの対象が同じなので，ペアの数である n 個-1 となる（教育プログラムの例だと，2グループとも同じ学生なので，対象人数としては，n 人となる）。

Step 5　表12-1より，自由度 $n-1$ のとき，$T_{\overline{d}}\left(=\frac{\overline{d}-\mu}{s/\sqrt{n-1}}\right)$ が95%の確率で含まれる範囲が分かるため，帰無仮説が正しいとき（$\boldsymbol{\mu=0}$），$T_{\overline{d}}$ に含まれるペア同士の差の平均 $\overline{d}$ について，以下の範囲を計算し，標本データから計算した $\overline{d}$ がこの範囲の外にあれば，帰無仮説を「棄却」する。

$$t_{0.025}\leq\frac{\overline{d}}{s/\sqrt{n-1}}\leq t_{0.975}$$

$$t_{0.025}\times\frac{s}{\sqrt{n-1}}\leq\overline{d}\leq t_{0.975}\times\frac{s}{\sqrt{n-1}} \qquad (12\text{-}6)$$

仮説検定の方法④——$\boldsymbol{t}$ 値を使った方法

もちろん，直接 $T_{\overline{d}}$ を使った検定もできる。帰無仮説が正しいとき（$\mu=0$），$T_{\overline{d}}$ が以下の範囲の外にあれば，（差は偶然に起きたものとは考えられないため）帰無仮説は「棄却」される。

表12－3　「対応あり」の例：新しい教育プログラムの評価（点）

学　生	受講前 x_1	受講後 x_2	受講前－受講後 $d=(x_1-x_2)$
1	79	88	−9
2	77	86	−9
3	70	73	−3
4	73	77	−4
5	69	88	−19
6	71	75	−4
7	89	88	1
8	84	81	3
9	65	71	−6
10	78	84	−6
平　均	$\overline{x}_1=75.5$	$\overline{x}_2=81.1$	$\overline{d}=-5.6$

$$t_{0.025} \leq \frac{\overline{d}}{s/\sqrt{n-1}} \leq t_{0.975} \tag{12-7}$$

それでは，具体例を使って「対応あり」の場合の検定を行ってみよう。

新しい教育プログラムが，本当に成績を向上させることができるかどうかを検証するため，ある大学の全学生からランダムに選ばれた10人の学生に対して，プログラム受講前と受講後の成績を観測した（表12‐3）。ここで全学生の成績の分布は正規分布しているものとする。

まず，受講前と受講後の成績の差を計算し（表12‐3の右端），その平均値 $\overline{d}$ を出す（表12‐3の右下の値である −5.6）。また，$\overline{d}$ の標本標準偏差 s は，

$$\begin{aligned} s &= \sqrt{s^2} \\ &= \sqrt{\frac{(-9-5.6)^2+(-9-5.6)^2+(-3-5.6)^2+\cdots+(-6-5.6)^2+(-6-5.6)^2}{10}} \\ &\approx 5.765 \end{aligned}$$

である。

$\overline{d}$ の母平均を μ とすると，統計量 $T_{\overline{d}}\left(=\dfrac{\overline{d}-\mu}{s/\sqrt{n-1}}\right)$ は，自由度9（=10−1）

の「t 分布」に従うため，$T_{\bar{d}}$ が95％の確率でとりえる範囲は，表12-1より -2.262 から 2.262 となる。これより，帰無仮説が正しいとき（$\mu=0$），(12-6)式より，$\bar{d}$ の範囲を計算すると，

$$t_{0.025} \leq \frac{\bar{d}}{s/\sqrt{n-1}} \leq t_{0.975}$$

$$t_{0.025} \times \frac{s}{\sqrt{n-1}} \leq \bar{d} \leq t_{0.975} \times \frac{s}{\sqrt{n-1}}$$

$$-2.262 \times \frac{5.765}{\sqrt{9}} \leq \bar{d} \leq 2.262 \times \frac{5.765}{\sqrt{9}}$$

$$-4.347 \leq \bar{d} \leq 4.347$$

となり，観測された標本データから計算して，受講前後の成績の差の平均 $\bar{d}=-5.6$ がこの範囲の外にある。よって，**帰無仮説が正しいとき（教育プログラム受講前後で成績は変わらない），観測された標本データから得られた差 $\bar{d}$ は，偶然起こったとは考えにくい（5％以下の確率でしか起こらない）値であるため，この帰無仮説は「棄却」される**という結果になる。

また，(12-7)式の統計量 $T_{\bar{d}}$ から直接検定もできる。帰無仮説が正しいとき（$\mu=0$），$T_{\bar{d}}$ は，

$$T_{\bar{d}} = \frac{\bar{d}}{\dfrac{s}{\sqrt{n-1}}} = \frac{-5.6}{1.922} \approx -2.914$$

となり，-2.262 から 2.262 の範囲外の値となる。よって，上と同じく，帰無仮説は棄却される。

第12章のまとめ

- 母集団が正規分布しているという仮定があれば，標本サイズが小さくても，2グループの平均の差の検定は，「t 分布」を用いて行うことができる。

- **「対応なし」の2グループの場合**　正規分布する2つの母集団から，それぞれランダムに観測された2グループの標本データ（x_1^1, x_2^1, …, $x_{n_1}^1$）と（x_1^2, x_2^2, …, $x_{n_2}^2$）により，以下のように検定する。

それぞれのグループの母平均を μ_1, μ_2, 標本標準偏差を s_1, s_2 とすると，**次の統計量 $\boldsymbol{T_{\bar{x}_1-\bar{x}_2}}$ は，自由度（$\boldsymbol{n_1+n_2-2}$）の「$\boldsymbol{t}$ 分布」に従う。**

$$T_{\bar{x}_1-\bar{x}_2}=\frac{(\bar{x}_1-\bar{x}_2)-(\mu_1-\mu_2)}{\sqrt{\dfrac{n_1s_1^2+n_2s_2^2}{n_1+n_2-2}\left(\dfrac{1}{n_1}+\dfrac{1}{n_2}\right)}}$$

表12-1より，自由度の大きさによって，$T_{\bar{x}_1-\bar{x}_2}$ が95％の確率でとりえる範囲（$t_{0.025}$, $t_{0.975}$）が分かるため，**帰無仮説が正しいとき（$\boldsymbol{\mu_1-\mu_2=0}$），標本データから，以下のように標本平均の差（$\boldsymbol{\bar{x}_1-\bar{x}_2}$）が含まれる範囲を計算し，その範囲の外にあれば，観測された2グループの平均の差は，帰無仮説のもとでは，めったに起こりえない（5％以下の確率でしか起こらない）ことだと判断して，帰無仮説は「棄却」される。**

$$t_{0.025}\times\sqrt{\frac{n_1s_2^2+n_2s_2^2}{n_1+n_2-2}\left(\frac{1}{n_1}+\frac{1}{n_2}\right)}<\bar{x}_1-\bar{x}_2<t_{0.975}\times\sqrt{\frac{n_1s_2^2+n_2s_2^2}{n_1+n_2-2}\left(\frac{1}{n_1}+\frac{1}{n_2}\right)}$$

- **「対応あり」の2グループの場合**　正規分布する母集団から，ランダムに観測された2グループの標本データ（x_1^1, x_2^1, …, x_n^1）と（x_1^2, x_2^2, …, x_n^2）により，以下のように検定する。

2グループの**ペア同士の差**（$\boldsymbol{d_1}=x_1^1-x_1^2$, $\boldsymbol{d_2}=x_2^1-x_2^2$, …, $\boldsymbol{d_n}=x_n^1-x_n^2$）を計算し，この（$\boldsymbol{d_1}$, $\boldsymbol{d_2}$, …, $\boldsymbol{d_n}$）の標本平均を $\bar{d}$，標本標準偏差を s とする。$\bar{d}$ の母平均を μ とすると，以下の統計量 $T_{\bar{d}}$ は，自由度（$n-1$）の「t 分布」に従う。

$$T_{\bar{d}}=\frac{\bar{d}-\mu}{s/\sqrt{n-1}}$$

表12-1より，自由度の大きさによって，$T_{\bar{d}}$が95%の確率でとりえる範囲（$t_{0.025}$，$t_{0.975}$）が分かるため，帰無仮説が正しいとき（$\boldsymbol{\mu}=\mathbf{0}$），標本データから，以下のように2グループの差の平均 $\bar{\boldsymbol{d}}$ が含まれる範囲を計算し，その範囲の外にあれば，観測された2グループの差は，帰無仮説のもとでは，めったに起こりえない（5%以下の確率でしか起こらない）ことだと判断し，帰無仮説は「棄却」される。

$$t_{0.025} \times \frac{s}{\sqrt{n-1}} \leq \bar{d} \leq t_{0.975} \times \frac{s}{\sqrt{n-1}}$$

Column ⑭　平均の差の検定における注意点——等分散性

2グループの母集団が正規分布に従っていることを前提とするならば，さまざまな場面で活躍が期待される「2グループの平均の差の検定」だが，実は1つ注意点がある。それは，2グループの母分散 σ_1^2，σ_2^2（母標準偏差 σ_1，σ_2）が互いに等しい必要があることだ（**等分散性**）。平均の差の検定では，2グループの母平均が等しいという帰無仮説を検定するわけだから，この**帰無仮説は，2グループが同じ母集団であることを仮定**している。そうであれば，**母平均だけでなく，その他の母数である母分散（母標準偏差）も等しいはずである**。

本書で扱った2グループの平均の差の検定は，この「等分散性」を前提にしていた。「対応あり」の2グループにおいては，2グループの対象は同一主体である（同じ人を対象にビフォー・アフターで差を検定している）ため，「等分散性」についてはあまり気にする必要はないのだが，「対応なし」のケースでは，場合によってはこの前提が成り立たない場合がある。もし2グループの分散が等しくなければ，本書で扱った統計量をそのまま使うことができない。

本書ではくわしく扱わないが，本来は，**2グループの平均の差の検定（特に「対応なし」のケース）に先立って，2グループの母分散が等しいかどうかを検定する「等分散の検定」を行う必要がある**。これは，F 分布という新たな分布（2つのカイ2乗分布から得られる分布）を使って行う検定で，**「2グループの母分散が等しい」という帰無仮説を検定**する。もし帰無仮説が棄却されなければ，本書の方法をそのまま使うことができる。しかし，棄却されてしまった場合は，「ウェルチの検定」という，別の統計量を使った検定を行う必要がある。

くわしい統計量に興味がある場合は，別の統計学のテキストを参照してほしい。ただし，平均の差の検定は，実際にはExcelなどのソフトを使って行う場合が多いので，もしくわしい検定統計量よりも，検定のアイデア自体が分かれば十分なのであれば，実際のデータで検定を行う場合，以下の手順で行ってほしい。①Excelの分析ツールで「F 検定：2標本を使った分散の検定」を行い（等分散の検定），棄却された場合，②同じく分析ツールの「t 検定：分散が等しくないと仮定した2標本による検定」を用いれば，「等分散性」がない場合の2グループの平均の差の検定が行える（棄却されなければ，「t 検定：等分散を仮定した2標本による検定」を用いる）。

参考文献

栗原伸一『入門　統計学——検定から多変量解析・実験計画法まで』オーム社，2011年。

豊田利久・大谷一博・小川一夫・長谷川光・谷﨑久志『基本統計学（第3版）』東洋経済新報社，2010年。

大屋幸輔『コア・テキスト統計学』新世社，2012年。

練習問題

問題1

アイドリングストップを行うと燃費がよくなる，という仮説を検証したい。同一車種に乗るドライバーから，アイドリングストップを行っている人と，行っていない人をランダムに選び，1カ月間の燃費を記録してもらった（燃費の大きさは正規分布すると考える）。平均燃費と標準偏差，標本サイズが以下の表に掲載されている。このとき，アイドリングストップの燃費改善効果を検証しなさい（2グループの燃費の差が含まれる範囲を使って検定すること）。

アイドリングストップ	平均燃費 $\bar{x}$	標準偏差（S. D.） s	標本サイズ n
実施グループ	16.82	2.08	7
未実施グループ	14.27	1.98	7

問題2

問題1を統計量 $T_{\bar{x}_1-\bar{x}_2}$ に基づいて検定しなさい。

問題3

省エネエアコンに買い替えると，節電できるかどうかを検証したい。似たような世帯（世帯人数，家の大きさ，住んでいる地域などが同じ）からランダムに15世帯を選んで，省エネエアコンを1台無償で交換し，節電効果を検証する実験を行った。各世帯のエアコン設置前後の電気使用量とその差は，以下の表の通りである。このとき，省エネエアコン買い替えによる節電効果があったかどうかを検証しなさい（設置前後の電気使用量の差が含まれる範囲を使って検証すること）。ここで，設置前後の電気使用量の差の標準偏差は，106.92である。なお，電気使用量は正規分布に従っていると考える。

世　帯	省エネエアコン設置前 電力使用量（kWh）	省エネエアコン設置後 電力使用量（kWh）	設置前－設置後 電力使用量（kWh）
1	476	630	−154
2	576	465	111
3	447	389	58
4	427	525	−98
5	571	347	224
6	561	500	61
7	426	381	45
8	393	484	−91
9	524	430	94
10	454	387	67
11	467	462	5
12	534	372	162
13	473	394	79
14	493	284	209
15	348	403	−55
平　均	$\overline{x}_1=478$	$\overline{x}_2=430$	$\overline{d}=48$

問題 4

問題 3 を，統計量 $T_{\overline{d}}$ に基づいて検定しなさい。

終　章
むすびにかえて

今回，本書で初めて統計学を学んだ人は，**観測された標本データから，母集団の特性を推論する**という，推測統計の面白さや実用性を実感できたのではないだろうか。また，統計学を再度学びなおした人には，統計的推論の２大看板である「仮説検定」と「区間推定」の方法論や，それをどういった状況でどのように使えばよいのかという使い方まで，しっかりと習得できたのではないだろうか。さらに，本書を通して，これまで標本理論や統計的推論でモヤモヤしていた箇所が解消されていれば，筆者としては嬉しい限りである。本書の最後まで辿り着いたあなたは，推測統計の第一歩である「区間推定」と「仮説検定」をマスターしたといってもいいだろう。ただし，本書は初級の教科書として，可能な限り数式を使わずに統計学の内容を伝えようとした。そのため，少々厳密さに欠けるところはある。本書を読んで統計学により興味を持った読者には，難易度順に，下記の教科書をお勧めする。

豊田利久・大谷一博・小川一夫・長谷川光・谷﨑久志『基本統計学（第３版）』東洋経済新報社，2010年。
P. G. ホーエル，浅井晃・村上正康訳『入門数理統計学』培風館，1978年。
Robert V. Hogg, Allen Craig and Joseph W. McKean, *Introduction to Mathematical Statistics*（8th edition）, Prentice Hall, 2018.

さて，本書は統計学の専門家と，応用計量経済学の専門家の２名で執筆した。この終章を担当している私（溝渕）は後者で，主に環境経済学という経済学の

応用分野の実証研究をしている。本書の例や ***Column*** において，環境問題を題材にしたものが多かったのもそのためだ。さて，ここでは最後に，私の統計学との出会いについて少しだけ書いておこうと思う。

私の大学での専攻は経済学だった。いわゆるミクロ経済学やマクロ経済学などの基礎分野を受講した後は，数ある応用分野のうち，特に環境問題（地球温暖化，大気汚染，水質汚染，廃棄物問題，生物多様性など）を経済学の視点から考え，解決を試みようとする「環境経済学」に興味を持って勉強していた。そんな中，ゼミ研究でどうしてもデータを使って分析したいことがあったため，３年生になって初めて「計量経済学」という講義を受けた。計量経済学は統計学の１分野で，主に回帰分析というツールを中心に，経済モデルの正しさを検証する方法論を学ぶ学問である。ちょうど私の大学には専門の先生がおられなかったのか，当時，京都大学大学院経済学研究科の森棟公夫先生が，非常勤で教えに来られていた。先生の講義はとても分かりやすく，本書で扱った推測統計の基礎である「区間推定」や「仮説検定」から，回帰分析まで丁寧に教えて下さった。また，統計理論がご専門にもかかわらず，実際のデータを使った例（主に金融系のデータ）も豊富に使って説明されていたため，統計手法の使い方や，結果の解釈の仕方などもしっかりと習得することができた。実際のデータから社会で起こる現象を客観的に説明できるツールとしての統計学の面白さに気づいたのは，先生の講義を受講したことがきっかけだった。

大学院進学に興味を持ったとき，環境経済学と計量経済学のどちらを専攻するべきか迷った。当時，環境経済学は，経済の応用分野ではまだ新しく，環境関連のデータ整備も今ほど十分ではなかったため，データを使った実証分析より，どちらかといえば理論分析主流の時代だった。私としては，どうしても実証分析をやってみたかったので，今後の環境データの整備を期待して，一度しっかりと統計学・計量経済学を学ぼうと思い，計量経済学を専攻することにした。

大学院に進学した際，指導教官としてお世話になったのが，本書の筆者の1人で，当時，神戸大学大学院経済学研究科（現在，大阪大学大学院経済学研究科）の谷﨑久志先生だった。先生のご指導のもと，主に修士課程の2年間は，テキストや論文を使って統計学や計量経済学の方法論について徹底的に勉強した。特に，本書では触れていないが，大学院で初めて勉強したベイズ統計学では，母数（パラメータ）がそもそも色々な値をとる分布を持っていると考えるなど，統計学における新たな分野を知ることができたのは新鮮だった。実際，このベイズ統計学の考え方でパラメータの信頼区間（ベイズ統計では，確信区間と呼ぶ）を作ると，解釈がより直感的（95%の確率でパラメータはこの範囲に入る）になるため，大学院時代に書いた実証研究の論文の多くは，このベイズ統計学に基づいた推定を好んで使っていた。ただし，推定には複雑なシミュレーション（マルコフ連鎖モンテカルロ法）が必要になり，プログラムを書かなければならない場合がほとんどなので，一般にはあまりおすすめできない。

大学院の後期課程に進んでからは，これまで学んだ統計学・計量経済学のスキルを活かして，主に公表データを使った実証分析にのめり込んだ。なかなか想定した結果が出ないことが多く，苦しいときもたくさんあったが，複雑な世の中の現象を実際のデータで説明するという，念願だった実証分析を思う存分楽しんだ。大学院修了後に教員として現在の大学に赴任した後は，研究を続けつつ，できるだけ多くの学生に，統計学の授業を通して統計分析の楽しさや実際の使い方を伝えられるよう努力をしてきた。本書は，これまでの研究や講義での経験を活かして書かれたものだ。

前述のように，本書は，統計理論の専門家に加えて，私のような統計を使った実証研究の専門家によって執筆された。本書の目的は，統計学の方法論を伝えることにあるので，メインは方法論の部分にありつつも，難しい数学表記などを避け，できるだけ丁寧に，かつ具体例を豊富に示しつつ，分かりやすい文章で書くことを心がけた。多くの読者に，本書を通して統計学に興味を持ってもらうことができれば，筆者としては望外である。

謝　辞

最後になったが，本書の各章にかわいい挿絵を描いてくれた私（溝渕）のゼミの学生である六車日菜子さんには，この場を貸りて感謝の意を表したいと思う。文字や数字ばかりになりやすい統計学の書籍において，読者の理解やイメージを大いに助けてくれる挿絵は，本当にありがたい存在だった。ただ，筆者の筆が遅かったため，各章の挿絵を依頼した当時，彼女は2年生だったが，草案ができあがった2019年2月には卒業を控えた4年生になっていた。また，本書執筆のお話をいただいてから出版されるまで3年以上もかかってしまった。期日よりも大幅に遅れてしまったが，辛抱強く待っていてくださったミネルヴァ書房編集部の堀川健太郎氏には，心より感謝申し上げる。

2021年1月

筆者を代表して　溝渕健一

付表1　カイ2乗分布表

自由度	97.5%	2.5%
1	0.001	5.024
2	0.051	7.378
3	0.216	9.348
4	0.484	11.143
5	0.831	12.833
6	1.237	14.449
7	1.690	16.013
8	2.180	17.535
9	2.700	19.023
10	3.247	20.483
11	3.816	21.920
12	4.404	23.337
13	5.009	24.736
14	5.629	26.119
15	6.262	27.488
16	6.908	28.845
17	7.564	30.191
18	8.231	31.526
19	8.907	32.852
20	9.591	34.170
21	10.283	35.479
22	10.982	36.781
23	11.689	38.076
24	12.401	39.364
25	13.120	40.646
26	13.844	41.923
27	14.573	43.195
28	15.308	44.461
29	16.047	45.722
30	16.791	46.979

自由度	97.5%	2.5%
35	20.569	53.203
40	24.433	59.342
45	28.366	65.410
50	32.357	71.420
55	36.398	77.380
60	40.482	83.298
65	44.603	89.177
70	48.758	95.023
75	52.942	100.839
80	57.153	106.629
85	61.389	112.393
90	65.647	118.136
95	69.925	123.858
100	74.222	129.561
200	162.728	241.058
300	253.912	349.874

付表2　t 分布表

自由度	2.5% ($t_{0.025}$)	97.5% ($t_{0.975}$)
1	−12.706	12.706
2	−4.303	4.303
3	−3.182	3.182
4	−2.776	2.776
5	−2.571	2.571
6	−2.447	2.447
7	−2.365	2.365
8	−2.306	2.306
9	−2.262	2.262
10	−2.228	2.228
11	−2.201	2.201
12	−2.179	2.179
13	−2.160	2.160
14	−2.145	2.145
15	−2.131	2.131
16	−2.120	2.120
17	−2.110	2.110
18	−2.101	2.101
19	−2.093	2.093
20	−2.086	2.086
21	−2.080	2.080
22	−2.074	2.074
23	−2.069	2.069
24	−2.064	2.064
25	−2.060	2.060
26	−2.056	2.056
27	−2.052	2.052
28	−2.048	2.048
29	−2.045	2.045
30	−2.042	2.042

自由度	2.5% ($t_{0.025}$)	97.5% ($t_{0.975}$)
35	−2.030	2.030
40	−2.021	2.021
45	−2.014	2.014
50	−2.009	2.009
55	−2.004	2.004
60	−2.000	2.000
65	−1.997	1.997
70	−1.994	1.994
75	−1.992	1.992
80	−1.990	1.990
85	−1.988	1.988
90	−1.987	1.987
95	−1.985	1.985
100	−1.984	1.984
200	−1.972	1.972
300	−1.968	1.968
500	−1.965	1.965
∞	−1.960	1.960

索　引

（＊は人名）

あ　行

安全資産（ローリスク・ローリターン）　74
異常値　26
インカムゲイン（income gain）　72
S. D.　→標準偏差
S. D. 1 個分程度　46
S. D.±1 個分　48, 51
S. D.±2 個分　48, 51

か　行

階級　10, 23, 27
階級下限値　11
階級上限値　11
階級値　11, 26
カイ 2 乗分布　186, 190-193, 196, 197, 199, 202-205, 213, 214
確率変数　103
仮説検定　i, 99, 149, 150, 152, 155, 157, 160, 165, 188, 220, 245, 246
棄却　233, 234, 241
——する　152
危険資産（ハイリスク・ハイリターン）　75
記述統計　ii, 2, 9
帰無仮説　151-153, 155, 158-161, 166, 171, 172, 175, 176, 178, 179, 221, 222, 225, 230, 232, 233, 235, 239
キャピタルゲイン（capital gain）　71, 73
95%信頼区間　133, 134, 136, 145, 160, 161, 169, 170, 196, 197, 200, 219, 225
区間推定　i, 108, 112, 119, 121, 126, 127, 144, 145, 157, 188, 218, 219, 231, 245, 246
——の的中率　137
系統抽出法　90, 95
月次の平均変動率　72
＊ゴセット，ウィリアム　226

さ　行

最頻値　24, 28-31
差の検定　82, 127
差の平均 $\overline{d}$　241
視聴率　84
自由度　191, 193-196, 199, 200, 202-204, 207, 213, 216-218, 224, 232
小標本　113
小標本理論　209-211, 224, 226
信頼区間　133, 144, 153, 157, 223, 247
——の推定　82, 99, 121
信頼係数　133, 135
信頼限界　134
推測統計　i, ii, 3, 9, 64, 83, 85, 94, 105, 246
推定量　152
——の精度　111
ステューデントの t 分布　226
正規分布（normal distribution）　47, 51, 53, 63, 64, 66, 69, 74, 77, 168, 189, 199, 211-214, 217
——の形状　71
——の再生性　173, 179, 207
——の特徴　122, 128
z 分布　75
層化抽出法　91, 92, 95
相対度数　11, 65, 66, 77, 191, 192, 194, 211

た　行

対応あり　177, 179, 229, 231, 236, 238, 240
対応なし　177, 179, 229, 231, 240
対応のある 2 グループ　177, 178, 180
対応のない 2 グループ　177, 180
大数の法則　99, 108, 110, 114
代表値　24, 25, 31
大標本　82, 113
大標本理論　209, 210
対立仮説　151

多段抽出法　91-93, 95
単純無作為抽出法　89, 95
チェビシェフの不等式　53, 55
中央値　24, 28, 29, 31
中心　23
　——からのバラつき具合　23
　——の尺度　28
中心極限定理(central limit theorem)　99, 122-124, 131, 141, 145, 167, 179
散らばりの度合い　45
つりがね型　64
t 検定　220, 221, 223
t 値　234, 237
t 分布　186, 187, 203, 211-216, 218, 222, 224-226, 229, 230, 235
定数　103
データの分布　105
出口調査　139
点推定　106, 119, 121
点推定値　110
当確　138, 143
統計値　24, 39, 100
統計的推論　85, 94, 209, 210
統計量　100, 180, 194, 197, 199-201, 204, 206
統計量 T　215-218, 224, 225
統計量 $T_{\bar{x}_1-\bar{x}_2}$　232, 234, 235, 240
統計量 z　213
当選　138, 143
等分散　242
　——の検定　242
等分散性　242
得票率　139, 151, 153
独立　207
度数　11, 30
度数分布表　7, 10

な　行

生データ(raw data)　8, 14, 17
NISA(小額投資非課税制度)　71
2グループの標本平均の差　230, 233
2グループの平均の差の検定　167, 236
2段抽出法　139
日次の平均変動率　72
日次変動率　73

は　行

外れ値　26, 27, 29
離れ具合の代表値　43
バラつき　37
　——の指標　188
　——の程度　41, 42
範囲　10
ヒストグラム　7, 10, 13, 30
標準化　76, 131, 158, 160, 161
　——された標本平均 $z_{\bar{x}}$　132
標準正規分布　75, 78, 131, 190, 191, 193, 194, 206, 213, 215
標準偏差(standard deviation)　25, 37, 39, 42-47, 49, 51, 54, 173
標本　82, 83, 85, 86, 94, 99
　——の構成　88
標本誤差　100, 114, 120
標本サイズ　108, 109, 130, 145, 167, 215, 217
標本数　108
標本調査　105, 158
標本データ　126, 210, 245
標本統計量　104
標本特性　107
標本標準偏差 s　102, 112, 188
標本分散　187
標本分散 s^2　103, 189, 190, 201-203, 205
標本分布　104-106, 114
　——のバラつき　109
標本平均　100, 158, 165
　——の差　172-174, 176, 179, 235
　——のバラつき　121
標本平均 $\bar{x}$　101
標本平均の標準偏差　111, 114
　——の推定値　112-115
標本平均の分布　106, 114
標本平均の平均　111
比率　140, 141
　——の信頼区間　137
比例分配法　92
不確実性　63
2つのグループの母数の違い　166

分散（variance）　24, 42, 54, 188
分布する　8, 17, 63
分布特性　7, 9, 14, 15, 17, 23
ペア同士の差　236, 237, 240
ペアの数　237
平均　72
　——の差の検定　174, 181, 229
平均値　24-26, 31, 37, 139
　——の差の検定　171
平均燃費の差　175
平均変動率　72
偏差（deviation）　40, 41, 54
偏差値　49-52, 55
変数　103
母集団　ii, 82, 83, 85, 86, 94, 101, 105, 126, 149, 172, 187, 211, 212, 220, 222
　——の構成　88
　——の特性　245
母数　104, 155, 161, 171
母標準偏差 σ　102, 130, 187, 188, 206, 215, 242
母標準偏差の推定値　113
母比率　142, 151
　——の95％信頼区間　145
母比率 p　142
母分散　200, 242
　——の推定　198
母分散 σ^2　103, 201, 203, 206
　——の区間推定　204
母平均　149, 165
母平均 μ　101, 130, 198
ボラティリティ（volatility）　73

ま・や・ら　行

無作為抽出　86, 88
有意差　162
有意水準　162
よく混ざっている　86
乱数表　89
ランダム（random）　87
ランダム化比較実験（RCT：randomized controlled trial）　3, 181
ランダム・サンプリング（random sampling）　83, 86, 88, 94, 102, 105, 107
リスク（risk）　73
累積相対度数　11

数　式

$\mu-1.96\times\frac{\sigma}{\sqrt{n}}\leq\bar{x}\leq\mu+1.96\times\frac{\sigma}{\sqrt{n}}$　129

《著者紹介》

溝渕健一（みぞぶち・けんいち）

1980年　兵庫県生まれ
2008年　神戸大学大学院経済学研究科博士後期課程修了，博士（Ph. D.)。
松山大学経済学部・講師，准教授を経て，
現　在　松山大学経済学研究科教授。
主　著　K. Mizobuchi and K. Takeuchi (2015) "Did the purchase subsidy for energy-efficient appliances ease electricity shortages after Fukushima?" in *Environmental Subsidies to Consumers: How Did They Work in Japanese Electronic Appliance Market?* (S. Matsumoto, Ed.), Chap. 6, pp. 125-152, Routledge.
K. Mizobuchi and H. Tanizaki (2018) *The Power-Saving Behavior of Households: How Should We Encourage Power Saving?*, NOVA Science Publishers.

谷﨑久志（たにざき・ひさし）

1962年　大阪府生まれ
1991年　ペンシルバニア大学大学院経済学研究科修了（Ph. D.)。
神戸学院大学，神戸大学を経て，
現　在　大阪大学大学院経済学研究科教授。
主　著　H. Tanizaki (1996) *Nonlinear Filters: Estimation and Applications* (Second, Revised and Enlarged Edition), Springer-Verlag.
H. Tanizaki (2003) "Nonlinear and Non-Gaussian State-Space Modeling with Monte Carlo Techniques: A Survey and Comparative Study" in *Handbook of Statistics, Vol. 21: Stochastic Processes: Modeling and Simulation* (C. R. Rao and D. N. Shanbhag, Eds.), Chap. 22, pp. 871-929, North-Holland.
H. Tanizaki (2004) *Computational Methods in Statistics and Econometrics* (STATISTICS: textbooks and monographs, Vol. 172), CRC Press.

MINERVA スタートアップ経済学⑪
統計学

2021年6月1日　初版第1刷発行　〈検印省略〉

定価はカバーに
表示しています

著　者　溝　渕　健　一
　　　　谷　﨑　久　志
発行者　杉　田　啓　三
印刷者　江　戸　孝　典

発行所　株式会社　ミネルヴァ書房
607-8494 京都市山科区日ノ岡堤谷町1
電話代表 075-581-5191
振替口座 01020-0-8076

共同印刷工業・藤沢製本

ISBN978-4-623-08796-9
Printed in Japan